우리가 오해한 한국사

우리가 오해한 한국사

1쇄 발행　2023년 8월 10일
2쇄 발행　2023년 9월 30일

지은이　이문영
발행인　박종서
발행처　도서출판 역사산책
출판등록　2018년 4월 2일 제2018-60호
주　소　(10477) 경기도 고양시 덕양구 은빛로 39, 401호
　　　　　　(화정동, 세은빌딩)
전　화　031-969-2004
팩　스　031-969-2070
이메일　historywalk2018@daum.net
페이스북　https://www.facebook.com/historywalkpub/

ISBN　979-11-90429-31-3

값　20,000원

우리가 오해한 한국사

이문영 지음

역사산책

책을 내놓는 변명을 겸해

2018년 12월 6일 국회의원회관에서 '통일문화연합'이라는 단체의 창립식이 열렸습니다. 창립식 후에 세미나가 개최되었는데 여기서 '차세대 역사 7적 후보'라고 하여 제 이름이 올라가 있었습니다. 이들은 역사 7적(처음엔 5적), 선대역사 7적과 후보 3적, 준역사 7적과 후보 4적을 거론하고 그 다음에 차세대 역사 7적을 선정했습니다. 이렇게나 많은 역사학자를 "일제식민사학자들이 철저히 왜곡하며 우리 역사를 폄하하고 축소한 이론을 검증 없이 무조건 추종하였다"라는 이유로 매도한 것입니다.

독자 여러분은 이 책에서 우리가 일반적으로 잘못 알고 있는 여러 역사 사실을 만나게 될 것입니다. 과연 제가 유사역사가들이 주장하는 것처럼 아무 검증도 없이 무조건 추종하고 있는 사람인지 눈으로 확인할 수 있을 겁니다.

여기에 그간 신문, 잡지, 블로그, 페이스북 등에 쓴 글을 한데 모았습니다. 한 권의 체제에 맞추기 위해 많이 손을 봤음에도 어떤 글은 청소년이 대상이고 어떤 글은 성인이 대상이어서 문장 사이에 다소 편차가 있습니다. 이 점 송구하게 생각합니다.

그렇더라도 앞서 펴낸 『유사역사학 비판』이나 『하룻밤에 읽는 조선시대사』 등에서 다루지 않은 내용을 쓰고자 했고, 이전 책에서 분량을 고려해 간략하게 언급할 수밖에 없던 부분을 자세히 논증하고자 했습니다.

이 책의 내용은 각 편이 독립적이어서 관심이 가는 부분부터 읽어도 괜찮습니다만, 유사역사학 관련은 아직도 잘 모르는 분들이 많이 있어서, 이 부분의 개념을 알고자 한다면 맨 마지막 편을 먼저 읽는 것도 괜찮습니다. 저는 유사역사학을 붙여서 사용합니다. 이것은 하나의 단어로 '유사한 역사학'이 아니라 그냥 '유사역사학'입니다.

다른 저자의 글에 '유사역사학'이 등장하는 경우 '유사 역사학'이라고 띄어서 쓰곤 하는데, 그 이유는 간단합니다. 편집자들은 사전에 등재된 단어가 아니면 명사와 명사의 결합은 띄어 쓰는 습관이 있기 때문입니다.

'유사역사학'은 영어 pseudohistory를 우리말로 옮긴 것으로, 하나의 명사로 취급해야 합니다. 이를 '사이비역사학'으로 옮길 때에도 마찬가지입니다. 중요한 문제는 아니겠지만, 영어 단어 역시 하나로 만들어져 있습니다.

'유사'와 '역사학'을 떼어놓으면 '역사학'의 한 종류처럼 여겨지는 착각이 더 심해질 수 있습니다. 유사역사학은 역사학이 아니기 때문에 별도의 단어로 구분해서 사용해야 합니다.

이 책에는 유사역사학을 비판하는 글이 포함되어 있지만 온전히 유사역사학 비판을 위해 쓴 글들은 아닙니다. 일반인이 잘못 알고 있는 역사 상식을 바로 잡고 싶은 생각으로 쓴 글이 훨씬 더 많습니다.

이 책의 상당 부분은 『고교 독서평설』에 연재한 글이며 책의 제목 역시 그 연재 제목에서 따왔습니다. 잡지 연재는 분량의 한계가 있기 때문에 축약할 수밖에 없는 부분이 있는데, 그렇게 생략한 부분을 가능한 한

되살렸습니다. 또 연재 글에 있던 사소한 오류도 모두 바로 잡고자 했습니다.

곰곰히 생각해보면, 이런 책이 어떤 독자에게 어필할 수 있을까 걱정이 되지 않을 수 없습니다. 민족주의에 경도되거나 유사역사학에 빠진 사람들에게는 불쏘시개일 수 있습니다. 동심으로 역사를 보는 사람들에게는 동심 파괴 수준의 책일 것입니다.

사람들은 자기 상식이 보강되기를 바라는 경우가 훨씬 많습니다. 그리고 자기 의견과 정면 충돌하는 이야기를 보면 그다지 환영하지 않곤 합니다. 필자를 향한 믿음이 큰 경우라면 오히려 저자 의견에 경도되는 쏠림 현상을 보일 수도 있지만 그다지 알려지지 않은 역사작가인 제 경우에는 반감만 사고 마는 것이 아닐까 우려스럽기도 합니다.

다만 누군가는 광야에서라도 진실을 외쳐야 하기 때문에, 평생 해온 대로 다시 한 번 우리나라 역사학이 개척한 영역을 소개하고 다 같이 역사 이해의 지평을 넓히길 희망하며 이 책을 내놓습니다.

여기에 실린 견해는 대부분 역사학자의 연구에 의거한 것입니다. 참고도서와 참고논문을 통해 참조한 자료를 밝혔습니다. 때로는 본문에 명기하기도 하였습니다. 누락된 자료가 있어도 너그러이 이해해주길 바랍니다. 그럼에도 이 글에 어떤 잘못이 있다면 제 책임이라는 점을 밝혀둡니다.

차
례

책을 내놓는 변명을 겸해 · 5

01 환국은 없다 · 10

02 『천부경』의 비밀 · 24

03 신채호와 『천부경』 · 38

04 단군 기념주화의 비밀 · 52

05 만리장성의 동쪽 끝은 어디인가? · 60

06 중국에 흑치국이 있었을까? · 68

07 백제는 요서 지방을 점령했을까? · 74

08 임나일본부가 정말 있었을까? · 84

09 우리나라에 있는 일본 무덤의 비밀 · 102

10 에밀레종의 비밀을 찾아서 · 110

11 그림자가 없는 무영탑 · 116

12 정몽주는 선죽교에서 죽었을까? · 122

13 탐관오리 황희, 청렴한 황희 · 132

14 임금님 목숨을 구한 죄로 죽었다는 김덕생의 진실 · 142

15 신숙주의 아내는 자살했을까? · 148

16 퇴계 이황과 기생 두향 이야기의 진실은? · 158

17 벌레가 만든 글자 – 기묘사화의 진실을 찾아서 · 164

18 송강 정철과 기생 자미 · 174

19 이순신에 대해 잘못 알고 있는 것 · 180

20 청 황실의 성이 신라를 생각해서 만들어졌을까? · 206

21 사도세자는 왜 죽었을까? · 212

22 양반은 사람을 막 죽여도 괜찮았을까? · 220

23 정조는 독살당했을까? · 226

24 고산자 김정호는 옥에서 죽었을까? · 234

25 간도는 우리 땅일까? · 240

26 조선은 전쟁 없이 스스로 망했나? · 254

27 민족대표가 한용운 이외에는 모두 변절했다고? · 268

28 안창호의 약속 · 280

29 사라지지 않는 쇠말뚝 괴담 · 286

30 한국인은 그리스에서 왔다? · 302

31 식민사관이란 무엇인가? · 308

32 역사학과 유사역사학 · 326

참고문헌 · 341

찾아보기 · 344

01

환국은 없다

이체자 문제

『환단고기桓檀古記』라는 희대의 위서가 판을 치게 된 근원을 알게 되면 매우 허탈해진다. 그것은 단지 글자 하나를 잘못 읽어서 시작된 것이기 때문이다.

『삼국유사三國遺事』는 우리나라 최초로 '단군檀君'이라는 이름이 나오는 책이다. 『삼국사기三國史記』에는 '왕검王儉'은 등장하는데 단군은 나오지 않는다. 그리고 『삼국유사』에는 단군의 계보도 같이 나온다. 이 계보가 문제가 되었다.

『삼국유사』에 따르면 환인桓因이 있고 그 아들 환웅桓雄이 있다. 환웅의 아들이 바로 단군이다. 문제는 단군의 할아버지인 환인에게 있다. 환인의 '인'은 전해오는 『삼국유사』에 因이라고 되어 있지 않다. 어떤 판본에는 国으로 나오고 어떤 판본에는 囯으로 나온다. 이런 글자를 일러 '이체자異體字'라고 한다. 한자는 오랜 세월을 두고 발전한 문자로 한 글자가 여러 모양을 가지고 있다가 점차 하나로 통일되었다. 지금도 體와 体처럼 같은 글자인데 다른 형태로 쓰는 것이 많다. 옛날에는 이런 글자가 훨씬 많았다.

囯으로 되어 있는 글자는 일반적으로 많이 알고 있는, 나라 국國 자의 약자인 国자와 매우 흡사할 뿐만 아니라 실제로 나라 국國 자의 약자이기도 하다. 그렇다면 '환국'이라고 읽어야 하지 않을까? 아니다. 원래 사용된 囯자는 國의 약자가 아니기 때문이다. 물론 흔히 볼 수 있는 글자도 아니다. 이건 대체 무슨 글자일까? 그리고 国과 囯, 두 글자 중 어떤 것이 일연이 쓴 『삼국유사』에 실린 것일까?

고려대장경에서 찾은 진실

囯이 더 오래된 판본에 등장한다. 즉, 일연은 囯이라고 썼는데 뒤에 이 글자를 잘못 옮겨서 国으로 쓴 것이다.

그럼 무슨 근거로 囯자를 '국'이 아니라 '인'으로 읽는다고 말할 수 있는 것일까? 이와 관련해서는 나라이름역사연구소 조경철 소장이 자세히 논증한 바 있다.

조경철 소장은 고려대장경에서 囯자를 찾아내서 그 글자가 囜과 동일하다는 것을 증명했다. 중국의 이체자자전에도 囯이 囜의 이체자라는 것이 남북조 시대 동위(534~550)에서 사용했다는 용례와 함께 실려 있는데, 고려에서 사용했다는 증거가 없었다. 그 이체자를 고려에서도 사용했다는 것이 조경철 소장에 의해서 명백하게 증명된 것이다.

그런데 이 囯을 国으로 잘못 쓰고, 그것을 또 國으로 잘못 읽으면서 난데없는 '환국'이라는 나라가 탄생하게 되었다.

1287년에 나온 『제왕운기帝王韻紀』에서도 환인의 인을 因으로 쓰고 있다. 『삼국유사』는 1281년에 편찬된 것으로 추정하므로 동시대에 나온 책에서도 환국이라고 쓰지 않았다는 것을 알 수 있다. 또 『조선왕조실록朝鮮王朝實錄』을 살펴보면 환인의 경우 또렷하게 因으로 나와 있다. 「세종실록世宗實錄」에는 단인, 단웅, 단군천왕이 등장하는데 이때 단인의 '인'을 因으로 쓰고 있다. 단인은 환인의 다른 이름이다. 「단종실록端宗實錄」에는 아예 환인이 등장하는데 역시 因으로 쓰고 있다. 권람權擥의 『응제시주應製詩註』(1461)에도 '환인桓因'이라고 나온다. 이처럼 고려, 조선 전기의 모든 자료가 환국이 아니라 환인으로 읽고 있는 것이다.

선조宣祖(재위 1567~1608) 때 사람 조여적趙汝籍이 지은 『청학집靑鶴集』과 숙종肅宗(재위 1674~1720) 때 승려 추붕秋鵬이 쓴 『묘향산지妙香山誌』에는 환인의 '인'을 어질 인仁으로 쓰고 있다. 같은 음가인 仁을 사용해서 因 글자를 대체한 것이다. 仁의 뜻이 因보다 좋다고 생각해서 같은 음의 한자를 차용했다고 봐야 할 것이다.

환국의 탄생

国은 중종中宗(재위 1506~1544) 때 펴낸 『삼국유사』(흔히 '임신본壬申本'이라고 부른다)에 잘못 새겨진 것이다. 이때 최기동崔起潼, 이산보李山甫라는 두 생원이 교정을 보았는데, 그때 囯을 国으로 잘못 고친 것이었다.

조선 후기 유학자 중에는 환인을 환국으로 읽은 사례가 발견된다.

남구만南九萬은 『약천집藥泉集』에서 『삼국유사』를 인용하면서 "昔有桓

國帝釋 庶子桓雄"이라고 썼으며 이종휘李鍾徽도 『수산집修山集』에서 "朝鮮之初 有桓國帝釋 庶子桓雄"이라고 쓰고 있다.

두 사람 다 '환국' 뒤에 '제석'을 붙이고 있다. '제석'은 불교에서 말하는 신의 이름 중 하나인데, 원래 『삼국유사』의 주석에 등장하는 이름이다. 『삼국유사』에서는 환인 이름 밑에 "제석이라 일컫는다"라고 되어 있다. 본문과 주석을 합해서 설명한 것이다. 왜냐하면 환인을 그냥 환국으로 치환해버리면 이상한 문장이 되기 때문이다.

『삼국유사』의 문장은 이러하다.

옛날에 환인(제석이라 일컫는다)이 있었다. 서자 환웅이 천하에 뜻을 두고……

환웅의 아버지 이름으로 환인이 등장하는 것이다. 그런데 이것을 환국으로 바꿔버리면 문장이 이렇게 꼬이게 된다.

옛날에 환국(제석이라 일컫는다)이 있었다. 서자 환웅이 천하에 뜻을 두고……

환웅이 누구의 서자라는 것인지 알 수가 없게 된다. 그러자 유학자들은 이 문장을 이렇게 매끄럽게 고쳤다.

옛날에 환국의 제석이 있었다. 서자 환웅이 천하에 뜻을 두고……

이렇게 해서 '환국'이 탄생했다. 이 모든 것이 囲을 國으로 잘못 읽어서 발생한 일이다. 이런 사례가 흔한 것은 아니었다. 환인의 음을 이미 알고 있었기 때문에 오독한 경우는 많지 않았던 것이다.

일제강점기의 환국

1904년 동경제국대학에서 『삼국유사』를 활자본으로 만들었는데 이때 "昔有桓國(謂帝釋也)"이라고 나왔다. 그런데 1921년 교토대에서 발간한 『삼국유사』 영인본을 보면 환인의 国자 위에 덧칠을 해서 因으로 보이게 만들어놓았다. 이로부터 일제 식민사학자가 환국을 환인으로 고쳤다는 주장이 퍼져 나가게 되었다. 이 책의 소유주가 일제 식민사학자 이마니시 류今西龍였기 때문이다.

이 책은 '순암수택본順庵手澤本'이라고 불린다. 순암 안정복安鼎福이 가지고 있던 책이기 때문이다. 안정복은 책의 빈 공간에 주석을 따로 달았는데 이 때문에 '수택手澤(사람의 손때가 묻음)'이라 한 것이다. 안정복은 빈 곳에 작은 글씨로 자기 견해를 보탰지만 이마니시 류는 거침없이 사서의 글자에 덧칠을 해댔다. 틀린 글자라고 생각한 곳에는 X 표시를 하기도 했다. 이런 행태를 두고 최남선崔南善은 '천한 사람의 망필亡筆'이라고 비난했다. 학계 일각에서는 덧칠을 한 사람이 안정복이라고 생각하기도 하지만, 그럴 리는 없다. 안정복은 『고려사高麗史』를 보면서도 여러 주석을 달았는데, 글자 위에 덧칠을 한 경우는 한 번도 없었다. 국사편찬위원회의 한국사데이터베이스에도 안정복이 덧칠을 한 것으로 주석이 달려 있는데, 이는 잘못 판단한 것이다. 빨리 수정했으면 좋겠다.

최남선은 1918년에 '환국'을 주장하면서 환국은 '천국'이라는 의미며

손보기 교수가 소장했던 『삼국유사』의 오래된 판본 '파른본'에
나타나는 園자의 모양이 園임을 확인할 수 있다.

「단종실록」에서 『삼국유사』를 인용한 대목이다.
환인의 '인'이 園으로 나와 있는 것을 확인할 수 있다.

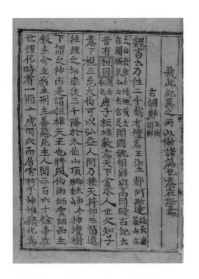

흔히 '중종임신본中宗壬申本'이라고 하는 중종 때 발간된 『삼국유사』는
가장 널리 알려진 『삼국유사』다. 여기에 因자가 国으로 오각되었다.

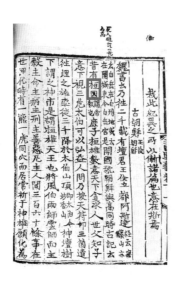

교토대 영인본에 나타나는 因자를 덧칠해서 만든 모습

환 민족의 원 거주지라고 해석했다. 그는 1927년 『삼국유사』 교감본을 낼 때도 환인이 아니라 환국으로 썼다. 조선사편수회 회의 때도 환인이라고 쓰면 안 되고 환국으로 써야 한다고 강력히 주장했다.

또한 일제강점기 때 이능화李能和도 환인은 잘못된 것이고 환국이 맞다고 주장했다. 신채호申采浩 역시 불교도가 환국을 환인으로 고쳤다고 주장했다. 이처럼 당대 석학이 '환국'을 주장했기 때문에 '환국'은 상당히 널리 인식될 수밖에 없었다.

그러나 당대에 환인으로 읽는 것이 완전히 불식된 것은 아니었다. 일단 대종교는 환인-환웅-단군의 삼신일체설이 교리였으므로 환국을 인정하기 어려웠다. 또한 최남선 역시 해방 후에 낸 『신정본 삼국유사』에서 기존의 환국을 버리고 환인桓因으로 똑바로 표기하게 되었다. 그는 1954년에 쓴 「단군고기전석檀君古記箋釋」에서 '昔有桓因'을 써서 완전히 환인으로 돌아섰음을 증명했다.

유사역사학과 환국

지금까지 살펴본 바와 같이 조선 후기에 『삼국유사』를 오독해서 '환국'이 등장했다는 것은 명백한 사실이다. 囯의 이체자 문제를 넘어서서 당대의 많은 사료가 '환인桓因'이라는 것을 증명하고 있다.

그러나 일부 유학자의 오독 때문에 '환국'이 등장하고 민족 자존감을 앙양시켜야 했던 역사가들이 '환국'을 주장하면서 잘못 읽은 단어가 널리 퍼지고 말았다. 그리고 해방 후 이 과정이 바로잡혀가던 중에 유사역사가들이 '위대한 환국'을 창조해내기 시작했다.

그 결정판이 바로 『환단고기』다. 애초에 잘못된, 있지도 않은, 사상누 각이라는 말도 아까운 해프닝이 바로 '환국'이다.

신채호는 묘청의 난을 '조선역사상 일천년래 제일대사건'이라고 했 는데, 환국의 난이야 말로 우리 역사상 사료 오독 제1대 사건이라 할 것이다.

1966년에 문정창文定昌이 『단군조선사기연구檀君朝鮮史記研究』를 내놓 으면서 일제가 '환국'을 말살하려 했다는 주장을 폈다. 식민사학자 이마 니시 류가 사서를 변조해가면서 환국을 말살하려고 했다는 주장은 반일 감정에 편승해 시민들에게 먹혀들었고, 이후 유사역사가들의 단골 메뉴 가 되었다. 문정창은 일제강점기인 1925년부터 일제의 공무원으로 근무 하기 시작해서 1932년에는 '조선쇼와5년국세조사기념장'을 수여받았고, 1942년에는 충청북도 내무부 사회과 사회주사(고등관 7등), 1943년에는 황해도 은율군수, 1945년에는 이사관으로 승진하여 황해도 내무부 사회 과장을 지낸 친일파다.

검증하지 않은 자료의 위험성

문정창은 일제강점기에 대한 책을 내면서 주워들은 엉터리 이야기를 많이 집어넣었다. 철저한 고증 없이 이런저런 내용을 당시를 살던 생생 한 증언이라 생각하여 인용하는 바람에 엉뚱한 이야기가 많이 퍼졌다. 그런 것 중 하나를 보자.

문인 김문집金文輯이 창씨개명 때 '견분창위犬糞倉衛'라고 하여 '개똥이나 처먹어라'라고 했다는 이야기는 꽤 유명하다. 이 이야기는 창씨개명에 보인 조선인의 기개로 널리 알려졌다. 이 사실은 상당히 뒤늦게 세상에 나온 것이다. 『조선일보』 1965년 6월 10일에 최독견崔獨鵑이 쓴 소설 『낭만시대』 87회에 나온 것이 최초 언급이었다. 문정창은 이걸 자기 책 『군국일본 조선강점 36년사軍國日本朝鮮强占三十六年史』 하권에 쓰면서 김문집이 이 일로 끌려가 행방불명이 되었다고 양념까지 쳤다. 그러자 국사편찬위원회 편사실장이던 이현종李鉉淙이 『동아일보』에 1980년 12월 25일에 이 일화를 소개했다. 이렇게 해서 이 일화는 계속 퍼져 나가게 되었다.

그런데 김문집은 무려 『친일인명사전』에 이름이 올라가 있는 친일파다. 그런 그가 이런 창씨개명을 했다는 건 말이 안 되는 일이다. 그는 아래와 같은 글을 척척 쓰면서 내선일체內鮮一體를 외치고 전선에 총을 들고 나가라고 선동하던 인물이었다. 아래 글은 『국민신보』 1933년 7월 16일자에 일본어로 실린 글 중 일부다. 차마 눈뜨고 보기 힘든 내용이 한가득이다.

「祖國に殉じた最初の半島志願兵(조국에 목숨 바친 최초의 반도 지원병) — 祝ふべき死(축하해야 할 죽음)! — 血に生きたわれらの李仁錫君(피에 산 우리의 이인석 군)」

죽음을 축하한다? 물론이다. 세상에 축하해야 할 죽음이 있다고 한다면 천황의 위세 아래 황군의 한 사람으로서 흥아전선, 멀리 북중국의 황야에서 쓰러진 이인석 군의 죽음을 축하해야 할 것이고, 이인석 군의 죽음을 두고 조선

어디에 우리 조선 자신을 위해, 황국 전체를 위해, 더 나아가 하나의 집[一宇]인 전 세계[大八紘]를 위해 축하해야 할 죽음이 있겠는가!

이런 글을 쓰고 살다가 1940년 4월 2일에 강제외설, 강간미수로 체포되었다. 피해자가 한둘이 아니었다. 엘레베이터 안내원 강제 추행, 모 부인 겁탈로 임신시킴, 호텔에 묵고 있는 일본 여성 방에 돌입 등등으로 피해 여성만 삼십여 명이라고.

김문집은 일본 유학시절부터 변태로 유명했다. 아무튼 무려 동경제대에 들어갔으니 머리는 좋았던 것 같다. 그러나 재학 중에 파렴치범으로 벌금형을 받고 조선으로 강제송환되었는데, 그 이유가 황당하다. 여급을 강제로 추행하려다 칼로 찔렸다는 것이다. 귀국해서도 이광수李光洙의 아내 허영숙許英肅 방에 무단침입하여 그 집의 고용인을 다치게 하기도 했다. 이 일로 체포되었고, 1941년 5월, 징역 8개월 선고가 나오기도 했다. 그는 조선에 더 이상 발을 붙일 수 없어서 일본으로 넘어가 일본 신문사에 입사했는데, 그 후 소식은 전해지지 않는다. 1960년에 논문을 발표한 것이 있기 때문에 쭉 일본에서 산 모양이라고 추정할 따름이다.

『조선일보』와『동아일보』당시 보도에, 그의 진짜 창씨개명에 대한 이야기도 적혀 있다. 그는 금주를 목표한다고 하여 이름을 '대강용무주지개大江龍無酒之介'라고 했다는데, 그 뜻은, "대구에서 나고 일본의 에도江戶에서 공부한 뒤 서울 용산에 살고 있는 술 마시지 않는 사람"이었다고 한다(이렇게 어느 기사에 나오는데, 믿어도 되는지는 잘 모르겠다). 이랬다가 다시 술을 마시자 '무주'를 빼고 '대강용지개大江龍之介'로 개명했다고. 이 대강용지개 개명 건은『동아일보』1940년 2월 13일자 기사에도 나온다.

최독견은 동양극장 지배인 등을 지낸 인물로 당시 내막을 잘 알 만한데도 김문집에 대해 이런 이야기를 남긴 이유를 알지 못하겠다. 행방이 묘연한 사람이니까 이런 이야기에 써먹어도 된다고 본 것이었을까.

이런 식의 엉터리 이야기를 자료로 해서 창씨개명에 대한 반발이 이렇게 심했다는 식으로 쓰면 근거를 공격 받아 일제 정책에 대한 비판 자체가 무산될 수 있다. 역사학자들이 자료를 신중하게 검토해야 하는 이유가 여기에 있다.

02

『천부경』의 비밀

『천부경』의 등장

단군의 가르침이라며 전해 내려오는 『천부경天符經』이라는 글이 있다. 81자로 만들어져 있는데 우주의 진리를 담았다고 말하기도 한다.

『천부경』이라는 이름이 제일 먼저 나온 것은 단군교 교주 정훈모鄭薰謨의 『단군교종령檀君教宗令』이라는 첩帖(종이를 접어놓은 것)이다. 1913년에 쓰인 것이다. 여기에 다음과 같은 내용이 적혀 있었다.

천부경과 각사의 진리를 단전에 양정수련하야 심리에 도력을 득하야 감령성을 통한 교인에게는 대종사 특별히 신전에 고유하고 영고장을 수여하야 포증함.

『천부경』이 어떤 것인지는 나오지 않고 그 이름만 전하는 것인데 종교 수련의 기법처럼 적혀 있다. 이보다 앞서 '천부보전天符寶篆'이라는 말이 정조正祖(재위 1776~1800) 때 문헌이라는 『문원보불文苑黼黻』에 실려 있으나 이것이 『천부경』이라고 볼 근거는 없다. 일반적으로 유사역사학에서는 말이 조금만 비슷해도 같은 것이라고 우기는 경향이 무척 심하다. 심지어 해당 내용은 "천부보전이 비록 사실적인 물증이 없으나"로, 전해 내려오는 것이 없다고 못 박고 있을 뿐이다. 오히려 바로 이 말에 나오는 전篆이라는 말이 후대에 큰 영향을 미쳤을 가능성이 높다.

『천부경』의 전문이 세상에 나온 것은 전병훈全秉薰의 『정신철학통편精神哲學通編』이라는 책에서였다. 이 책은 1920년 2월 7일 중국북경정신철학사에서 간행되었다. 지은이 전병훈은 고종高宗(재위 1863~1907) 때 중추원의관을 지낸 관리 출신으로 1907년에 중국으로 건너가 도교에 입문하여 수련한 사람이었다.

전병훈의 책에 『천부경』 전문과 그 내력이 실렸다. 최초로 『천부경』이 세상에 모습을 드러낸 순간이었다. 그의 『정신철학통편』 '동한신성단군천부경東韓神聖檀君天符經'이라는 장에서 『천부경』의 내력을 이렇게 설명하고 있다.

> 동국의 현인 선진仙眞 최치원崔致遠이 말하였다. "단군의 천부경 81자는 신지의 전문篆文이다. 옛 비에서 발견되었다. 그 문자를 해독하고 삼가 백산에 새겨넣었다." 살피건대 최공은 당나라 진사 출신으로 삼한으로 돌아와 신선이 되었다. 이 경문이 작년 정사년(1917년)에서야 비로소 한국 서쪽 영변 백산에서 나왔는데, 계연수라는 한 도인이 있어 약초를 캐러 백산에 들어갔다가 깊은 산골짜기 석벽에서 이 문자를 발견하고 베꼈다고 한다.

이어서 전병훈은 막 책을 내려고 하던 차에 『천부경』을 유학자 윤효정尹孝定에게서 얻었다고 말하고 있다.

『천부경』이 묘향산(여기 나오는 백산은 영변이라는 지명으로 알 수 있듯이 백두산이 아니고 묘향산이다) 석벽에 새겨져 있다는 주장을 주목하자. 물론 이런 글이 새겨진 석벽은 오늘날까지 발견되지 않았다. 아무튼 이 글을 묘향산에 새긴 사람이 최치원이라고 주장하는 것도 알 수 있다. 최치원이 신지의 전문篆文을 보고 그것을 풀어냈다고 하는 것은 '천부보전' 같은 글에서 왔을 가능성이 높다. 『천부경』을 전병훈에게 전해주었다고 하는 윤효정은 애국독립지사다.

1921년에 애류 권덕규權惪奎가 『계명啓明』이라는 잡지에 「단군천부경해」라는 글을 두 페이지에 실어서 『천부경』을 풀어놓았다. 이어 1923년에는 이규준李圭晙, 1924년에는 김택영金澤榮, 1925년에는 김용기金容起(대종교인), 1926년에는 최국술崔國述, 1930년에는 이용태李容兌, 1934년에는 이시영李始榮(대종교인), 1937년에는 김영의金永毅 등이 『천부경』 해설을 썼다. 이 중 김영의는 명교학원의 강사로 있었는데, 이 명교학원 1회 졸업생이 바로 『환단고기』를 내놓은 이유립李裕岦이다. 명교학원은 안순환安淳煥이 세운 친일 유교단체인 조선유교회에서 세운 녹동서원에 부속된 학교였다. 그리고 안순환은 정훈모의 단군교 후원자였다. 녹동서원에는 단군교도 함께 자리하고 있었다.

단군교는 원래 나철羅喆이 세운 민족종교다. 나철은 훗날 단군교 안에 친일파가 많이 들어와 있는 것을 알고 '대종교大倧敎'로 종교 이름을 바꾸었는데 이때 단군교의 거물이던 정훈모와 충돌했다. 정훈모는 단군이라는 이름을 버릴 수 없다고 주장해서 결국 교가 둘로 갈라졌다. 그 후 정훈모는 친일인사 안순환과 손을 잡았다.

단군교 교주 정훈모는 1921년 11월에 단군교 기관지 『단탁檀鐸』 창간호를 펴냈다. 이 책에 계연수桂延壽가 『천부경』을 어떻게 발견했고 그것을 왜 단군교에 보내는지에 대한 사연이 '계연수기서桂延壽奇書'라고 해서 실렸다. 계연수기서는 1917년 1월 10일에 쓰였다. 『천부경』에 대한 이야기를 이렇게 시작했다.

> 제가 일찍이 스승에게 듣기를 동방개황지조 단군은 신인神人이시라. 천부삼인天符三印을 지니시고 하늘에서 내려와 덕화를 크게 행하기를 사천여년이라.

『천부경』 발견 상황을 이 편지는 이렇게 전하고 있다.

> 제가 마음에 새기고 구하고자 하였으나 얻지 못하더니 성품을 길러 공이 되기를 바라며 약초를 캐는 것을 업으로 삼아 명산을 유람하기를 십여 년을 하던 중에 작년(1916년) 가을에 태백산에 들어가 길도 끊기고 인적도 없는 곳에 도달하여 계곡 시내 위 석벽에 옛날에 새긴 글 같은 것이 있어 손으로 이끼를 더듬어 벗기니 글자의 획이 분명하여 이것이 바로 『천부경』이라 두 눈이 홀연히 밝아져 무릎 꿇어 절하고 삼가 읽어보니 한편으로는 단군천조의 보경寶經이라 기쁘고, 또 한편으로는 고운 선생의 기이한 흔적이라 기뻤습니다.

계연수는 일단 그곳을 표시하고 돌아가 종이를 가지고 돌아왔는데, 쉽게 찾지 못해서 사흘을 헤매고 드디어 9월 9일에 다시 『천부경』 석각을 발견해서 탁본을 했다. 한 본을 탁본해서 돌아와 살펴보니 자획이 모호한 것이 있어서 다시 한 번 탁본하고자 했으나 구름과 안개로 인해 그러지 못하였다고 말한다. 자신은 더는 해독이 되지 않으니 단군교당에 탁본을 바친다고 했다.

『정신철학통편』에서 전하는 발견 내력과 유사하지만 훨씬 자세한 정황이 적혀 있는 것을 알 수 있다. 단군교에 실제로 이런 글이 왔을 가능성은 거의 없다. 이미 말한 바와 같이 묘향산에는 이런 석각이 존재하지 않는다. 석각이 있는데 한 부밖에 복사하지 못했다는 것도 말이 되지 않고 수없이 『천부경』 해설서가 나오는 와중에 아무도 그 석각을 찾지 못했다는 것도 말이 되지 않는다. 이런 이야기는 무릉도원에 갔다 와서 다시는 그곳을 찾지 못했다는 식의 변형에 불과하다.

정훈모의 단군교는 대종교와 경쟁을 해야 하는 입장이어서 대종교가 가진 경전보다 신성한 무엇인가가 필요했다. 그것을 1913년에 생각해낸 '천부경'이라는 단어에서 유추하여 『천부경』을 만들어냈다고 보는 것이 합리적인 설명일 것이다.

『천부경』과 『환단고기』

『천부경』은 『환단고기』의 진실성에 문제를 불러일으켰다. 고서라고 생각하는 것을 이것저것 다 집어넣은 『환단고기』에 『천부경』이 소개되어버렸던 것이다. 『환단고기』는 1911년에 쓰였다고 주장했는데, 계연수가 단군교에 보낸 편지에는 『천부경』을 1916년에 발견했다고 했으니 말이 되지 않는다. 더구나 이유립은 아예 계연수가 이미 1898년에 『천부경부전天符經附箋』을, 1899년에는 『천부경요해天符經要解』를 썼다고 말해버렸다. 뿐만 아니라 1914년에는 이관집李觀楫(이유립의 부친)이 『천부경직해天符經直解』를 썼다고 주장했다. 이미 그렇다고 해버린 글을 어떻게 수습할 것인가?

『커발한』 창간호(1965. 4. 1)에는 이석영李錫暎이 쓴 「천부경에 대한 나의 관견」이라는 글이 있다. 이석영은 이유립의 단단학회檀檀學會의 재원을 담당한 단단학회 이사였다.

이 글에 『천부경』의 내력은 이렇게 나와 있다.

> 이 천부경은 고운 최치원 선생이 일즉 태백산 석굴에 각치刻置하였던 것이나 세인이 오랫동안 구지부득求之不得이다가 단기 4250년(1917년)에 와서 운초 거사 계연수와 국은 이태집 두 분이 영변 묘향산에 들어가 영약을 캐려다다가 우연히 심학절벽에 유각留刻되어 있는 것을 발견하고 이 천부경 81자를 각기 사출寫出하여 운초는 단군교 본부로 보내고 국은은 단학회로 보내여 비로소 세상에 다시 전파되었다는 것이다.

계연수가 『천부경』을 발견한 연도가 1917년이라고 되어 있다. 계연수 기서를 따르면 1916년에 발견한 것인데, 단단학회 측은 계연수가 『천부경』을 발견한 때를 언제라고 했는지 정확히 알지 못했던 것이다. 그가 편지를 보낸 때가 1917년이기 때문에 석벽에 새겨진 글자도 1917년에 발견한 것이라 생각한 모양이다. 혼자 발견한 것이 아니라 단학회(단학회는 단단학회의 전신이라고 주장하고 있다) 인물을 집어넣어서 자신들의 공을 윤색하고자 했던 것도 알 수 있다.

『천부경』에 대해서 『커발한』 35호(1973. 5. 1)에서는 새로운 주장이 나온다. 단단학회 부회장 조영주가 쓴 글이다.

신시개천 5814년(1917년) 정월 10일 운초 계연수 선생님이 이 『천부경』 81자를 『태백일사』의 속에 들어있는 것을 뽑아내여 평안도 묘향산(태백산) 돌벽에 새기므로 해서 일부에서는 신라 최치원님이 직접 새긴 묘향산의 천부경을 처음 발견했다고 떠들썩하였으나 실은 최치원님이 그때의 발해국 안에 들어온 기록은 없고 또 들어올 수도 없는 일이나 윤효정이 일부러 운초 선생의 서한을 고쳐 꾸며서 그 당시 지나에 교거해 있는 서우 전병훈님에게 보낸 것이 한 동기가 되어 그후 『단군교부흥경략檀君敎復興經略』을 엮을 때 운초 서한을 껴넣었으나 그 실은 운초의 친필 서한도 아니며 『해동인물지海東人物志』에 보면 광무2년(무술)에 운초 선생이 직접 "『태백일사太白逸史』 『단군세기檀君世記』 같은 책을 간행했다" 한 것으로 미루워 『천부경』의 전해온 사실을 알 수 있겠으며…….

이 글에서는 석벽을 발견한 사람이 석각을 한 사람으로 변했다. 함께 발견한 이태집이라는 사람은 없어져버렸다. 윗글에 나오는 『해동인물지』는 1969년에 나온 책이다. 이 책의 내용 자체를 이유립과 단단학회가 제공했을 가능성이 높다. 『커발한』의 인쇄소와 『해동인물지』의 발행사는 '회상사'라는 동일한 곳이다.

더구나 이 짧은 글에도 의도된 왜곡이 들어있으니 『해동인물지』에 실린 계연수의 저작물 이름은 『태백일사』가 아니라 『태백유사太白遺史』다.

『천부경』의 내력은 『커발한』 47호(1975. 5. 1)에서 확정된다. 여기 실린 '커발한 중흥소록'이라는 글에는 이런 대목이 있다.

신시개천 5813년(1916년) 병진 운초 대승정께서 천부경 81자를 묘향산 석벽에 각刻하시다.

연도가 1917년에서 1916년으로 보정되었다. 조작이란 이처럼 후대로 갈수록 정교해지는 법이다. 운초 대승정이란 계연수를 가리키는 것이다. 1965년에는 운초거사였던 사람이 1973년에는 선생님으로, 1975년에는 대승정으로 변했다. 이런 변화는 왜 생긴 것인가? 1965년과 1975년 사이에 무슨 일이 있었을까? 그 사이에는 『환단고기』가 있다. 1965년에는 없던 『환단고기』가 1975년에 생겨난 것이다. 정확히 말하자면 『환단고기』를 구성하는 각 유닛이 만들어지고 있었던 것이다.

조영주는 후일 자기가 한 말을 두고 이렇게 변명했다.

이제 본론으로 들어가 말하고자 하는 것은 『천부경직해』인데 고운 최치원 선생이 신시 고비古碑에 각전刻傳해온 환웅천왕의 대성전大聖典을 다시 한자로 바꾸게 되고, 이것이 태백일사에 수록되어 왔으며 대한제국의 말년에 이르러 비로소 해학 이기, 운초 계연수 두 선사先師의 노력으로 세상에 공개하면서 운초대승정이 묘향산 석벽에 입각入刻하게 되고 천부경 81자가 단행 인쇄되었으니 이때가 신시개천 5814년(정사) 정월 15일이다. 그러나 이 『천부경직해』는 그보다 3년 앞서 곧 갑인년 3월 16일 완성되었으며, 그후 역시 정사년 5월에 인쇄되었던 것인데 이것이 그간 단단학회의 회일回日 강좌에서 4~5차 강의되어 왔으며 (중략) 필자가 일찍 『커발한』 제35호에 발표한 「천부경제가주해소고天符經諸家註解小考」에서 이 『천부경직해』에 대한 언급을 못 한 것은 그때에는 전문을 못 본 까닭이었다. 그래서 특히 「천부경직해로 본 이단해 사상」을 소개하고자 붓을 든 것이니 이것은 필자 개인뿐 아니라 앞으로 천부경을 포함한 배달철학사상사를 연구 출판하게 되면 이 『천부경직해』가 논의의 대상에서 제외될 수는 없다. (『자유自由』 65호(1977년 10월호) 조영주의 「천부경직해로 본 이단해 사상」 p.142)

『천부경』에 대한 섣부른 날조 때문에 『환단고기』에도 문제가 발생했다. 이들은 『환단고기』가 1911년에 출간되었다고 했다. 또한 『천부경』이 담긴 『환단고기』의 『태백일사』는 이기李沂가 소장하고 있던 것이라고 했다. 이 때문에 계연수가 『천부경』을 보고, 1898년에 『천부경부전』을, 1899년에는 『천부경요해』를 썼다고까지 주장해놓은 상태다. 그런데 어찌 그가 『천부경』을 마음에 새기고 구하고자 하였으나 얻지 못할 수가 있단 말인가? 이미 해설서도 두 편이나 만들었는데 구하지 못하였다고 하니 이걸 대체 어떻게 수습해야 할지 깜깜했을 것이다.

아직 『환단고기』를 위조하지 않았던 1965년에는 그저 『천부경』 발견의 공을 나눠먹는 정도의 조작이면 족했던 것인데, 『환단고기』를 만들어놓고 나니 『천부경』의 발견이라는 것이 『환단고기』의 위서를 증명하는 아킬레스건이 되어버리고 만 것이다. 마찬가지로 1965년에는 그저 『천부경』 발견자에 불과했던 계연수가 『커발한』 17호(1970. 3. 1)에서는 단학회 2대 회장이 되어 있었다.

결국 단단학회 측은 계연수가 단군교에 보낸 편지가 가짜라고 주장하게 된다. 그리고 묘향산 석벽의 각석은 계연수가 한 것이라고 주장했다.

『환단고기』에는 『천부경』의 내력을 이렇게 쓰고 있다.

『천부경』은 천제 환국에서 구전되어 전해진 글이다. 환웅대성존이 하늘에서 내려온 후에 신지혁덕에게 명하여 녹도문으로 기록했더니 고운 최치원이 신지가 전자로 만든 옛 비석을 보고 다시 첩帖으로 만들어 세상에 전하게 되었다.

이유립은 그동안 전해져 온 내용을 조금씩 손봤다. 최치원이 옛 비석을 보고 각석했다는 것을 첩을 만들어 세상에 전했다라고 고친 것이다. 이제 석벽도 계연수도 나오지 않는다. 논란의 여지 자체를 없애버린 것이다. 하지만 걸출한 천재 최치원이 옛 비석을 해독했다는 그럴듯한 설정은 그대로 살려두어 이용했다. 이렇게 고쳐진 내용이 1979년 『환단고기』에 수록되었다.

『환단고기』라는 책이 정말로 있어서 그것을 이유립이 보고 있었다면 『커발한』에는 『천부경』의 내력에 대해서 왔다갔다하는 위와 같은 내용이 있을 이유가 없다.

『커발한』의 내용이 『환단고기』와 일치하지 않는 것은 이외에도 무수히 많다. 그 때문에 『커발한』은 금단의 자료로 공개되지 않고 있었던 것이다. 그리고 이 모순을 해결할 수 없었기에 "계연수가 『환단고기』를 1980년이 되기 전에는 공개하지 말라고 했다"는 주장이 생겨난 것이다. 『환단고기』를 공개하지 않아야 해서 그것을 숨기기 위해 엉뚱한 이야기를 하고 있었다는 식으로 눙치고 싶었던 것이다. 하지만 불행히도 이런 시도는 전혀 소용 없는 것이었다. 『커발한』에 『환단고기』 내용을 연재까지 했었기 때문이다. 또한 1970년대에는 『자유』지에도 『환단고기』 내용을 여러 차례 소개했다. 이렇게 되자 이유립의 제자들은 『환단고기』를 공개하지 말라는 말은 나온 적이 없다고 주장하기에 이르렀다.

그러나 『환단고기』를 공개하지 말라고 했든지 말든지 아무 상관이 없다. 『환단고기』의 일부는 이미 『커발한』과 『자유』지 등에 공개되었고 그 내용은 지금 『환단고기』와 다르다. 『환단고기』는 1960년대부터 1970년대에 걸쳐 만들어진 위서다. 당장 『천부경』 문제 한 가지만으로도 얼마나 많은 거짓말이 이 안에 들어 있는지 알 수 있다.

지금도 계속되는 『천부경』 위조

전통옥새장인이라고 주장하면서 대한민국 국새를 만들었다가 제작에 써야 할 황금을 빼돌리고 국새 안에 자기 이름도 새겨서 징역형을 받은 사람이 있다. 그는 자기 집안에서 갑골문으로 쓰인 『천부경』을 발견했다고 공개한 바 있었다. 이 『천부경』은 오른쪽에서 왼쪽 가로로 쓰여 있는 이상한 물건인데다 갑골문도 잘못 쓴 부분이 있고, 그 쓰인 종이 역시 위조된 것이었다.

그런데 2020년 2월 28일 북한 조선중앙티비가 백두산 장군봉에서 천부경 대리석을 발견했다고 보도했다. 이 천부경 대리석 역시 갑골문으로 쓰여 있었다. 이 대리석에 새겨진 천부경 글자는 바로 위에 이야기한 천부경 글자와 똑같다. 당연히 틀린 부분도 똑같다. 누군가가 위조된 천부경을 보고 똑같이 글자를 새겨서 백두산에 묻어둔 것이다.

과거 일본에서 고고학 자료를 묻었다가 발굴한 척하는 희대의 쇼가 있어서 세상의 비웃음거리가 된 바 있었다. 이런 일이 이쪽에서도 일어나고 있는 것이다.

나는 『유사역사학 비판』(역사비평사)에서 『환단고기』 판본에 대한 자세한 비판을 가한 바 있다. 내가 한 비판에 직면한 유사역사학 쪽에서는 이 문제를 해결하기 위해 새로운 『환단고기』를 부랴부랴 만들어서 새로 발견했다고 선전한 바 있다. 『천부경』 위조 역시 마찬가지다.

03

신채호와 『천부경』

신채호는 『천부경』을 위조라고 말했다

『천부경』 등장 이래 애류 권덕규를 비롯해 여러 학자가 천부경에 대한 글을 쓰면서 관심이 고조되었다. 단재 신채호가 이런 현상에 일침을 가한 바 있었다.

신채호는 『동아일보』에 연재하고 있던 「삼국지동이열전교정—조선사연구초」를 통해서 이와 같이 이야기했다.

> 역사를 연구하려면 사적史的 재료의 수집도 필요하거니와 그 재료에 대한 선택이 더욱 필요한 자者라. 고물이 산같이 쌓였을지라도 고물에 대한 학식이 없으면 일본의 관영통보寬永通寶가 기자箕子의 유물도 되며 십만 책의 장서루藏書樓 속에서 좌와할지라도 서적의 진위와 그 내용의 진가를 판정할 안목이 없으며 후인 위조의 천부경 등도 단군왕검의 성언聖言이 되는 것이다. (『동아일보』 1925년 1월 26일자)

신채호는 확실하게 "후인 위조의 천부경"이라고 써서 『천부경』이 위

『동아일보』 1925년 1월 26일자에서 신채호는 『천부경』이 위조라고 했다.

서임을 분명히 했다. 그런데도 유사역사학 쪽에서는 신채호가 후일 이런 견해를 철회했다고 주장하는 경우가 있다.

그 근거는 『조선상고사朝鮮上古史』다. 『조선상고사』 제1편 총론 중 '4. 사료의 수집과 선택에 대한 상확 4) 위서의 변별과 선택에 대하여'에 다음과 같은 구절이 있다.

> 아국은 고대에 진서珍書를 분기焚棄한 때(이조 태종의 분서 같은)는 있었으나 위서를 조작한 일은 없었다. 근일에 와서 『천부경』, 『삼일신고三一神誥』 등이 처음 출현하였으나, 누구의 변박이 없이 고서로 신인信認할 이가 없게 된 것이다. 그러므로 아국 서적은 각씨의 족보 중 그 선조의 사事를 혹 위조한 것이 있는 이외에는 그리 진위의 변별에 애쓸 것이 없거니와, 다음 접양된 인국인 지나·일본 양국은 종고從古로 교제가 빈번함을 따라서 우리 역사에 참고될 서적이 적지 않다. 그러나 위서 많기로는 지나 같은 나라가 없을 것이다. 위서를 변인辨認치 못하면, 인증치 않을 기록을 아사我史에 인증하는 착오가 있다. (『조선일보』 1931년 6월 18일)

위 글을 가지고 유사역사가들은 신채호가 1925년에는 『천부경』을 위서라고 생각했지만 1931년에는 생각이 바뀌었다고 말한다.

글의 첫 문장은 우리나라 '고대'에 위서를 만든 적이 없다는 말이며, 그 뒷문장은 '근일에 와서'라고 하여 고대와 분리해 놓고 있다. 저 말이 『천부경』이 단군의 말씀이라는 것으로 해석될 여지는 없다. '고서로 신인할 이가 없게 된 것'이라는 말은 고서가 아니라는 말과 동일한 뜻이기 때문이다. 저 두 문장은 서로 잘 이어지지 않기 때문에 유사역사학에서는 자기들 편하게 이용하고 있는 것이다.

그 다음 문장에서 우리나라 서적 중 족보에 위조가 있을 수 있다는 말을 하고 있다. 족보 이외의 고서는 진위 변별에 애쓰지 않아도 된다는 뜻이다. 이것이 『천부경』 같은 근일에 와서 출현한 문서에 면죄부를 주는 것은 아니다. 하지만 문장이 좋지 못해서 이런 오해를 일으킨 것이다. 이처럼 문장이 가다듬어지지 않은 것에는 다 이유가 있다. 그 이유를 알아보자.

『조선상고사』 연재는 신채호의 뜻이 아니었다

가장 먼저 알아야 할 이야기는 『조선상고사』 연재가 신채호의 뜻이 아니었다는 것이다. 앞서 문장이 좋지 않다는 이야기를 했다. 이렇게 문장이 좋지 않은 것은 『조선상고사』 원고 자체의 문제였다. 이 원고는 신채호가 직접 『동아일보』에 연재한 것이 아니었다. 아직 미완성된 원고였고 누군가 가필했을 가능성도 있다.

이 글이 『동아일보』에 연재되고 있을 때 신채호는 여순 감옥에 수감된 상태였다. 엄혹한 일제 감옥 안에서 그가 글을 작성해서 『동아일보』에 보냈을 수는 없고, 실제로도 그러했다.

신채호와 절친했던 홍명희洪命憙의 아들 홍기문洪起文이 1936년 3월 1일자 『동아일보』에 신채호를 기리며 쓴 '조선 역사학의 선구자인 신단재 학설의 비판(2)'에서 다음과 같이 이야기했다.

『조선사연구초朝鮮史硏究草』는 가친이 그의 원고를 청하여 온 것인 바 나도 일찍이 그 원고까지 본 일이 있고 『조선사朝鮮史』는 그가 초抄하다가 던지고 간 원고를 모씨가 정리하여 본보에 연재하던 것이라는데 그조차 끝을 맺지 못하고 말았다. 그러므로 『조선사』는 모씨의 가필이 어느 정도 미쳤을까? 필자의 본의를 과연 손상함이 없었을까 등의 의문이 떠오르는 터로 그의 저작 중 완전히 신빙할 만한 것은 『조선사연구초』 일권一卷에 한한다고 보아서 무방하다.

윗글에 나오는 『조선사』가 지금의 『조선상고사』다. 신채호는 한국사 전체를 다 쓸 생각이 있었지만 불행히도 수감 중 사망(1936년)하여 고대사 저술밖에 남기지 못했기 때문에 해방 후에 『조선상고사』라는 이름으로 책이 나오게 된 것이다. 윗글에서 홍기문은 『동아일보』에 연재된 신채호의 글에 의문을 갖고 있으며, 신채호의 저작 중 완전히 신빙할 만한 것은 『조선사연구초』뿐이라고 말하고 있다.

『조선상고사』 연재 중단을 요구한 신채호

신채호는 『동아일보』에 자신의 글이 실리는 것을 중단해달라고 요청했다. 신채호는 자신의 글을 완벽한 상태로 발표하고 싶어 했다. 그의 글에서 오탈자가 발견되는 바람에 불같이 화를 내며 연재를 중단시킨 일화가 있을 정도다. 그런데 자신이 직접 기고한 것도 아니고 확인할 수도 없는 상태에서 자신의 글이 연재되고 있다는 것은 신채호의 성격으로는 견디기 힘든 일이었을 것이다.

1931년 11월 16일에 『동아일보』 기자 신영우는 여순 감옥에서 신채호를 면회했다. 이 자리에서 신영우는 이렇게 물었다.

"선생이 오랫동안 노력하여 저작한 역사가 『동아일보』 지상에 매일 계속 발표됨을 아십니까?"

그러자 신채호가 대답했다.

"네. 알기는 알았습니다마는 그 발표를 중지해주었으면 좋겠습니다. 그것은 내가 지금까지 비록 큰 노력을 하여서 지은 것이라 하나, 그것이 단정적 연구가 되어서 도저히 자신이 없고, 완벽된 것이라고는 믿지 아니합니다. 돌아가시면 그 발표를 곧 중지시켜 주십시오. 만일 내가 10년의 고역을 무사히 마치고 나가게 된다면 다시 정정하여 발표하고자 합니다."

신영우는 깜짝 놀랐을 것이다. 그는 신채호를 달래려 이렇게 말했다.

"그와 같이 겸손하여 말씀하지마는 그것이 한번 발표되자 조선에서는 큰 환영을 받고 있습니다."

신채호는 다시 고개를 저었다.

"내가 그것을 지을 때에는 결코 그와 같이 속히 발표하려고 한 것이 아니고 좀 더 깊이 연구하여 내가 자신이 생기기 전에는 발표하고자 아니할 것이 중도에 이러한 처지에 당하여 연구가 중단되었으나, 다행히 건강한 몸으로 다시 지상에 나가게 된다면 다시 계속 연구하여 발표하고자 한 것입니다."

그러나 불행히도 신채호의 이런 바람은 이루어지지 않았다.

이윤재가 전하는 신채호와 『조선상고사』

이제 『조선상고사』가 연재되던 당시에 쓰인 글이 아니라는 것은 모두 이해했을 것이다. 그럼 이 글은 언제 쓰인 것일까? 신채호 사망 후에 그를 기리며 이윤재李允宰가 1936년에 쓴 글 「북경시대의 단재」를 보면 신채호의 성격과 『조선상고사』 집필 시기를 대충 알 수 있다.

이윤재는 신채호가 북경에 있을 때 만나서 조선사 집필에 대해 이야기했다. 그러자 신채호는 원고 뭉치를 꺼내서 보여주며 수년 전부터 쓰고 있다고 말했다. 그것은 모두 다섯 책으로 첫째 권은 『조선사통론朝鮮史通論』, 둘째 권은 『문화편』, 셋째 권은 『사상변천편』, 넷째 권은 『강역고疆域考』, 다섯째 권은 『인물고人物考』, 이밖에 또 부록이 있는 모양이었다고 했다. 이윤재는 크게 기뻐서 얼른 출판하자고 말했다. 신채호는 거절했다.

"아직 더 보수할 것이 있으니 다 끝난 다음에 하려고 합니다."

"이것을 수정하는 때이면 이왕이면 철자법까지 다 고쳐서 했으면 어떨까요."

"물론 좋지요. 그것을랑 선생이 맡아서 전부 고쳐 주시오."

이윤재는 원고를 가지고 갈 생각으로 조선으로 가서 인쇄를 하자고 말했다.

"그런데 인쇄는 내지內地에 들여다가 하는 수밖에 없습니다. 첫째 조선문朝鮮文 활자가 있으니 인쇄하기 편리한 것이요, 다음으로 해외의 출판물이 조선으로 들어가는 것은 취체取締가 심하니 조선 안에서 발행되어야 널리 보급될 것이 아닙니까."

하지만 신채호는 역시 거절했다.

"그것은 그럴 필요가 없습니다. 여기는 석판인쇄石版印刷가 연판인쇄鉛版印刷보다 값이 싸니 인쇄비가 훨씬 덜 들 것이요, 아무리 그네들의 취체가 심하다기로 선언서나 격문이 아니요, 단순히 학술로 된 서적까지 그렇게 할 리가 있겠습니까."

결국 이윤재는 출판비를 힘닿는 데까지 보태겠다고 말하고 돌아올 수밖에 없었다. 그도 형편이 여의치 않아 출판비를 만들지 못했다. 이윤재는 『동아일보』 연재되던 글을 두고는 다음과 같이 추측했다.

> 선생의 입옥入獄 후에도 그 장서 전부가 천진 모某씨에게 임치任置되어 있다하니 그 원고도 아마 그 속에 있을 것같이 생각된다.

신채호는 1920년대 북경에 있었고 이 무렵에 이미 원고를 써놓았다는 것을 알 수 있다.

『조선상고사』는 『조선사연구초』보다 먼저 쓰였다!

『조선상고사』 안에 이 글을 언제 썼는지 알 수 있는 단서가 들어 있다. 바로 그 문제의 『천부경』을 언급하는 4챕터에 같이 있다.

> 거금距今 16년 전에 국치에 발분하여 비로소 『동국통감東國通鑑』을 열독하면서 사평체史評體에 가까운 『독사신론讀史新論』을 지어 『대한매일신보』 지상에

발포發布하며…….

신채호가 『독사신론』을 발표한 해는 1908년이다. 여기서 이야기하는 '국치'는 한일강제병합을 가리키는 것이 아니라 1905년의 을사늑약을 말한다. 신채호는 1908년부터 16년 후에 『조선상고사』 총론편을 쓴 것이다. 그 해는 1924년이 된다(만일 1905년부터 16년 후라면 1921년이 된다).

그리고 신채호가 직접 확인하고 본인의 저작으로 확실하게 이야기할 수 있는 『조선사연구초』에서 천부경이 후인 위조라고 말한 때는 1925년이다. 신채호의 생각은 변하지 않았다. 정말 유사역사학 주장처럼 신채호가 『조선상고사』에서는 『천부경』을 진짜라고 인정했다면 그 생각은 『조선사연구초』를 쓸 때 변한 것이 된다. 그러나 다시 말하지만 그럴 가능성은 없다. 신채호는 처음부터 끝까지 『천부경』을 위서라고 생각했다. 그의 저작물 중 어디에도 『천부경』을 인용한 바가 없다는 것으로 알 수 있다.

우리는 여기서 유사역사학 쪽이 얼마나 사실 관계 확인을 게을리하고 견강부회牽強附會하고 있는지를 알 수 있다. 왜냐하면 이와 같은 내용은 『단재 신채호 전집』에 모두 수록되어 있기 때문이다.

신채호는 유사역사가가 아니다

유사역사학은 사이비, 엉터리 역사를 주장하는 것을 가리키는 말이다. 무엇이 엉터리이고 거짓인가는 역사학적인 방법론을 사용하고 있는가, 그렇지 않은가로 판별할 수 있다. 이에 대한 이야기는 본서 32장에 자세히 설명해놓았다.

유사역사학 신봉자들은 신채호가 한 이야기 가운데 지금은 인정받지 못하는 주장이 있으므로 신채호도 유사역사가로 보는 거냐는 반론을 종종 내놓는다. 그 주장은 이렇게 발전하기도 한다.

"식민사학자들이 신채호도 유사역사가라고 매도한다!"

그 어느 역사학자도 신채호를 유사역사가라 부른 적이 없다. 하지만 이렇게 이야기하면 사람들이 쉽게 혹하니까 선전선동을 하는 것이다.

역사학자가 신채호를 또라이, 정신병자라 불렀다고 선전하는 것도 매우 좋아하는데, 우선 출전이 나오지 않는 일방적 주장이다. 논문이 있는 것도 아니고 유사역사학 쪽에서 내놓는 주장 이외에는 아무것도 없다. 또한 이 말을 했다고 하는 사람은 뉴라이트 쪽 학자로 역사학계의 주류에 있는 사람도 아니며, 오히려 역사학계에서는 심하게 배척하고 있는 인물이다. 또한 신채호를 모욕적으로 호칭했다고 해서 그것이 신채호를 유사역사가로 규정하는 것도 아니다. 한마디로 실체가 없는 선전선동만 난무하는 것이다.

역사학계의 신채호 평가

그럼 역사학계에서는 신채호를 어떻게 평가할까? 근대역사학의 시조로 평가한다. 한영우韓永愚 교수는 민족주의 사학이 1905년 을사조약을 계기로 신채호에 의해 성립한다고 설명했으며, 다른 대부분의 역사학자들도 근대역사학은 박은식朴殷植과 신채호에 의해서 1908년 무렵 성립했다고 보고 있다. 1908년은 신채호가 『독사신론』을 내놓은 해다. 『한국의 역사가와 역사학』(1994)에서 조동걸趙東杰은 이렇게 말한다.

> 『독사신론』은 『대한매일신보』에 연재된 것이지만 당시 학계에 큰 파문을 일으켰으며 한국 근대사학사에서 크게 주목되어야 할 글이다. 근대사학의 방법을 개척했다는 측면에서, 또 일제 식민사학의 침투를 비판하면서 민족사학의 방향을 수립했다는 측면에서 그때까지 계몽주의사학의 한계를 극복한 그야말로 신론新論인 것이다. (중략) 역사서술에서 민족을 발견하고 있는 것은 『독사신론』에서 비롯되는 것 같다. (중략) 그렇게 보면 근대사학은 신채호의 『독사신론』과 황의돈黃義敦의 『대동청사大東靑史』에 의해서 성립하였다고 할 수 있을 것이다.

이와 같이 신채호는 한국 역사학에서 중차대한 위치를 차지하고 있다. 같은 책에서 한양대 박찬승 교수는 이렇게 신채호의 사학을 설명한다.

> 신채호사학은 박은식사학과 함께 한국사학을 근대적인 학문으로 성립시키는 데 큰 공을 세웠다는 평가를 받고 있다. 그것은 그의 역사학이 역사관의 측면에서 주자학적 명분론, 정통론, 존화사대주의적 세계관, 순환사관 등 중세적인 역사관을 극복하고 근대적 합리주의, 근대적 세계관, 순환사관 등 근대적인 역사관을 제시했기 때문이다. 또 역사이론적인 측면에서도 자료의 해석과 역사서술에서 객관성·사실성·체계성·종합성 등을 강조함으로써 한국사학을 근대적인 역사과학으로 끌어올리고자 노력하였다.

이러한 평가가 역사학계가 신채호에 대해서 내리는 주류 관점이다. 뉴라이트 학자가 객석에서 아무렇게나 지껄인 이야기를 침소봉대하여 역사학계 전체의 관점인 것처럼 호도해서는 안 되는 일이다.

유사역사가들은 입만 열면 역사학자들을 식민사학자, 친일파라고 욕하지만 역사학계의 거목 중 하나인 이기백李基白은 남강 이승훈李昇薰 집안으로 이승훈이 세운 오산학교에서 함석헌咸錫憲 밑에서 공부를 했다. 이기백의 어린 시절에 큰 영향을 준 사람이 바로 신채호와 함석헌이다.

이기백은 『한국사 시민강좌』 제4집 '학문적 고투의 연속'에서 이렇게 말한다.

> 역사책으로는 신채호 선생의 『조선사연구초』를 열심히 읽었는데, 어려워서 잘 이해가 되지 않았다. 그런 중에서도 '조선역사상 일천년래 제일대사건'만은 감동깊게 읽었으며, 고구려의 멸망과 북진정책의 좌절을 한스럽게 생각했다. 그러고는 『성서조선聖書朝鮮』에 연재되던 함석헌 선생의 「성서적 입장에서 본 조선역사」를 읽으면서 역시 같은 감명을 받았다. 하나는 낭가사상이라는 민족의 고유전신을 중심으로 우리 역사를 이해하였고, 다른 하나는 도덕을 중심으로 우리 역사를 이해한 것이었다. 그러다 그 둘이 모두 만주라는 땅에 대한 민족적 향수를 전하여 주는 데는 차이가 없었다. 나의 우리 역사에 대한 이해는 이 두 분 선생의 글로부터 이끌리었다고 할 수가 있다.

흑백논리를 벗어나야

유사역사가들의 큰 문제점은 흑백논리에 사로잡힌 것이다. 그들은 신채호가 한 말을 금과옥조로 알고 그것에서 벗어나면 식민사학이 된다는 흑백논리를 가지고 있다. 신채호는 만주에서 독립운동을 하면서 역사 연구를 병행했다. 그가 볼 수 있는 자료에는 한계가 있었고, 시대도 그를 학문에만 매진하게 도와주고 있지 않았다. 당연히 그의 주장 중에는 오늘날 잘못된 것이 있으며 학문이라는 것은 그런 잘못된 부분을 보완하고 수정하면서 발전하는 것이다. 유사역사가들은 강단의 식민사학자들이 이병도李丙燾의 학설을 하나도 수정하지 않고 붙들고 있는 것처럼 자꾸 거짓말을 하지만, 실제로는 이병도의 학설 역시 엄청나게 많은 부분이 받아들여지지 않고 있다. 그런데 유사역사가들은 신채호의 주장 중 받아들이지 않는 것이 나타나면 식민사학이라고 하고, 이병도의 주장 중 받아들이는 것이 있으면 그것도 식민사학이라고 한다. 이런 식의 흑백논리라면 학문은 전혀 발전할 수 없는 고정된 존재일 수밖에 없다.

우리나라의 유사역사학은 1960년대부터 발현해서 1970년대를 거치며 증폭되었다. 우리나라의 유사역사학이 태동도 하기 전에 살았던 신채호가 유사역사가가 될 수는 없는 것이다. 앞으로는 신채호를 역사학계에서 유사역사가라고 한다는 등의 거짓 선전선동이 사라지기를 바란다. 신채호는 그렇게 유사역사학의 방패막이로 사용되어서는 안 되는 우리 역사학의 소중한 사람이다.

04

단군 기념주화의
비밀

2016년 10월 31일 〈연합뉴스〉에 짧은 기사 하나가 실렸다. 카자흐스탄에서 단군을 기념하는 주화가 발행되었다는 내용이었다.

여타의 내용 없이 나온 이 기사는 기사 길이와 관계없이 큰 반향을 불러일으켰다. 연합뉴스는 이 단신 이후에 카자흐스탄이 단군 기념주화를 발행한 이유를 좀 더 설명하는 후속 보도를 내놓았지만 이는 앞의 기사만큼 주목 받지 못했다.

유사역사학 중에는 카자흐스탄이 우리와 역사적으로 관련 있다는 주장이 있다. 그 주장에 따르면 카자흐스탄은 우리나라의 단군을 시조로 섬긴다고 한다.

15세기 무렵 킵차크한국의 후예 아불 하이르 칸Abu'l-Khayr Khan(재위 1428~1468)이 우즈벡 울루스를 이끌었는데 몽골족의 일파인 오이라트의 침공으로 패하자 일단의 무리가 이탈했다. 이들은 '떨어져 나온 사람'이라는 뜻으로 '카자흐Kazakh'라고 불렸다. 카자흐는 16세기 초 카심 칸 Kasym Khan(재위 1511~1521)의 지휘 아래 강력한 세력으로 군림했다.

카자흐는 한때 스텝 지역을 모두 지배한 강력한 국가를 세웠지만 17세기에 오이라트족의 침공으로 약화되었고 러시아가 남하하면서 오이라트족을 러시아가 막아주리라 기대하기도 했으나 결국 18세기 중엽에 이르러 러시아의 속국이 되고 말았다. 20세기 초 민족주의의 발흥과 더불어 카자흐 민족주의 운동이 일어나고 유혈폭동으로 발전했다. 하지만 1919년에서 1920년에 걸쳐 소련 적군이 카자흐스탄을 점령하여 소련에 속하게 되었다. 소련이 붕괴한 후 카자흐스탄은 1991년에 독립했으며 우리나라와는 1992년에 수교를 맺었다.

살펴본 바와 같이 이 나라의 역사는 15세기 이상으로 올라가지 않는다. 단군신화로 볼 때 기원전 24세기로 올라가는 단군과 무슨 연관이 있으려야 있을 수가 없는 나라인 셈이다.

하지만 유사역사학의 주장이 나온 이후 거대한 고조선 제국을 기정사실처럼 받아들이는 유사역사학 신봉자들은 이 기사에 열광적인 댓글을 달았다.

> "카자흐스탄은 단군의 통치영역에 속해 있었다. 이들도 단군의 후예다."
> "카자흐스탄 비석에 단군의 기록이 쓰여 있다."
> "다른 나라는 없는 역사도 지어내는데 우리는 있는 역사도 축소한다."
> "카자흐스탄이 환국의 영역에 속했기 때문에 기념주화를 만든 것이다."
> "카자흐스탄에서는 단군을 선조로 모시고 주화도 내는데 우리는 뭐하고 있는가."

물론 이런 이야기는 이들의 기대와 달리 전혀 사실이 아니다. 이미 말한 바와 같이 카자흐족은 우리와는 별다른 관계가 없다.

그럼 이 동전은 대체 무엇인가? 왜 카자흐스탄은 이런 기념주화를 만든 것인가?

이 동전은 카자흐스탄 사람들의 전설, 민담을 기념하여 발행하는 일련의 시리즈 중 하나로 만들어진 것이다. 카자흐스탄에는 11만 명의 한국계 사람들이 살고 있다. 왜 이 먼 중앙아시아 나라에 한국계 사람들이 살고 있을까?

그 유래는 일제강점기 때로 올라간다.

1937년 스탈린은 연해주에 정착해 있던 한국인을 강제로 카자흐스탄으로 이주시켰다. 당시 연해주에는 20만 명에 달하는 한국인이 살고 있었다. 일제의 폭압을 피해 달아난 사람들이었다. 농사를 짓지 않는 땅을 일궈서 간신히 삶의 터전으로 바꿔놓았는데 난데없는 날벼락이 떨어진 셈이었다.

제2차 세계대전을 치르고 있던 스탈린은 결국 독일의 동맹국인 일본과도 싸우게 되리라 생각하고 있었다. 그는 일본의 식민지 조선에서 도망쳐온 사람들을 믿을 수 없었기에, 전쟁이 벌어졌을 때 등 뒤에서 칼을 맞을 위험을 아예 지워버리겠다는 결정을 내린 것이다.

1937년 10월 22일, 한국인은 아무것도 없는 황무지인 카자흐스탄과 우즈베키스탄 등에 버려졌다. 이 폭력적인 이주 과정에서 수천 명의 한국인이 죽었다. 살아남은 이들의 후손은 현재 '고려인'으로 불린다. 단군기념주화는 이들을 위해서 만들어진 기념품이다.

〈연합뉴스〉의 후속 보도에서는 카자흐스탄 중앙은행의 기념주화 수석 디자이너 바세이노프 알마즈의 발언이 실렸다.

각 민족의 전래동화나 신화 속 인물을 형상화해 만들고 있다. 고려인의 정신

적 지주는 바로 단군이라고 생각했기 때문에 디자인에 이를 활용했다.(《연합

뉴스》, 2016년 10월 31일, "카자흐 정부, 11만 고려인 위해 단군 기념주화 발행")

이런 유의 주화로 단군 기념주화가 처음 만들어진 것이 아니다. 2013년 여름에는 카자흐 전래동화인 알다르 쾨세Aldar Kose 기념주화가 만들어졌다. 알다르 쾨세는 눈치 빠르고 꾀가 많은 소년이다. 아버지 알단이 사기꾼을 만나 숱하게 고생한 것을 알고 사기꾼을 혼내주겠다며 마을을 떠나 서민을 괴롭히는 악당 사기꾼을 골탕먹인다는 재미있는 민담의 주인공이다.

2013년 겨울에는 슈라레Shurale 기념주화가 나왔다. 슈라레는 타타르족과 바슈키르족 전설에 나오는 괴물로 머리에 뿔이 나 있고 털이 난 몸, 긴 손가락을 가지고 있다. 숲속에 살면서 변신을 하기도 하고 사람을 유혹해 죽음에 이르게 하기도 한다.

카자흐스탄이 알다르 쾨세나 슈라레를 자기들 시조로 숭배해서 이런 기념주화를 만들었다고 할 것인가? 그럴 리는 없다. 이 기념주화 시리즈는 문화적 가치에 초점을 두고 만들어지는 것이다.

단군 기념주화에 붙은 설명을 보면 이 점은 더욱 확실해진다. 기념주화에는 '단군전'이라는 한글이 쓰여 있다. 여기 쓰인 '전'은 이야기를 의미하는 '傳'이다. 카자흐스탄 중앙은행은 단군 기념주화를 설명하며 한국 전래 동화The Korean fairy tale인 단군 신화The Legend라고 했다. 아래 내용은 단군 신화에 대한 카자흐스탄 중앙은행의 설명이다.

단군-한국 최초의 국가형태였던 고조선의 전설적 시조. 한국 신화 단군은 하

늘 신의 손자다. 일설에 따르면 단군은 천오백 년간 나라를 다스렸고, 1908세
까지 살았다고 한다.

환국도 없고 역대 단군 이름도 없다. 카자흐족과 조상이 같다는 말도
당연히 없다.

〈연합뉴스〉는 동전에 단군과 환웅이 그려져 있다고 설명했는데, 그것
은 곰과 호랑이가 있으면 환웅이 있어야 한다고 생각하는 우리나라 사람
의 생각에 따라 쓴 것이다. 동전에는 한 사람만 그려져 있다. 그 사람은
단군이다.

2016년 카자흐스탄 중앙은행이 발행한 단군 기념주화

카자흐 전래동화의 주인공 알다르 쾨세 기념주화

타타르족과 바슈키르족 전설 속 주인공 슈라레 기념주화

05

만리장성의 동쪽 끝은 어디인가?

2019년 3월 5일자 『교수신문』에서 이덕일李德一 한가람역사문화연구소 소장은 이런 말을 했다.

> 조선총독부의 이나바 이와키치稻葉岩吉는 이런 목적을 달성하기 위해 진秦나라 만리장성의 동쪽 끝이 조선의 황해도 수안까지 들어왔다고 우겼는데, 이런 주장을 남한 강단사학계에서 받아들인 결과 이런 왜곡된 만리장성 지도가 전 세계적으로 통용되게 된 것이다.

위 칼럼에서 제시한 지도는 출처가 명기되어 있지 않으나 위키피디아 만리장성 항목에 있는 지도다. 위키피디아의 지도가 어느 정도 공신력을 갖는 것인지는 잘 모르겠다. 중국은 최근에 흔히 '만리장성'이라고 말하는 것을 '역대 장성'이라는 말로 바꾸고 있다. 위키피디아의 지도를 보면, 주홍색(한장성), 오렌지색(진장성), 노란색(연장성) 선으로 구분되어 있다. 또 압록강 쪽으로 보라색 선이 보이는데 그것은 명장성이다.

이런 장성의 구분을 위해서 중국은 '장성보호공정(2005~2014)'이라는 것을 했다. 중국이 어떤 역사공정을 하고 있는지 잘 파악하는 것은 그들의 역사 왜곡에 대항하기 위해 매우 중요하다. 하지만 이것을 잘 파악하는 사람은 현재 무척 드문 상황이다.

창원대 홍승현 교수는 '장성보호공정'을 "지역의 필요에 의해 장성선을 근거없이 확장하는 것을 넘어, 사료의 오독을 불사하면서까지 연·진·한 장성을 종합성 방어체계로 이해하고 있다"라고 비판한다. 역사학계에서 중국의 장성공정에 찬동하는 사람은 없다.

이덕일 소장은 「이나바 이와키치의 '진장성 동단 및 왕험성 고' 번역 및 비판」이라는 논문에서 이병도가 낙랑군 수성현을 황해도 수안에 비정한 사실을 비판하면서 이렇게 말했다.

> 더 큰 문제는 '낙랑군 수성현=황해도 수안군설'이 이병도의 연구결과도 아니라는 사실이다. 이는 이나바 이와키치의 '진장성 동단 및 왕험성 고'의 내용을 표절한 것이다.

표절이라 함은 상대의 연구 성과를 인용하지 않고 그대로 가져다 쓴 것을 가리킨다. 그럼 이병도는 정말 이나바 이와키치의 논문을 표절했을까?

이나바 이와키치가 황해도 수안을 낙랑군 수성현으로 삼은 근거는 『진서晉書』에 있는 「태강지리지太康地理志」였다. 여기에 "낙랑군 수성현은 진나라에서 쌓은 장성이 일어나는 곳이다"라는 기록이 있다고 나온다. 이 구절 때문에 정약용丁若鏞은 수성이 의주거나 책문 동쪽(창성)일 것으로 보았는데 이나바는 정약용의 말은 믿을 수 없고 그에 대한 장지연張志淵의 견해를 받아들였다. 다만 장지연은 장성 이야기는 우연히 땅 이름이 같아서 잘못 적은 것이라고 장성이 수성에서 비롯되었다는 것은 부정했다. 하지만 이나바는 장성 부분은 인용하지 않고(심지어 장지연 이름도 조지연으로 잘못 썼다) 수성이 수안이라는 부분만 받아들여서 "이 설이 참으로 내 뜻을 얻었다"라고 말한다.

이나바는 수성현은 『한서漢書』 지리지에 나오는 운장雲鄣이고, 운장은 『사기史記』에 나오는 상하장上下鄣인데, 『고려사』를 보면 '수안이 본래 고구려 장새현獐塞縣이다'라고 나오므로 같은 곳이라고 주장한다. 이 '장鄣'이나 '새塞'라는 것을 장성과 연결해서 생각하고 있는 것이다.

문제는 이렇게 되면 평양에 고조선의 수도가 있다는 것이 말이 되지 않는다. 수도를 지나쳐서 타국의 장성이 들어와 있을 수 있겠는가? 이 때문에 이나바는 평양이 왕검성이 아니며 어딘지 정확하게 말할 수 없고, 평양이 왕검성이라고 한 기록은 착오에 의한 것이라고 얼버무리고 있다.

이런 이나바의 설을 받아들이는 한국의 역사학자는 아무도 없다. 그럼 이병도는 뭐라고 했을까? 이병도가 『한국고대사연구韓國古代史硏究』에 쓴 전문을 보자.

(6) 수성현…… 자세하지 아니하나, 지금 황해도 북단에 있는 수안에 비정하고 싶다. 수안에는 승람산천조에 요동산이란 산명이 보이고, 관방조에 후대 소축의 성이지만, 방원진의 동서행성의 석성(고산자의 대동지지에는 이를 패강장성의 유지라고 하였다)이 있고, 또 진지의 이 수성현조에는 --- 맹랑한 설이지만 --- 「진축장성지소기秦築長城之所起」라는 기재도 있다. 이 진장성설은 터무니없는 말이지만, 아마 당시에도 「요동산」이란 명칭과 어떠한 장성지가 있어서 그러한 부회가 생긴 것이 아닌가 생각된다. 그릇된 기사에도 어떠한 꼬투리가 있는 까닭이다.

이병도는 이나바가 근거로 삼고 있는 것은 아무것도 사용하지 않고 있다. 승람, 즉 『동국여지승람東國輿地勝覽』에 요동산이라는 지명이 있다는 것, 석성이 있다는 것을 말하고 있으며 고산자, 즉 김정호의 『대동지지大東地志』를 인용하고 있다. 그리고 오히려 『진서』 지리지에 나오는 진장성이 여기서 시작된다는 말을 '맹랑한 설', '터무니없는 말', '그릇된 기사'라고 비판하고 있다. 이것이야말로 이나바가 역점을 들여서 주장했던 말이다.

이덕일 소장은 낙랑군 수성현을 수안에 비정한 것이 이나바로부터 비롯되었다고 하지만, 이나바의 논문에도 나오는 장지연의 비정이 더 오래되었다. 이나바의 논문은 1910년에 나왔고 장지연의 글은 1903년에 나왔다.

다만 장지연은 이런 설이 있다고만 했을 뿐 구체적인 근거는 들고 있지 않다. 아마도 『해동역사海東繹史』를 따른 것이라 생각한다. 한치윤韓致奫은 『해동역사』(1823년)에서 낙랑군 수성현을 이렇게 설명하고 있다.

> 수성폐현遂城廢縣은 평양의 남쪽 경계에 있다. 한나라가 설치하였으며, 낙랑군에 속하였다. 후한과 위진魏晋 시대에는 모두 그대로 답습하였다. 수나라가 고구려를 정벌하면서 군사를 나누어 수성도遂城道로 나갔는데, 바로 이곳이다. 두우杜佑가 말하기를, "갈석산은 한나라 수성현에 있다. 진秦나라가 장성을 갈석산에서부터 쌓기 시작하였는데, 지금 그 유지가 동쪽으로는 요수를 끊고 고구려까지 들어가 있다" 하였는데, 이는 대개 「진태강지리지」 설에 근본을 둔 것으로, 실은 잘못된 것이다.

1871년에 나온 이유원李裕元의 『임하필기林下筆記』에서도 수성은 평양 남쪽에 있다는 대목이 나온다. 이처럼 이덕일 소장의 주장과는 달리 이나바보다 앞서 조선 학자들도 수성현의 위치를 평양 남쪽에서 찾고 있었으며(수안은 평양 동남쪽에 있다) 장지연은 수안에 비정하는 설이 있음을 소개하고 있다.

또한 이병도는 이나바와는 전혀 다른 근거로 수성현을 수안에 비정하고 있으며 오히려 이나바의 설을 공격하고 있는 셈이어서 표절이라고 볼 수가 없다.

또한 우리나라의 학교에서 사용하는 역사부도와 사계절출판사에서 나온 『아틀라스 한국사』, 『아틀라스 중국사』를 보아도 만리장성이 한반도 안에 들어오는 것을 찾을 수가 없다. 한국 역사학계가 이나바의 설을 받아들였다면 대체 왜 그것을 반영한 지도가 아무 곳에서도 보이질 않는 것일까?

심지어 중국에서조차 이나바의 설은 받아들여지지 않았다. 『중국역사지도집中國歷史地圖集』을 만든 탄치샹潭其驤은 이렇게 말했다.

> 일본인 이나바 이와키치는 '진장성 동단 및 왕험성 고'에서 진나라 장성 동단은 평양 동남의 수안에서 일어났다고 했는데, 살피건대 진나라 때 지금 평양지방은 기자조선의 정치 중심지여서 진장성이 지금 평양시의 동남방에 도달하는 것은 불가능하다. 이나바의 설은 따를 수 없다.(『중국역사지도집』 38쪽)

탄치샹은 수안을 평안남도 용강에 비정했다. 위키피디아의 지도에서 진장성이 향하고 있는 곳이 바로 평안남도 용강이다. 즉, 앞서 말한 위키피디아의 지도는 탄치샹 설을 따른 것이다. 이나바 설이 아니라.

중국에서도 『진서』 지리지를 따라서 수안을 수성현으로 비정한 학자가 있었다. 1928년에 왕궈량王國良이 그런 주장을 했다. 하지만 이 주장은 중국 내에서도 폐기되었다.

이덕일 소장은 이나바의 설을 이병도가 물려받고 그것이 동북아역사지도에 반영되었다고 주장했지만 그 주장은 살펴본 바와 같이 잘못된 것이다.

중국이 한반도에 밀어넣고 있는 장성의 정체는 무엇인가? 중국이 근거로 주장하는 장성의 흔적은 고려(또는 고구려설도 있다)가 쌓은 천리장성이다. 이들 장성은 강을 앞에 두고 북쪽을 방어하는 형태로 지어졌다. 만리장성이 보호해야 하는 중국과는 방향이 정반대다. 따라서 중국 당국도 이 주장이 무리한 주장이라는 것을 잘 알고 있다.

중국의 국가문물국에서 정식으로 발간한 출판물에는 한반도 안으로 들어가는 장성을 표시하지 않았다. 세계문화유산으로 등재된 만리장성(1987)의 유네스코 보고서에도 한반도 안에 장성 표시를 하지 않았다.

한밭대 공석구 교수는 중국의 장성공정을 면밀히 분석해서 이들의 주장이 전혀 근거 없는 추정에 의한 것이라는 점을 잘 밝혀낸 바 있다. 공석구 교수는 "필자는 청천강까지 연결된 한장성은 실재로 존재하지 않았다고 주장한다", "언급할 만한 가치가 없다"라고 분명하게 이야기하고 있다. 이처럼 중국의 역사공정에 맞서서 발언하는 학자들이 있다. 동북아역사재단 배현준 초빙연구위원, 한중관계연구소 우성민 연구위원, 단국대 이종수 교수, 경인교대 전종한 교수, 경희대 이명희 강사 등이 모두 논문을 통해 반박하고 있는데, 지원을 못해줄 망정 돌을 던져서는 안 된다.

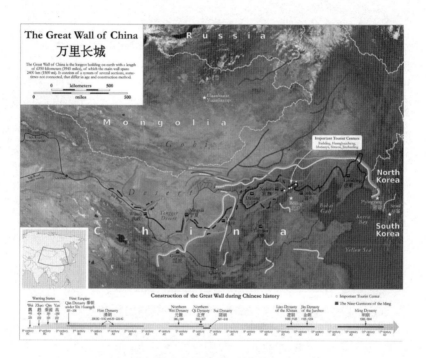

위키피디아 만리장성 항목에 소개된 지도

(이미지 출처: © Maximilian Dörrbecker/wikipedia|CC BY-SA 2.5)

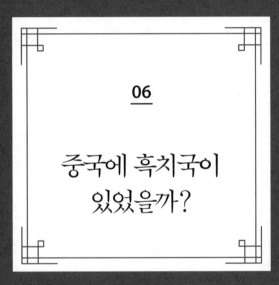

06

중국에 흑치국이
있었을까?

백제의 멸망과 흑치상지의 등장

나당연합군이 사비성 앞에 도달했다. 백강 입구에서, 그리고 황산벌에
서 막아보려던 시도는 실패했다. 겁이 나 웅진으로 달아난 의자왕義慈王
(재위 641~660)은 수하의 배신으로 다시 사비성으로 끌려왔다. 신라군을
총지휘하여 사비에 입성한 신라 태자 법민法敏(후일의 문무왕文武王)은 의
자왕에게 술 시중을 들게 했다. 이 광경을 목도한 백제 신하들은 목을 놓
아 울었다.

당군의 총지휘관 소정방蘇定方은 의자왕을 옥에 가두고 사비성을 노략
질했다. 주군의 모욕과 적군의 대약탈! 백제 풍달군의 장군 흑치상지黑齒
常之는 항복한 것을 크게 후회하고 백제부흥운동에 나선다.

흑치상지가 거병을 하자 순식간에 모여든 군병이 3만. 무용을 떨치자
2백여 성을 회복했다. 자칫 나당연합군의 노고가 헛수고로 돌아갈 판이
었다. 하지만 백제부흥운동을 지도하던 복신福信과 도침道琛, 부여풍扶餘
豊 사이에 죽고 죽이는 살육전이 벌어지고 만다. 이에 염증이 났던 탓일
까? 흑치상지는 당나라 유인궤劉仁軌에게 항복하고 칼끝을 돌려 백제부

흥군 토벌에 나선다.

아이러니하게도 백제부흥군의 마지막 희망은 흑치상지가 처음 거병했던 임존성이었다. 임존성을 지키는 지수신遲受信은 백제부흥군이 백강 전투에서 파멸적 괴멸을 당한 이후에도 철벽 수비를 자랑하고 있었다. 신라군은 한 달여를 공격했으나 결국 함락시키지 못했다. 문무왕은 "이 성 하나를 함락시키지 못했다고 공이 없는 것은 아니다"라는 정신승리의 말을 남기고 군사를 물렸다.

이리하여 임존성의 함락은 당의 몫이 되었는데, 당은 흑치상지에게 임무를 주었다. 흑치상지는 자신이 거병한 성을 함락시켜야 하는 배반의 아이콘이 되고 말았다. 흑치상지는 임존성을 함락시켰고, 당에게 자신의 충성을 확인시켰다. 흑치상지는 이후 당의 장군으로 당이 돌궐과 싸우는 서부전선에서 대활약했다. 하지만 여러 차례에 걸친 승전에도 불구하고 결국 반란을 꾀한다는 누명을 쓰고 60세에 죽임을 당했다.

흑치상지는 백제 입장에서 보면 배반자다. 그런데 왜 『삼국사기』 열전에 수록되는 영광을 얻었을까? 홀로 끝까지 싸운 지수신이나 백제부흥군의 실질적인 지도자 복신은 열전에 없지 않은가? 열전에 있는 또 다른 장군인 계백階伯의 경우도 끝까지 싸운 인물이라는 점에서 생각해봐도 특이하다. 사실 그 답은 간단하다. 흑치상지는 신라 관점에서 수록된 인물이라고 보면 된다. 신라의 입장에서 보면 적군이던 장수가 자기쪽 편으로 넘어온 것이고, 당나라에서 높은 관직까지 올라가 맹활약을 한 자랑스러운 동족인 셈이다.

흑치상지를 보는 오늘날 관점에도 이런 민족적인 감정이 깃들 때가 있다. 그의 활약이 마치 한국인의 우수성을 보여주는 것처럼 보인다는 점에서 고구려 유민의 후예인 고선지高仙芝와 비견하여 생각하는 사람도 있다. 그러나 고선지에게는 최소한 배신의 전과가 없지만 흑치상지는 이 점에서 비난받을 수밖에 없는 운명이다. 전환기에 태어나 걸출한 능력을 지녔음에도 이상과 현실이 조화를 이루지 못해 비극으로 끝난 흑치상지의 인생은 현대 관점에서는 여러 가지 생각할 거리를 던져준다. 이런 비극성이 그를 더욱 주목하게 만들어온 것도 사실이다.

흑치는 어디일까?

흑치상지의 성은 '흑치黑齒', 즉 '검은 이'다. 흑치상지의 조상은 원래 왕족인 부여 씨였는데 나중에 흑치 지역을 받아서 성이 바뀌었다고 한다. 이 흑치라는 지방이 어디인가에 대해서는 몇 가지 논의가 있다.

이 문제에 앞서 '담로檐魯'를 알아야 한다. 중국 사서 『양서梁書』 '백제전'에 보면 백제는 전국에 22담로를 설치하고 왕의 자제와 종족을 보내 다스리게 했다고 나온다. 담로는 일반적으로 '성城'을 뜻하는 백제어 '다라'나 '드르'를 한자로 표기한 것이라 생각한다. 따라서 담로는 성을 중심으로 다스리는 백제의 지방행정구역을 의미한다. 그런데 이 담로에 해외 식민지를 포함시켜 생각하는 경우가 있다. 바로 흑치 지방도 그렇게 여겨지곤 한다. 남방의 종족 중에 빈랑이라는 열매를 씹어 먹어서 이를 검게 물들이는 경우가 있어 '흑치국'이라 불리기도 했다. 이를 검게 물들이는 풍속은 일본에도 있었기 때문에 흑치 지방이 일본이라는 주장도 있었다. 이뿐이 아니다. 더 놀라운 주장도 있다.

중국 광서장족자치구에 보면 '백제허百濟墟'라는 지명이 있다. 아니, 중국 땅에 어째서 '백제 옛 터'라는 뜻으로 불리는 마을이 있을까? 여기에 당나라에 끌려간 백제 유민이 있었던 것은 아닐까? 여기에 백제가 식민지를 건설했던 것은 아닐까? 여기에 백제가 식민지를 건설했다면 그것은 검은 이를 가진 종족의 땅인 흑치 지방이 아니었을까? 아하, 여기가 흑치상지 조상이 경영했던 곳이구나!

이렇게 자기 입맛에 맞게 상상하는 것은 역사학이 아니다. 그래, 상상하는 것은 역사학이 아니니까, 찾아가보자! 찾아가보니까 동진 시대 유물을 볼 수 있다. 어, 이거 백제에서도 나오는 유물이야! 감개무량! 이 동네에도 디딜방아가 있어, 백김치를 담그네, 정월대보름이 명절이야! 이런 것을 증거라고 생각한다.

디딜방아는 중국에서 만들어져서 우리나라로 전파된 것이다. 채소 절임은 어느 곳에서나 찾을 수 있는 음식이다. 보름달을 기리는 풍속은 우리만의 것이 아니다. 중국도 기린다.

이런 내게 좋아 보이는 증거 말고 객관적인 이야기가 필요하다. 순천향대 박현규 교수는 문헌조사와 현지답사를 병행했고 그 결과는 이러하다.

백제허의 '허墟'는 옛 터가 아니라 '장터'를 뜻하는 단어다. 이 마을은 청나라 때인 1764~1820년 사이에 건립되었다. 그 전에는 사람이 살지 않던 곳으로 추정된다. 다시 말해 백제 시대와는 아무 연관성도 없는 때에 세워진 것이다. 그럼 대체 왜 '백제'라는 말이 들어 있는 것일까? 이는 우리나라의 백제를 가리키는 것이 아니라 장족의 말을 음차한 것이다. 『광서장어지명선집廣西壯語地名選集』과 『옹녕현지邕寧縣志』에는 백제허의 지명은 보습날[犁頭口]과 닮은 촌락 지형에서 따온 것이라고 나온다. 장족

언어로 '백百'은 '구口(=날)'이고, '제濟'는 '리두犁頭(=보습)'라는 뜻이다. 백제百濟는 발음이 같은 佰濟나 百蹄로 표기하기도 한다. 발음을 음차한 것이기 때문에 다른 한자를 사용하기도 하는 것이다.

　중국과 우리나라는 같은 한자문화권에 속한다. 때문에 이외에도 같은 지명을 얼마든지 찾을 수 있다. 같은 지명을 이용해서 터무니없는 주장을 하는 경우도 아주 흔하다. 임진왜란이 중국 땅 항주에서 일어났다고 주장하는 사람도 있다. 이런 엉터리 주장을 가려내는 것은 철저한 조사와 그에 입각한 증거 제시다. 결과를 예단하고 그 결과에 맞는 자료를 찾아내는 것이 아니라.

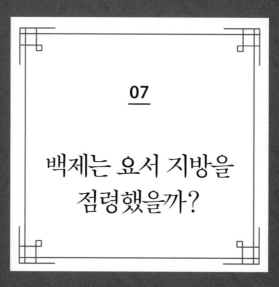

07

백제는 요서 지방을
점령했을까?

백제가 요서를 차지했다?

중국은 위촉오 삼국시대를 거쳐 진晉나라로 통일되었는데, 오랜 전란 끝에 통일국가가 탄생했지만 금방 내란이 일어나 어지러워졌다. 중국의 소란을 틈타 북방의 유목종족이 침입했고, 진나라는 그들을 당해내지 못하고 남쪽으로 도망치고 말았다. 이것을 '동진東晉'이라고 부르며 이 시대를 '남북조시대'라고 한다. 북쪽은 유목종족의 나라가 열여섯이나 나타나서 '오호십육국'이라고 부르고, 남쪽에서는 동진─송宋─제齊─양梁─진陳으로 나라가 이어졌다. 중국의 대혼란기였다.

남쪽 송나라의 역사를 저술한 『송서宋書』 '이만열전'에 다음과 같은 놀라운 기록이 있다.

백제국은 본래 고구려와 더불어 요동의 동쪽 1천여 리 밖에 있었다. 그 후 고구려는 요동을, 백제는 요서를 경략하여 차지했다. 백제가 통치한 곳을 진평군 진평현이라 한다.

동아시아 지도를 보면 북한 위에 삼각형으로 툭 튀어나온 반도가 있는데 이를 '요동반도'라고 부른다. 요동반도 왼편에는 요하가 흐르고 있다. 요하의 동쪽이 요동이고 서쪽은 요서다. 그러니까 백제는 고구려를 건너뛰어서 요서 지방을 차지했다는 말이다. '경략'이라는 말은 침략하여 정복했다는 뜻이다.

이 사실을 전하는 기록에 『송서』만 있는 것이 아니다. 〈양직공도梁職貢圖〉에도 특이한 기록이 있다. 〈양직공도〉는 양나라에 온 사신의 모습을 그리고 그 옆에 간단한 설명을 붙여놓은 두루마리다. 523~526년 무렵 제작된 것으로 보고 있는데, 전해져 오는 것은 양나라 때 원본은 아니고 훨씬 후대인 송나라(960~1277) 때 베껴 놓은 것이다. 〈양직공도〉의 백제 사신 그림 옆에 이런 글이 적혀 있다.

> 백제국은 옛날부터 동이 마한에 속하였다. 진나라 말기에 구려가 이미 요동을 차지하고, 낙랑 역시 요서 진평현을 차지했다.

〈양직공도〉에는 '구려'라는 나라가 나오는데 고구려를 가리키는 것으로 본다. 그런데 왜 백제가 아니라 낙랑이 나오고 있을까? 이때 낙랑은 고구려에 의해 쫓겨나 요서 지방으로 옮겨와 있었다. 만일 낙랑이 맞다면 자기네 군현이 자기네 땅을 차지했다고 적은 셈이니 이건 매우 이상한 이야기가 된다. 역사학자들은 '낙랑'은 당시 백제왕이 받았던 책봉 '낙랑태수'를 의미하거나, 혹은 그저 백제의 오타라고 생각한다.

북위가 백제를 공격했다?

제나라 역사를 쓴 『남제서南齊書』 '동남이열전'에도 놀라운 기록이 있다.

(A) 이 해(490년)에 위로魏虜가 또다시 기병 수십만을 동원하여 백제를 공격하여 그 경계를 침범하니, 모대(=동성왕)가 장군 사법명, 찬수류, 해례곤, 목간나를 파견하여 무리를 이끌고 위로의 군대를 습격하여 크게 격파하였다. 건무 2년(495년)에 모대가 사신을 보내 표문을 올려 말하길, (중략)

(B) "지난 경오년(490년)에는 험윤獫狁이 잘못을 뉘우치지 않고 군사를 일으켜 깊숙이 쳐들어왔습니다. 신(백제 동성왕)이 사법명 등을 파견하여 군사를 거느리고 역습케 하여 밤에 번개처럼 기습 공격하니, 흉리匈梨가 당황하여 마치 바닷물이 들끓듯 붕괴되었습니다. 이 기회를 타서 쫓아가 베니 시체가 들을 붉게 했습니다. 이로 말미암아 그 예기가 꺾이어 고래처럼 사납던 것이 그 흉포함을 감추었습니다. 지금 천하가 조용해진 것은 실상 사법명 등의 꾀이오니 그 공훈을 찾아 마땅히 표창해주어야 할 것입니다. (중략)

(C) 목간나는 과거에 군공이 있는 데다 또 큰 배를 빼앗았으므로 행광위장군 면중후로 삼았습니다."

여기에 나오는 '위로'는 '북위 오랑캐'를 말하니, 북위가 백제에 쳐들어왔다는 것을 분명히 밝히고 있다. 그 뒤에 동성왕이 보낸 표문(외교문서)에서는 북위를 '험윤'과 '흉리'라는 비하하는 용어로 칭하고 있다. 이 것은 말하자면 조선이 북쪽 여진을 가리켜 '되놈'이라고 부르거나 일본을 가리켜 '왜구'라고 부르는 것과 비슷하다.

그런데 백제 영토가 요서에도 있다면 어떨까? 그곳이라면 기병으로 공격할 수 있을 것이다. 그러니까 백제는 진나라 말기인 5세기 초에 요서와 진평을 점령했고 5세기 말까지 유지하고 있었다는 이야기가 되는 간접 증거인 셈이다. 이렇게 기록도 풍부하고 정황 증거도 갖췄으니 백제가 요서를 점령한 것은 분명한 사실일 것이다.

과연 그럴까?

역사학은 기록의 허실을 살핀다

백제가 요서지방을 경략했다는 설은 1974년 제3차 교육과정의 한국사 교과서에도 수록되었다. 옛 역사책에도 있고 교과서에도 실렸으니 이건 사실일까?

어떤 사실이 책에 적혀 있다고 해서 그것이 진짜 일어난 일이라고 볼 수는 없다. 여러 가지 이유로 거짓말이나 희망사항, 헛소문이 적혀 있을 수도 있다. 이런 이유로 역사학자들은 '사료 비판'이라고 부르는 기록의 진위를 가리는 작업을 한다.

백제 요서경략 기록에 대해서도 사료 비판이 행해졌고 그 결과 이 기록에 문제가 있다는 지적이 잇따랐다.

역사적 사실의 기록이라고 해도 직접 당시 일을 기록한 것을 1차 사료, 나중에 기록한 것을 2차 사료라고 한다. 『송서』의 기록이 2차 사료에 해당한다.

백제가 요서를 경략했다는 기록의 가장 큰 문제점은, 그 기록이 멀리 떨어진 남조 국가의 사서에서만 발견된다는 것이다. 피해를 입은 당사자인 북조 국가의 기록에는 이런 내용이 아예 없다. 진평군이라는 군도 존재하지 않았다. 반면에 고구려가 요동을 차지했다는 점은 다른 사료에 의해서 충분히 증명할 수 있다. 그러니까 고구려의 요동 점령은 의심할 여지가 없다.

이 무렵 백제가 요서를 공격할 힘이 있었는가도 의문이다. 백제는 이때 고구려의 침공으로 수도가 함락되고 웅진(지금 충청남도 공주)으로 천도한 상황이었다. 잃어버린 땅도 회복 못하는 상황에서 바다 건너 멀리 있는 땅을 공격하는 것은 이해가 가지 않는 일이다.

간접적으로 요서경략설을 뒷받침하는 『남제서』의 기록은 어떨까?

『남제서』 사료 (A)는 남제의 입장에서 정리해서 실은 기록이다. 즉 2차 사료다. 하지만 『남제서』 사료 (B)는 백제에서 보낸 표문을 실은 것으로 1차 사료다. 두 사료에는 큰 차이점이 하나 있다. 사료 (B)에는 '위로', 즉 '북위 오랑캐'라는 단어가 없다는 점이다. 대신 '험윤'과 '흉리'라는 단어가 있다. 문맥상 '험윤'과 '흉리'는 같은 대상을 가리키고 있고 사료 (A)에서 지칭한 '위로'일 수밖에 없을 것이다.

그런데 과연 그럴까?

백제에서 험윤이나 흉리라고 이야기한 것을 보고 남제 조정에서 북위를 가리킨 것이라고 '해석'하였다면?

백제가 교묘한 외교적 언어를 구사해서 남제 조정을 농락한 것은 아닐까? 또는 당시 남제 조정은 이해했지만, 『남제서』를 편찬하던 양나라 관리 소자현蕭子顯이 잘못 이해한 것일지도 모른다.

이 단어의 관건은 '흉리'에 있다. 험윤은 북쪽 종족을 가리키는 용어로 종종 사용되었지만, 흉리라는 말은 여기에서 처음 나타났다. 북쪽 종족의 대명사격인 '흉노匈奴'와 같은 말로 이해하기도 하는데, 그렇다면 그냥 흉노라고 쓰면 될 것을 흉리라고 썼을까?

고려의 '려麗'는 '리'로도 발음한다. 그러므로 흉리는 '흉악한 고구려'라는 뜻의 비하하는 말일 가능성이 높다. 다시 말해서 『남제서』 백제 표문은 백제가 고구려와 싸운 이야기를 북쪽의 오랑캐와 싸웠다는 식으로 말해서 남제 조정을 속인 것이다.

그럼 왜 이런 일을 했을까? 이 전쟁으로 중국 조정에게 높은 관직을 얻어내고자 했던 것이다.

백제가 외교문서에서 고구려를 비하하는 말로 표현한 것은 이번이 처음이 아니다. 백제 개로왕이 북위에 보낸 표문에서는 '시랑(늑대)', '추류(추악한 부류)', '장사(기다란 뱀)', '소수(작은 더벅머리)'라는 표현을 사용하고 있다. 비하하는 단어를 참 많이도 썼다.

북위는 유목종족인 선비족 중 탁발부가 세운 나라다. 이들은 말을 타고 싸우는 데는 익숙하지만 물에서 싸우는 수전은 잘 할 줄 몰랐다. 북위가 백제를 공격하려면 배를 타고 가는 수밖에 없다. 북위와 백제 중간에 고구려가 버티고 있기 때문이다. 그런데 정말 배를 타고 올 수 있었을까? 표문 내용 (C)를 보면 배를 빼앗았다는 내용이 나온다. 수전이 벌어졌다는 것이다. 북위가 요서지방을 육로로 공격했다면 배가 나올 이유가 없을 것이다. 그리고 수전을 할 줄 모르는 북위가 굳이 배를 몰고 백제를 공격할 이유도 없다. 그렇다면 여기 나오는 '흉리'는 고구려일 가능성이 훨씬 높다. 고구려가 이 당시 수군을 운용해서 백제를 공격한 것은 다른 사료를 통해서도 입증되기 때문이다.

서로 다른 해석이 모여 발전을 이룬다

백제의 요서경략설은 교과서에 실리면서 학계의 주류 통설처럼 여겨진 면이 있다. 하지만 국사편찬위원회에서 만든 『한국사』(1995)에서는 백제의 요서경략은 사실이 아니라고 말하고 있다. 역사학의 통설은 사실이 아닌 쪽에 무게가 실려 있었다.

1974년 요서경략설이 실린 이후 2007년 한국사 교과서 개정안에 와서야 요서경략설과 관련해 논란이 있다는 것을 감안하라고 했고, 2015년 개정안 집필 기준에서 요서경략설이 빠졌다. 역사학에서 하나의 설이 교과서에서 조정되기가 이렇게 오래 걸리고 어려운 것이다.

> 백제가 요서 지방을 차지하고 군을 설치하였다는 기사는 중국 정사에서 확인된다. 기사 작성 시점과 그 일이 있었던 시점이 멀지 않고, 백제와 중국 사이에 사절의 왕래가 있었던 점을 감안하면 사실로 볼 수 있다. 그러나 그 해석에 대해서는 역사학계의 논란이 적지 않다는 점을 감안하여 신중을 기하도록 한다. (07개정 역사과 집필기준)

백제가 요서경략을 하지는 않았을 것이라고 생각하는 논문이 나오자 그에 반대하여 요서와 백제 간에 어떤 연결 고리가 있었을 것이라는 논문이 또 나오고, 그에 대해 다시 연구하는 논문이 나오면서 역사학계는 요서 지방의 변천을 두고 깊이 이해하게 되었다. 가령 385년 요서 지방에서는 후연 장군 여암餘巖이 반란을 일으켰는데, 여암은 후연에 잡혀온 부여인 후예로 여겨진다. 그런데 백제 왕실은 부여 씨로 보통 여餘 씨로 쓴다. 이런 사실이 백제가 요서를 경략한 것처럼 혼동하게 되는 요소였을 가능성도 높다. 반론 속에서 연구가 깊어지지 않았다면 이런 사실을 밝혀내기가 쉽지 않았을 것이다.

서울시립대 안정준 교수는 백제가 남조 국가들을 속여넘긴 것이 아니라, 내막을 뻔히 알면서도 중화 중심의 국제적 권위를 내세움과 동시에 정권의 안정을 기하고자 백제가 요서를 차지했다고 허풍을 친 것을 받아들인 것이라고 주장했다. 백제 요서경략설에 대한 새로운 학설이 등장한 것이다. 앞으로 이 주장을 두고 더욱 치밀한 검증이 있을 것이다.

역사학은 이와 같이 같은 사료를 놓고도 서로 다른 해석을 내놓으면서 발전해 나간다.

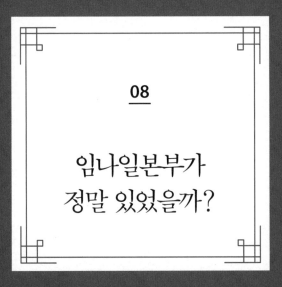

08

임나일본부가
정말 있었을까?

왜의 신라 정벌이란 엉터리 이야기

일본에는 『삼국사기』처럼 고대 일본의 역사를 전하는 책이 있다. 그 중 가장 유명한 책이 『일본서기日本書紀』다. 『일본서기』는 720년에 만들어진 아주 오래된 역사책이다. 그런데 『일본서기』는 엉터리 기록을 많이 담고 있다. 일본에 유리하게 역사를 조작해서 쓴 부분이 많다. 역사를 조작해서 썼다는 것을 어떻게 알 수 있을까?

임진왜란을 다룬 역사책에 '부산에 왜적이 나타났다는 보고가 한양에 전화로 알려졌다'라고 나온다면 말이 안 된다는 걸 금방 알 수 있을 것이다. 역사학자들은 고대 역사 기록을 보면서 해당 시기에는 있을 수 없는 일이 기록되어 있는지를 꼼꼼히 따져본다. 이런 것을 '사료 비판'이라고 한다. 『일본서기』는 이런 사료 비판의 결과, 시대가 맞지 않는 부분이 너무나 많다는 것이 밝혀진 책이다.

그런데 이 『일본서기』에 '임나일본부'라는 것이 나와서 한일 간에 오랜 시빗거리가 되었다. 임나일본부는 고대 일본, 즉 왜倭가 4세기 중엽 가야 지방을 정벌한 뒤에 세웠다는 통치기구다. 일제강점기에 일본 식민사학자들은 한반도가 원래부터 자기들 영토였다는 주장을 하기 위해 임나일본부 관련 글을 내놓았다. 정말 임나일본부가 있었을까? 그 이야기에 앞서 왜가 신라를 정복했다는 이야기부터 살펴보자.

고대 일본의 통치자를 '천황'이라고 부르는데, 이 말을 싫어하는 사람도 많다. 천황이라는 말은 한자어로 하늘 천天, 임금 황皇을 합한 말이다. 이 말은 고대 이란의 통치자를 '샤'라고 부르는 것과 다를 게 없다. 다만 고대 한·중·일은 한자문화권으로 많은 용어가 그냥 소통할 수 있는 한자 단어로 된 경우가 많다. 역사용어는 그냥 있는 그대로 불러주면 된다고 생각한다.

제14대 주아이 천황仲哀天皇은 아내 진구 황후神功皇后가 아기를 가진 상태에서 죽었다. 진구 황후는 임신한 상태에서 섭정이 된 이후 주아이 천황이 하려다 못한 신라 정벌에 나섰다. 주아이 천황은 2월에 죽었는데, 진구 황후는 10월에 신라를 정벌하고 돌아가 12월에 아기를 낳았다. 도무지 말이 안 되는 이야기다.

신라와 왜가 싸움을 벌인 것도 아니다. 그저 왜의 배들이 신라 궁성까지 들이닥치자 그 위세에 신라왕이 스스로 항복했다는 것이다. 『일본서기』에는 이때 항복한 신라왕이 '파사 매금'이라고 나온다. 『삼국사기』에 나오는 신라 제5대 왕 파사 이사금婆娑尼師今(재위 80~112)과 이름이 같다. '매금'이라는 말은 광개토왕비와 충주고구려비 등에도 보이는 신라왕의 호칭인데, 『삼국사기』에 나오는 마립간과 같은 말로 보고 있다. 파사 이사금은 이사금 시대의 왕으로 마립간이라는 칭호를 쓰지 않았다. 또한 이때 신라는 미질기지파진간기를 인질로 보냈다고 나오는데, 이 사람은 『삼국사기』에 나오는 미사흔未斯欣과 동일 인물인 것 같다. 그런데 파사 이사금과 미사흔은 수백 년의 차이를 가진 사람들이다. 『일본서기』는 자신들이 알고 있는 신라에 대한 정보를 아무렇게나 마구 집어넣어서 진구 황후의 신라정벌기를 만들어냈다.

이때 백제와 고구려는 신라가 왜에 항복했다는 것을 알고 염탐했는데, 왜를 이길 수 없다고 생각하여 스스로 항복했다고 『일본서기』는 뻥을 쳤다.

『일본서기』에는 또 다른 신라정벌기도 등장한다. 거기에서는 신라왕이 우류조부리지간이라고 나온다. 『삼국사기』에 나오는 석우로昔于老를 가리키는 것으로 역시 연대가 맞지 않는다. 심지어 석우로는 왕도 아니었다.

진구 황후는 섭정 49년에 다시 신라를 정벌했다. 오진 천황은 진구 황후가 죽은 뒤 일흔 살에 즉위했다. 그때까지는 태자였다.

『일본서기』는 이때 왜군이 탁순국에 모여서 신라를 정벌한 뒤 가라 7국을 평정했다고 한다. 이에 그치지 않고 침미다례를 정복하자 비리, 벽중 등등의 마을이 스스로 항복했다고 말한다. 우리나라 역사학자들은 대체로 침미다례 정복과 비리, 벽중 등의 항복은 백제 근초고왕近肖古王(재위 346~375) 때 전라도 지방을 점령한 것으로 보고 있다. 『일본서기』는 백제의 정복 활동을 왜가 한 것으로 왜곡해서 써넣은 것이다.

임나일본부의 등장

『일본서기』에는 제10대 스진 천황崇神天皇 때 '임나'라는 나라가 처음 등장한다. 스진 천황은 『일본서기』를 그대로 따른다면 기원전에 일본을 통치한 천황이지만, 그렇게 생각하는 사람은 아무도 없다. 이때는 임나가 어디에 있다는 이야기만 나온다.

예전에는 임나(일본어로는 '미마나'라고 읽는다)라는 이름이 스진 천황의 이름 '미마키이리비코이리에노미코토'에서 딴 것이라고 생각했는데, 최근에는 그 반대, 즉 임나라는 이름에서 천황의 이름이 나왔을 가능성이 높다고 본다.

『일본서기』에는 임나일본부보다 '일본부'라는 말이 먼저 나온다. 제21대 유랴쿠 천황雄略天皇(재위 456~479) 8년에, 신라왕이 고구려의 침공을 두려워해서 임나에 사신을 보내 "일본부 행군원수의 구원을 바랍니다"라고 청했다고 나오는 것이다. 이에 임나에서는 왜의 장수들을 보내 신라를 구원하여 고구려군을 무찔렀다고 한다. 이 시기에 아직 '일본'이라는 말 자체가 없었다. 그런데 '일본부'라는 말이 있다는 것은 참 이상한 일이다. 즉 『일본서기』의 기록대로라면 임나에는 일본부라는 것이 있었는데 그곳에서 군대를 보냈다는 이야기가 된다.

임나일본부라는 완성된 명칭은 제29대 긴메이 천황欽明天皇(재위 539~571) 2년(541년) 기록에 처음 등장한다. 그리고 긴메이 천황 23년(562년)에 신라가 '임나관가'를 공격하여 멸망시켰다고 나온다. '관가'라는 말은 천황의 직할령을 뜻한다. 이 해에 신라의 이사부異斯夫 장군이 대가야를 멸망시켰다. 즉 여기서 임나는 대가야를 가리키는 말이었다. 『일본서기』는 대가야를 천황의 직할령이었다고 주장한 것이다.

그런데 『일본서기』보다 먼저 만들어진 일본 고대 역사책이 있다. 『고사기古事記』라고 부르는 책이다. 이 책은 『일본서기』보다 불과 8년 앞선

712년에 만들어졌다. 그런데 이 책에는 임나일본부는 커녕 임나라는 말도 안 나온다. 『일본서기』에는 스진 천황 때 임나라는 말이 처음 나오는데, 『고사기』의 스진 천황 기록에는 임나라는 말이 나오지 않는다. 『일본서기』에는 오진 천황 때 고구려, 백제, 임나, 신라인이 사신을 보냈다는 기록이 나오는데, 『고사기』에는 백제와 신라 사신만 온 것으로 나온다. 진구 황후가 신라를 정벌한 이야기는 나오지만 가라 7국을 평정했다는 이야기는 나오지 않는다.

임나는 『일본서기』 기록대로라면 일본의 영토로 아주 중요한 곳이다. 그런데 불과 7년 전에 만들어진 일본에서 가장 오래된 역사책 『고사기』에는 임나도 일본부도 단 한 번도 안 나오는 것이다.

임나의 비밀

임나일본부는 임나에 있는 일본부라고 했다. 그럼 임나는 진짜 있었을까? 있었다. 거짓말을 할 때 처음부터 끝까지 거짓말을 하면 들통나기 쉽지만 진실과 거짓을 섞어 놓으면 구분하기가 어려워지는 법이다. 진구 황후가 신라를 정벌한 이야기에도 실제 신라왕 이름인 파사가 들어 있고 미사흔이나 석우로로 볼 수 있는 사람들이 등장한다. 이렇게 해놓아야 사람들이 참말인가 보다 하고 속아 넘어가는 것이다.

마찬가지로 임나라는 나라 이름은 실제로 있었던 것이고, 이걸 『일본서기』는 이용해먹었다. 임나일본부는 『일본서기』에만 나오지만 임나는 『일본서기』에만 나오는 것이 아니다. 『삼국사기』에도 나온다. 『삼국사기』 '강수強首 열전'에 보면 강수는 자신이 본래 '임나가량' 사람이라고 말했다. '가량'은 가야를 말하는 것이니까, 임나가량이란 임나가야 사람이라는 뜻이다. 또한 광개토왕비에도 임나가 나온다.

> 10년 경자(400년)에 보병, 기병 5만을 파견하여 신라를 구원하게 했다. 남거성으로부터 신라성에 걸쳐 왜인이 가득했다. 관군이 도착하자 왜적은 퇴각했다. 왜의 배후를 추격하여 임나가라의 종발성까지 이르자 성은 즉각 항복하였다.

임나가라의 성 이름도 나온다. 이뿐이 아니다. 통일신라 때 승려 진경대사眞鏡大師의 생애를 기록한 비문에도 임나가 나온다. 진경대사가 임나 왕족의 후예라고 적혀 있다. 이 세 자료에 나오는 임나는 금관가야, 즉 지금 김해 지방에 있었던 가야로 추정한다. 금관가야는 가야 연맹의 맹주였는데 신라에게 멸망된 후에 맹주 자리는 고령에 있던 대가야로 넘어갔다. 이후 임나라는 명칭도 대가야가 가져간 것으로 보고 있다.

백제인의 선택

그럼 임나일본부라는 건 대체 뭘까? 왜『일본서기』안에 들어 있을까? 『일본서기』안에는 백제 관련 사료가 많이 있다. 어떤 기록은『삼국사기』보다 양도 많고 정확하여 백제 역사를 복원하는 데 도움을 줄 수 있을 정도다. 이렇게 백제 기록이 많은 이유는 무엇일까? 그것은 신라에 의해 백제가 멸망한 후 상당히 많은 백제인이 왜로 도망쳤기 때문에 벌어진 일이다. 백제 망명객은 당시 왜에 비하면 학식이 훨씬 뛰어난 사람들이었다. 이들은 신라를 향한 커다란 증오심을 가지고 있었고, 왜가 자신들과 같은 이해관계에 놓이길 바랐다. 그런 결과 진구 황후가 신라를 정벌했다는 이야기에 이리저리 살을 붙였고, 더 나아가 백제는 왜에 충성하던 나라고 가야 연맹은 모두 왜가 지배한 곳이라는 역사 왜곡을 감행한 것이다.

자기 나라를 멸망시킨 신라. 망명해온 백제인에게 신라는 무서운 나라였다. 왜 역시 신라를 무서워했다. 왜는 백제 멸망 후 신라가 왜로 쳐들어올까봐 664년부터 670년에 이르기까지 해안 지방에 성벽을 쌓으며 전쟁을 대비했다.

나라가 망하여 타국으로 망명한 백제인은 자신들과 왜의 지배층이 공동의 적을 가지고 있다는 점을 주장해야 했다. 그리고 자신들은 왜에 충성할 것이라는 점도 증명해야 했다. 백제는 예로부터 왜에 조공을 바치던 나라고, 신라는 왜가 다스리던 임나일본부를 빼앗은 파렴치한 나라인데, 원래 그들도 진구 황후에게 정복당한 놈들일 뿐이라는 주장을 『일본서기』 안에 담은 것이다.

망명 백제인들의 천황 무한대 높이기와 악마 같은 신라 만들기는 일본 지배층 마음에도 들었을 것이다. 예나 지금이나 외부에 무서운 적이 있다고 하면서 내부 단속하는 게 참 편한 일이기 때문이다. 또한 왕실은 자신들을 신성시하게 마련이다. 조선이 〈용비어천가〉를 만들어 왕실을 높인 거나 고구려의 시조가 천제라는 거나 다 마찬가지 이야기다.

역사 기록은 신성한 것이 아니다. 그 기록을 작성하는 사람의 목적에 의해서 얼마든지 왜곡될 수 있다. 역사학자들의 본분은 과거 기록에서 무엇이 왜곡되었는지 가려내는 일이다. 그런데도 일본 식민사학자들이 임나일본부가 실제로 있었다고 주장한 덕분에 임나일본부 문제는 매우 복잡해졌다.

임나일본부의 정체

『삼국유사』 가락국기에서 가야를 여섯 나라로 정의해놓은 이후 오랫동안 가야는 여섯 개 나라가 연맹한 것으로 여겨졌다. 교과서에도 여섯 가야가 실려 있었다. 그러나 연구가 진척되면서 가야는 그보다 훨씬 많은 나라로 이루어졌음이 밝혀졌다. 초기에는 경상남도 일대에만 있는 것으로 알려진 가야가 소백산맥을 넘어서 호남 지역까지 뻗쳐 있었다는 것도 알게 되었다.

이렇게 많이 존재했던 나라들을 통칭할 때 '가야'라고 불렀던 것이다. 마한, 진한, 변한 등도 그 안에 여러 소국이 있는 연맹체였다. 마한이라는 이름처럼 가야라는 이름 아래 여러 나라가 있었다.

그럼 가야와 임나는 어떻게 다를까? 다른 게 아니다. "한국과 코리아는 어떻게 다른가요?"라고 물으면 "그거 같은 말이에요"라고 대답할 것이다. 한국은 우리 스스로 부르는 이름이고, 코리아는 영어로 부르는 이름이라고 말할 것이다. 가야인이 자기들을 어떻게 불렀는지는 알 수가 없다. 가야라고 불렀을 수도 있다. 하지만 그들이 남긴 기록이 없어서 확신할 수가 없다. 가야, 가락, 가량 등등 여러 이름이 여기저기 문헌에 남아 있다. 임나도 가야를 가리키는 말이었음은 분명하다. 하지만 누가 부른 말이었을 수도 있다. 특히 백제가 부른 말일 가능성이 높다.

『일본서기』에는 백제의 역사책이 많이 사용되었다. 일본인에게 임나라는 나라를 알려준 것은 백제인일 가능성이 높다. 『고사기』에는 백제인이 참여하지 않았기 때문에 임나 이야기가 하나도 없지만, 『일본서기』에는 백제인이 참여해서 임나라는 이름이 나오게 된 것이다.

앞서 우리는 임나일본부라는 것은 존재할 수 없는 용어라고 말한 바 있다. 일본이라는 명칭이 없었으므로 이런 존재는 없었을 것이라고 했다. 그런데 『일본서기』에 적혀 있는 임나일본부가 했다는 일의 기록은 매우 자세하다. 『일본서기』도 역사책인데 그렇게까지 소설을 쓸 수는 없는 일이다. 그렇다면 이 기록은 대체 어떻게 적힌 것일지 궁금해진다.

여기서 다시 백제인이 호출된다. 임나일본부는 백제인이 만들어낸 존재라고 보는 것이다.

백제 역사가가 당시 가야 맹주국이 진행한 일을 임나일본부가 한 것이라고 썼을 수도 있고, 백제가 주도적으로 진행한 일을 임나일본부가 했다고 왜곡했을 수도 있다. 『일본서기』라는 역사책을 읽어내기가 참 어려운 문제가 여기 있다. 『일본서기』 안에 들어 있는 가야에 대한 기록은 이중으로 왜곡되어 있다. 가야인이 직접 쓴 역사가 남아 있지 않아서 그렇다. 가야의 역사를 백제인이 자기 시각으로 썼고, 그것을 다시 일본인이 자신들 시각에 맞게 뜯어고친 것이다.

식민사학에 입각한 임나일본부설

1893년 일본의 간 마사토모菅政友는 『임나고任那考』라는 글을 써서 천황이 한반도 남부를 지배했다는 주장을 근대학문의 틀로 만들었다. 신채호가 『독사신론』(1908)에서 이를 비판하였다. 쓰다 소키치津田左右吉는 1913년에 『임나강역고任那疆域考』를 냈다. 여기에서 쓰다는 임나의 영역을 동으로 김해에서 북으로 창녕, 서로 하동에 이르는 영역으로 잡았다. 모두 경상남도 일대다. 오늘날 가야의 영역으로 보고 있는 합천, 함양 등도 포함되지 않은, 크지 않은 영역을 잡았다.

스에마츠 야스카즈末松保和는 일제강점기에 경성제국대학 교수였다. 그는 패전 후 일본으로 돌아가 『임나흥망사任那興亡史』(1949)라는 책을 냈다.

스에마츠는 진구 황후가 신라를 정벌했다는 기사는 사실이 아니라고 보았다. 하지만 가라 일곱 나라를 정벌한 기사는 사실이라고 여겼다. 그는 그때를 369년으로 보았는데 이것은 『일본서기』 기록은 2주갑, 즉 120년을 더해야 한다는 주장을 따른 것이다. 이것을 '2주갑인상론'이라고 하는데, 기계적으로 모든 연대에 120년 더해서 『일본서기』 기록을 설명할 수는 없기 때문에 오늘날에는 따르지 않는 학설이다.

스에마츠는 『일본서기』에 있는 임나일본부 기록은 대부분 다 사실이라고 여겼다. 심지어 더 오래전부터 왜의 영향력이 한반도에 미쳤다고 주장했다. 그는 낙랑군이 있던 때 김해 지방에 왜인의 거점이 있었다고 주장했다.

임나일본부 주장에 결정적으로 활용한 것은 광개토왕비였다. 광개토왕비 신묘년(391년) 기록을 보면 왜가 바다를 건너와 백제와 신라를 신민으로 삼았다고 나온다. 스에마츠는 이 기록을 『일본서기』에 나오는 백제 진사왕辰斯王(재위 385~392)이 무례하여 죽이고 아신왕阿莘王(재위 392~405)을 세웠다는 기록과 연결해서 설명했다. 이때가 392년(2주갑인상론)인데 원래 신묘년(391년)에 바다를 건너갔지만 왕을 세운 것이 392년이라서 1년이 다른 것이라고 말했다.

또한 중국 역사책 『송서』를 보면, 왜국왕을 왜·신라·임나·가라·진한·모한(마한) 육국제군사에 임명했다는 기록이 있다. 이 때문에 마치 왜국왕이 신라와 임나, 가라를 모두 다스리는 것처럼 보일 수 있다.

이처럼 일본 역사학자들은 『일본서기』만 가지고 자기 주장을 편 것이 아니라 한국 쪽 기록, 중국 쪽 기록을 모두 이용해서 임나일본부를 기정사실화하고자 했다.

『송서』의 기록만 보면 뭔가 있는 것처럼 보일 수 있다. 그런데 여기에는 내막이 있다. 원래 왜국왕은 스스로 왜·백제·신라·임나·진한·모한을 주장했는데 송나라에서 백제를 빼고 가라를 넣어준 것이다.

이때 중국은 남북조로 나뉘어 있어서 송나라도 남송 또는 유송이라고 부른다. 남조의 국가들은 백제와 교류가 있었다. 때문에 백제가 왜국 밑에 있지 않다는 것 정도는 알고 있었다. 백제는 송나라로부터 진동대장군을 받았는데, 진동대장군이 안동대장군보다 품계가 높다. 또한 진한, 모한은 이때 존재하지 않았던 것으로 보고 있다. 따라서 이 왜국왕의 칭호는 자칭한 것에서 송나라가 잘 아는 나라인 백제를 빼고, 임나와 가라가 같은 나라라는 걸 모른 채 병기한 것에 불과하다.

스에마츠는 임나일본부를 설명하면서 일본에 유리하다고 생각하는 기록을 골라서 선택하고, 불리하다고 판단되면 전혀 언급하지 않았다. 달면 삼키고 쓰면 뱉는 방식으로 역사를 기술해서는 안 되는데, 그는 태연하게 이런 일을 해치웠다.

신라가 임나일본부를 멸망시킨 뒤에는 임나일본부를 대신해서 신라가 조공을 바쳤고, 뒤에는 조공 대신 인질을 보내게 되었다고 스에마츠는 주장했다. 이때 인질로 간 사람이 김춘추金春秋(후일 태종무열왕太宗武烈王)라고 말했다. 김춘추는 신라의 최고 지도자 중 하나였다. 이런 사람이 인질로 간다는 것은 말이 되지 않는다. 사실 『일본서기』에 나오는 인질이란 고위 외교 사절을 가리키는 용어일 가능성이 매우 높다. 스에마츠는 이런 점을 이용해서 외교사절인 김춘추를 인질이라고 주장한 것이다.

스에마츠는 임나일본부 영역도 엄청 크게 보았다. 최대 영역은 경상남도 전체, 경상북도 서부, 호남, 충청 전체를 포괄했다.

스에마츠의 『임나흥망사』는 1957년 처음 우리나라에 알려진 이후 역사학자들에 의해 지속적으로 비판받았다. 가장 큰 문제는 식민사관에 철저히 입각해서 역사를 재구성한 점에 있다. 스에마츠는 낙랑군의 영향을 받아 왜는 빠르게 고대국가가 되었다고 하면서 왜와 달리 직접 낙랑군과 접한 삼한은 전혀 발전하지 못한 소국 상태에 머물렀다고 하는 앞뒤가 맞지 않는 황당한 주장을 했다.

임나일본부에서 '부府'는 실제 관청이나 지배 기관, 말하자면 조선총독부 같은 것을 가리키는 것이 아니다. 『일본서기』에서는 '부'를 '재宰'로 읽으라고 말한다. '재'는 사신을 가리키는 말이다. 즉 '임나일본부'는 '임나에 있는 일본 사신'이라는 뜻이다. 물론 이때 일본은 '왜'를 가리키는 것이고. 이 점은 스에마츠도 인정하고 있다. 그런데도 스에마츠는 임나일본부가 한반도 남부 지방을 다스렸다고 주장하니 앞뒤가 하나도 안 맞는 셈이다.

'일본부'가 '왜에서 온 사신'이라면, 이런 존재 자체는 실제로 있을 수 있었을 것이다. 임나일본부 문제가 꼬이고 꼬인 것은 이런 실제로 있었던 존재의 명칭을 바꾸고, 하지도 않은 일을 했다고 만들어버린 『일본서기』 때문이다.

임나일본부설의 폐기

1963년 북한에서 「삼한·삼국의 일본 렬도 내 분국들에 대하여」란 논문이 발표되었다. 이 논문을 쓴 김석형金錫亨은 경성제대 출신으로 스에마츠에게 역사를 배운 인물이었다. 그가 스에마츠의 주장을 그대로 들이받는 논문을 내놓은 것이다.

김석형은 『일본서기』에 있는 임나일본부를 비롯해 한반도에서 벌어졌다고 적은 기록이 사실은 일본 열도 내에 있던 삼국(고구려·백제·신라)의 분국에서 있었던 일이라고 주장했다. 분국이란 본국에서 떠나온 사람들이 개척한 작은 나라를 가리킨다. 즉 『일본서기』 기록은 왜가 한반도 남부를 지배했다는 것이 아니라 한반도의 국가들이 일본 열도를 지배한 기록이라고 주장한 것이다.

스에마츠의 주장은 무리가 많았는데, 김석형은 그 무리수를 치고 들어갔기 때문에 논리적이고 합리적인 주장으로 보였다. 덕분에 일본 학계는 충격에 빠졌다. 일본의 역사학자 하타다 다카시旗田巍는 "자는 사람 귀에 물을 붓는 것 같은 충격"이었다고 말하기도 했다. 지금은 김석형의 주장이 성립할 수 없음이 증명되어 더는 유효하지 않게 되었다. 하지만 이를 계기로 임나일본부에 대한 새로운 검토가 이루어지게 되었다.

일본에서는 이노우에 히데오井上秀雄가 임나일본부는 가야에 살던 왜인을 통제하던 행정기관이라는 새로운 설을 내놓았다. 임나일본부가 한반도 남부를 지배한 것이 아니라는 것이다. 우리나라에서는 천관우千寬宇가 임나일본부는 백제군사령부라는 주장을 내놓아 새로운 해석의 길을 열었다. 또한 고려대 김현구金鉉球 교수가 왜 야마토 정권의 한반도 남부 지배를 전면 부정하는 책 『야마토 정권의 대외관계 연구大和政權の對外關係研究』(1985)를 일본에서 내놓았다. 이후 홍익대 김태식金泰植 교수의 『가야연맹사』(1993)가 나오면서 임나일본부설은 설 자리를 확실히 잃게 되었다.

임나일본부가 정말로 있었다면 그에 걸맞은 고고학적 자료가 있어야 한다. 일제강점기 때도 그런 물증을 열심히 찾았지만 결코 나오지 않았다. 현재 역사학자들은 가야의 입장에서 가야사를 봐야 한다는 점을 강조하고 있다.

현재 임나일본부란 '재안라제왜신등在安羅諸倭臣等(안라에 있는 왜의 사신들)'이 이름을 바꾼 것이며, 활동 기간도 541년에서 552년의 짧은 기간이라는 견해가 큰 주목을 받고 있다. 이제 한일 양국의 역사학자들 중에 한반도 남부를 왜가 지배했다는 주장을 하는 사람은 없다. 식민사학에 기인했던 임나일본부설의 핵심은 이렇게 폐기되었다.

유사역사학과 임나

유사역사가들은 임나와 임나일본부를 구별하지 않는 전략을 쓰고 있다. 참으로 어이없는 일이다. 우리나라 역사가 중에 임나일본부를 인정하는 학자는 한 명도 없는데, 유사역사가들은 역사가들이 임나일본부를 인정하고 있다고 주장하면서 그 증거로 임나라는 단어를 사용하고 있다고 들이민다.

임나는 앞서 말한 바와 같이 광개토왕비를 비롯해서 여러 사료에 등장하는 나라 이름이다. 임나와 임나일본부는 같은 것이 아니다. 그런데도 유사역사가들은 이것을 섞어버리고는 아예 임나라는 말을 사용하지 못하게 만들고자 하고 있다.

유사역사가들은 가야 문화인 옥전고분군에 있었을 것으로 추정하는 다라국 같은 경우도 『일본서기』에 그 이름이 나온다는 이유만으로 부정하고 있는 실정인데, 이 말은 〈양직공도〉라는 중국 사료에도 등장한다. 그렇다고 이들이 『일본서기』에 나오는 모든 말을 거부하는 것도 아니다. 이들은 『일본서기』를 이용해서 천황의 가계가 백제에서 온 것이라는 걸 증명하는 데 큰 힘을 기울인다. 그야말로 달면 삼키고 쓰면 뱉는 자세를 잘 보여주고 있다. 엄정한 사료 비판을 하는 것이 아니라 자신들의 견해에 맞으면 집어오고 다르면 버리는 것뿐이다.

세계적으로도 임나일본부를 인정하지 않는다. 임나일본부는 역사의 전반적인 추세에서 말이 안 되는 현상이기 때문이다. 세계적인 권위를 지닌 『케임브리지 중국사』의 경우에도 임나일본부의 허상을 잘 지적하고 있다. 그런데도 유사역사가들은 우리나라 역사가들이 일본의 주장을 받아들여 되풀이하고 있다고 하는데, 그렇게 해서 좋을 일이 뭐가 있을까? 일본이 학계에 돈을 뿌려서 그렇다는 말도 한다. 그런 돈이 어디에 있는지 진짜 궁금하다.

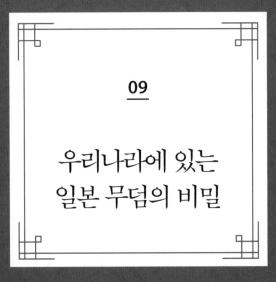

09

우리나라에 있는
일본 무덤의 비밀

일제강점기에 발견한 왜인의 흔적

일본제국이 대한제국을 거의 먹어치웠던 1909년, 도쿄대 사학과 교수 세키노 다다시關野貞는 야쓰이 세이이치谷井濟一와 함께 조선고적조사를 시행했다. 야쓰이 세이이치는 도쿄대 사학과 졸업생으로 도쿄제실박물관에서 근무하고 있었다. 이 조사는 이후 조선총독부에서 이어받아 계속 진행되었다.

이들은 진구 황후가 신라를 정벌했다는 실증이 경주 고분에서 나올 것이라 믿고 경주 고분을 마구잡이로 파헤쳤다. 하지만 그런 증거는 전혀 나오지 않았다. 그런데 1918년 제2차 조선고적조사사업 때 뜻밖의 유물이 발견되었다.

영산강 유역 나주 반남면의 무덤에서 '하니와'라는 왜식 '원통형 토기'들이 출토되었다. 이 무덤은 네모낳게 생긴 방대형方臺形(커다란 사각형 형태로 밑면이 넓고 위로 올라가면서 좁아진다) 고분으로 신촌리 9호분이라고 불린다. 발굴책임자였던 야쓰이는 드디어 임나일본부의 증거를 찾았다고 흥분했다. 하니와 생각한 원통형 토기는 일본에서도 매우 드문 독특한 형태의 물건이었다. 그렇지만 야쓰이는 이 조사를 통해 고대 왜인이 이곳에 살았다는 점은 확신했다. 그는 '나주 반남의 왜인 유적'이라는 특별보고서를 내겠다고 총독부에 약식 보고 했는데, 그 특별보고서는 제출되지 않았다. 그는 1921년 부친이 위독하다는 소식을 듣고 일본으로 간 뒤 다시는 조선에 오지 않았다.

야쓰이는 십여 년 동안 우리나라에 있는 고분을 뒤지며 임나일본부를 증명하고자 애를 썼다. 하지만 그는 영산강에서 왜식 유물을 발견하고도 임나일본부를 향한 열망을 포기하고 말았다. 그 이유는 분명하다. 그는 신라와 가야 일대의 고분을 마구잡이로 발굴했는데, 그 어디에서도 임나일본부를 증명할 유물을 찾지 못했다. 그러다 엉뚱하게도 전라남도 나주에서 왜식 유물을 찾아냈으나, 이 지역은 임나일본부와는 관련이 없는 곳이 분명하였다. 그는 옹관묘를 일본 무덤이라 주장했지만, 후일 이 무덤은 빨라도 5세기 후반 무렵 만들어진 옹관고분으로 영산강 일대에서 3세기 말부터 발전해온 고분 형식임이 증명되었다. 옹관고분이란 항아리에 뼈를 넣어서 묻는 형식의 무덤이다.

전방후원분의 발견과 엉뚱한 해석

1938년 일본 고고학자 아리미쓰 교이치有光教一는 나주 반남지역에 전방후원분前方後圓墳과 유사한 고분이 있다고 주장했다. 전방후원분이란 앞은 방형(네모진 모양), 뒤는 원형인 무덤을 말하는데, 일본의 닌토쿠 천황릉이 전방후원분이다. 이 무덤은 세계 최대 크기 무덤으로 유명하다.

일본의 전방후원분은 3세기에서 7세기에 걸쳐서 만들어진 것으로 일본에만 있는 무덤 형태였다. 우리나라에서 발견되기 전까지는.

고고학자 강인구姜仁求 교수는 1980년대 중반, 전방후원분은 한국에서 만들어져서 일본으로 건너간 것이라고 주장했다. 강인구 교수에 의해서 1985년에 해남에 있는 장고산고분이 전방후원분이라는 것이 밝혀졌다. 이때부터 이들 고분이 3세기 무렵 만들어진 것으로 보고, 고분을 만든 세력이 일본으로 건너갔다는 주장이 나오기 시작했다.

영산강 유역을 비롯해 전라남도 일대를 왜인이 있던 지역으로 여기고, 이들이 나중에 일본으로 건너가 일본 고대 국가의 주축이 되었다는 주장이었다. 전남 일대를 장악하고 있던 '왜'라는 정치세력은 신라를 공격해 위기에 몰아넣을 만큼 강력해서 신라와 백제도 거느리고 있다가 신라의 구원 요청을 받은 광개토왕의 공격으로 몰락해서 일본으로 건너갔다는 이야기다. 한마디로 소설감도 못 되는 내용이다.

영산강 유역에 있던 어떤 정치세력이 4세기~5세기 초에 신라와 백제를 지배하고 있었다면, 그런 존재가 우리나라 사서에 한 줄도 나오지 않는다는 것은 그야말로 이상한 이야기일 수밖에 없다. 또한 당시 출토 유물을 보더라도 신라와 백제를 능가하는 강력한 집단이 이곳에 있었다고 믿을 근거가 없다.

더구나 이런 주장을 하는 사람들은 왜의 기원이 우리나라에 있었다는 식으로 자부심을 가지려고 하는 것이지만, 일본 입장에서 보면 전라남도 일대가 원래 자기네 땅이었다고 말하는 것에 불과하다. 우리나라 유사역사가들은 진심으로 우리와 일본이 같은 조상을 가지고 있다는 '일선동조론日鮮同祖論'을 믿고 있는 경우가 많다. 그들은 다만 우리가 형이고 일본은 동생이라는 입장만 유지되면 된다고 생각한다. 과거 식민사학의 '일선동조론'이 문제인 것은 동생인 일본이 형이라고 주장했기 때문이라는 것이다. 고대 인류의 이동 경로를 생각해보면 먼 옛날에 한반도를 거쳐 일본인의 조상이 일본 열도로 이주했을 가능성은 높다. 하지만 그런 것이 문화를 공유하는 민족 단계의 일일 수는 없다.

더구나 고대 국가가 다른 국가에 의해 정복당했다고 해서 그 국가의 모든 사람이 이주한다는 것은 불가능하다. 다시 말해, 전남 일대가 왜인의 나라였다면 그곳은 그 후에도 왜인의 땅일 수밖에 없다. 고조선이 한나라에 멸망당한 뒤 고조선의 준왕準王은 남쪽으로 달아났다. 그 땅에는 낙랑군이 설치되었다. 그렇다고 해서 그 땅의 고조선 사람들이 모두 사라진 것도 아니고 그들이 모두 한나라 사람이 되는 것도 아니다.

이와 비슷한 주장으로 일본 학자 에가미 나미오江上波夫의 '기마민족설'을 들 수 있다. 에가미 나미오는 4세기 초 한반도의 진왕辰王이 현해탄을 건너 북구주 쓰쿠시筑紫 지방에 상륙해서 한왜연합왕국을 건설했다고 주장했다. 진왕은 『일본서기』의 제10대 스진 천황이 되었다는 게 에가미의 설이다. 그의 주장은 허점투성이인데도 '기마민족'이라는 '낭만적인' 용어와 한반도에서 넘어가 왜국을 건설했다는 말에 현혹된 사람들이 지금도 기마민족 운운하는 경우가 있다. 에가미가 노린 것은 임나일본부가 사실이라는 것이고, 일선동조론도 진짜라는 것이었다.

전방후원분의 주인공

전방후원분은 첫 발견 이후 그 숫자를 늘려 나가서 십여 개가 발견되었다. 고고학자들은 무덤에서 나오는 유물, 매장 형식, 지층 등 여러 가지 사안을 과학적인 방법으로 조사하여 축조 연대를 알아낸다. 이들 무덤의 축조 연대는 5~6세기로 일본에 있는 전방후원분보다 축조 연대가 늦다. 즉 초기에 생각한, 전방후원분이 한반도에서 일본으로 전래되었다는 가설은 이로써 폐기되었다. 당연히 전남 지방에서 일본으로 건너가 나라를 세웠다는 주장도 성립할 수 없게 되었다.

전방후원분이 일본의 고분 형태로 유명해서 많이 이야기되지만, 전방후원분 이외에도 일본식 고분이 우리나라에서 발견되고 있다. 주로 5세기 초반에서 중반에 만들어진 일본식 무덤이 남해안 일대에서 발견된다.

이러면 정말 고대 일본, 즉 왜가 한반도 남부를 지배한 것 아닌가 하는 생각을 할 수도 있을 텐데, 전혀 그렇지 않다. 무덤이 달랑 하나가 발견된다고 해서 그 지방을 지배한 세력의 무덤이 되지는 않기 때문이다. 무덤 역시 역사를 가지고 있다. 무덤은 점차 모습을 바꿔가는 성장을 보여주게 마련이며, 특히 지배자의 무덤은 주변에 여러 무덤을 거느리는 형태로 나타난다. 지배자는 죽어서도 수하들을 주변에 두는 것이다. 그런데 이런 일본식 무덤은 외따로 떨어져 혼자 등장한다. 그리고 그 무덤 형식을 계승하는 무덤도 발견되지 않고 있다. 특정한 순간 갑자기 등장했다가 사라진 것이다.

영산강 유역 전방후원분에 대해서는 발굴 성과가 많이 쌓였다. 그에 따라 여러 가설이 나와 있다.

첫 번째 가설은 백제에서 파견한 왜계 백제 관료라는 설이다. 백제가 남쪽 지방을 장악한 뒤에 그곳을 통치할 관료를 파견했는데, 이들이 왜에서 백제로 건너온 사람이었다는 주장이다.

두 번째 가설은 영산강 유역으로 이주한 왜인이라는 설이다. 전방후원분이라는 독특한 형태의 무덤을 만들기 위해서는 기술자 집단이 있어야 한다고 보았고, 따라서 왜인이 이주해 와서 거주하였다는 주장이다. 이들이 망명해 온 사람이라는 주장도 있고, 교역을 위해 온 사람들이라는 주장도 있다. 일본에서 중국으로 가는 해로를 관리하기 위해서 파견된 일본 관료라는 주장도 여기에 속한다.

세 번째 가설은 그 지역의 지배자들이었다는 설이다. '재지세력설在地勢力說'이라고 부른다. 전방후원분에서는 왜계 유물만 나오는 것은 아니다. 백제, 가야계 유물도 함께 나온다. 이런 유물이 혼재되어 있는 것은 이들이 독자적인 세력이었다는 것을 증명한다는 주장이다.

크게 볼 때 이렇게 세 가지 가설이 있으며 이 가설 안에서도 학자들마다 서로 다른 견해를 보이는 경우가 많다.

다이나믹한 고대

고대에 문화가 전파되는 가장 빠른 길은 사람이 움직이는 것이었다. 인도에서 승려들이 이동해서 중국으로 들어가 불교를 전파했듯이, 사람들이 직접 이동했다. 왜와 가까운 곳의 신라는 왜와 늘 충돌하면서 불편한 관계였는데, 좀 더 멀리 있던 백제는 왜와 가깝게 지냈다. 신라라는 적이 있어서 가능했던 일일지도 모른다.

두 나라가 가까웠던 만큼 많은 인적 교류가 있었던 것도 사실이다. 왕인王仁, 담징曇徵 등을 생각하며 한반도에서 일방적으로 일본에 문화 전파가 있었다고 여기기 쉬운데, 몽골과 고려 사이에도 문화를 주고받은 것처럼 백제와 왜, 가야와 왜도 많은 교류가 있었다고 보는 게 맞다.

신라도 마찬가지다. 신라 초기에 대신이던 호공瓠公은 왜인이었다고 기록되어 있다. 탈해 이사금脫解尼師今(재위 57~80)도 왜국의 동북쪽에서 건너왔다고 나온다.

영산강 유역의 전방후원분뿐만 아니라 남해안가에 있는 일본식 고분, 부여·공주 인근에서도 발견되는 일본식 고분은 활발한 교류가 있었다는 것을 알려준다.

하지만 교류 이상의 의미를 부여할 수 없다는 점을 잊지 말자. 어떤 세력이라고 하기에는 고분의 수가 너무 적다. 이들 고분은 6세기에 들어가면 모두 사라진다. 이들 왜인은 한반도에 흡수되어 버렸을 가능성이 크다. 또한 당시 일본 열도에 있던 왜는 한반도에 있는 국가를 뒤흔들 수 있는 강대한 세력이 아니었다.

역사학자들은 고고학자들의 도움을 받아서 어떻게 해서 일본식 고분이 한반도에 존재하는지를 치열한 논쟁을 통해 규명해 가고 있다. 이와 같은 논쟁을 보면 역사가 완성된 형태로 결정되어 있는 것이 아니라 수많은 논쟁을 거쳐 재구성된다는 사실을 잘 알 수 있다.

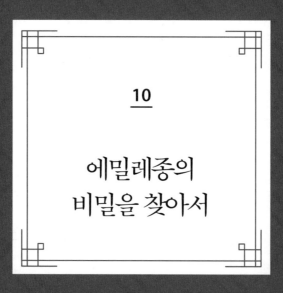

10

에밀레종의
비밀을 찾아서

어린 시절 전래동화집에서 본 「에밀레종 전설」은 정말 이상한 이야기였다. 통일신라 경덕왕景德王(재위 742~765)이 아버지 성덕왕聖德王(재위 702~737)의 명복을 빌기 위해 만들어져서 '성덕대왕신종'이라는 이름을 가진 이 종에 얽힌 전설은 다음과 같다.

엄청나게 큰 종을 만들기 위해서 집집마다 쇠붙이를 시주 받았다. 그런데 한 집에서는 줄 쇠붙이가 없으니 이 아기라도 가져가라고 말했고 시주승은 당연히 그런 말은 무시하고 돌아왔다. 그런데 알고 보니 그 때문에 종을 만드는 데 계속 실패하는 것이었다. 그래서 그 집에 다시 가서 아기를 받아와 쇳물에 던져 넣었고 그러자 종이 완성되었다. 종을 치자 종은 마치 아기가 엄마를 부르듯이 "에밀레"라고 울었다. 그리하여 이 종의 이름을 '에밀레종'이라고도 부른다는 것.

자기 아버지 명복을 빌기 위해 남의 집 아기를 죽인 엽기 잔혹 동화다. 이런 이야기를 전래동화라고 지금도 소개하고 있는 것을 이해하기 어렵다. 이야기를 이해하기 어렵다 보니 이런 이야기가 대체 어떤 연유로 전해지는지 설명하려는 여러 시도가 등장했다. 이러한 과정은 역사학이 역사를 해석하고 재구성하는 작업과 유사하다. 역사 속 이야기는 현대 해석에 의해 본의가 드러나게 된다. 하지만 이런 과정에서 목적이 앞서게 되면 자기 해석에 맞는 증거만을 찾아내고 그것으로 논의를 종결시키고자 하는 경우가 왕왕 생긴다.

1925년 조선총독부 기관지 『매일신보』에 '어밀네 종'이라는 글이 실렸다. 조선총독부 기관지에 실린 사실만으로 에밀레종 전설은 일제의 음모라는 주장이 튀어나오기도 했지만, 이 글을 쓴 사람은 아동문학가 염근수廉根守로 친일 혐의가 있는 사람이 아니다. 이 글에서 주목할 점이 있다. 여기 나오는 종은 성덕대왕 신종이 아니라는 점이다. 이야기는 이러하다.

> 나랏님이 좋은 소리가 나는 종을 만들라고 해서 종을 만들었는데 소리가 나지 않았다. 화가 난 나랏님은 쇠를 거둔 사람과 종을 만든 사람을 다 죽이라고 했다. 이때 점쟁이가 나와서 쇠를 거둔 사람을 조사해보라고 했고, 그때 방울이라는 아기 이야기가 나왔다. 그 방울이를 종 속에 넣어야 한다고 점쟁이가 말했다. 아기를 쇳물에 넣어 녹이고 종을 만들었더니 소리가 났는데 그 소리가 에밀내하고 울렸다.

이 이야기에는 절이나 스님이 등장하지 않는다. 전반적인 분위기는 조선 시대로 보이기도 한다. 염근수는 서울에 살던 문인으로, 이 종은 보신각 종을 가리킨 것일 가능성이 매우 높다.

에밀레종의 전설은 1925년 한참 전으로 올라간다. 1895년에 주한미국공사 호러스 알렌Horace N. Allen, 1901년 고종의 밀사였던 호머 헐버트

Homer B. Hulbert 등이 모두 에밀레종 전설을 전하고 있다. 따라서 인신공양 종 전설은 일제와 관계없이 우리나라에 전해오던 이야기였던 것은 분명하다. 일제의 음모론에 한몫을 한 것은 친일극작가 함세덕咸世德이 『어밀레 종』(1943)이라는 희곡을 쓴 탓이 크다. 『어밀레 종』은 1943년에 무대에 올라가기도 했다. 이 연극은 내선일체를 강조하기 위해 에밀레종을 만든 재료가 일본에서 건너오고 주종장의 병을 치료한 의사도 일본에서 건너온다. 병이 나은 주종장은 기술자 차별이 없는 일본으로 떠나는 등의 이야기가 들어가 있다. 함세덕은 희곡을 쓰는 목적 자체가 내선일체 선전에 있다고 공공연히 이야기하기도 했다. 에밀레종을 만들기 위해 쇠붙이를 바치는 것 역시 당시 전시 상황에서 벌어지고 있던 공출을 장려하는 의미를 담고 있었다. 나라를 위해 남자들은 화랑이 되어 목숨을 바치는데 여자 아이 목숨 하나 바치는 게 무슨 문제냐는 파시즘 역시 이 작품에서 볼 수 있다.

그러나 이런 친일 희곡이 나왔다고 해서 에밀레종 전설이 일제에 의해 조작되었다고 이야기하는 것은 결과가 원인을 지배하는 이상한 논리 전개다. 더구나 앞에서 밝힌 바와 같이 에밀레종 전설은 이미 오래 전부터 전해오던 것이다.

『동아일보』 1927년 10월 10일자 기사에서는 평양의 종에도 이와 같은 인신공양 전설이 있다는 이야기가 나온다. 이렇게 보면 큰 종에는 인신공양 전설이 붙어 있다는 것을 짐작할 수 있다. 대체 왜 이런 전설이 생겨나 있는 것일까?

이와 관련해 주목할 만한 논문이 있다. 충남대 황인덕 교수가 쓴 「에밀레종 전설의 근원과 전래」(2008)라는 논문이다.

황 교수는 이 논문에서 중국 간쑤성 무위시 대운사의 종에 에밀레종과 같은 전설이 있다는 사실을 밝혔다. 대운사는 원래 굉장사였는데 5호16국 중 하나인 전량前涼 때(363년) 창건되었다. 당나라 측천무후則天武后는 스스로를 『대운경大雲經』에 나오는 미륵불로 자처하면서 전국에 대운사를 짓게 했다. 이때 굉장사도 이름이 대운사로 바뀌었다. 대운사에는 당나라 때 만들어진 큰 종이 있는데 이 종에 에밀레종과 같은 인신공양 전설이 붙어 있다. 이 전설은 1925년 『매일신보』에 실린 이야기처럼 권력자가 자기 권력을 위해서 백성을 희생시키는 구조로 만들어져 있다. 특히 몇 가지 전설에는 권력자가 결국은 파멸에 이르는 데까지 이야기하고 있다는 점이 놀랍다. 불쌍한 아기가 죽고 정의가 이루어지지 못하는 데서 이야기가 끝나지 않고 이런 비극을 초래한 자들이 그에 합당한 처벌을 받는 데까지 이야기가 지속되는 것이 대부분이다.

황 교수는 측천무후 때의 종 이야기가 신라로 넘어왔을 가능성이 있다고 말한다. 이렇게 이야기가 넘어오면서 권력에 대한 비판 부분이 거세되었을 수 있다.

좋은 일이니까 억울하더라도 참고 넘어가야 한다는, 권력 앞에 저항해봐야 부질없다는 함의가 에밀레종 전설 안에 들어 있다. 이런 속성에 주목한 친일파 함세덕은 국민총화라는 일제의 가치를 이 전설 안에 녹여서 연극으로 선보일 수 있었던 것이다.

전설은 영구불변하는 것이 아니다. 그림 형제의 동화도 시대에 맞춰 계속 변했다는 점을 상기할 필요가 있다. 우리 시대에 이런 불행하고 잔혹하며 심지어 체제 순응만을 목표로 하는 이야기를 그대로 아이들에게 전하는 것이 무슨 의미가 있을지 곰곰이 생각해볼 필요가 있다.

국립경주박물관에 걸려 있는 성덕대왕신종
이 종을 계속 '에밀레 종'이라고 불러야 하는지 고민이 필요하다.
(이미지 출처: ⓒ 이문영)

11

그림자가 없는
무영탑

통일신라 경덕왕 때 재상 김대성金大城은 전생의 어머니와 현생의 부모님을 위해서 두 절을 세웠다. 현생의 부모님을 위해서는 불국사를, 전생의 어머니를 위해서는 석굴암을 세웠다.

　불국사에는 그때 세워진 두 개의 탑이 지금도 건재해 있다. 화려한 스타일의 다보탑과 단순한 아름다움의 극치를 보여주는 석가탑이 그것이다. 이들 탑에는 별칭이 있는데 다보탑은 그림자가 있다는 유영탑, 석가탑은 그림자가 없다는 무영탑이라는 이름이 붙어 있다.

　이런 이름이 붙은 것은 전해 내려오는 이야기 때문이다.

　탑을 만들기 위해 이름난 장인을 수소문하던 중 백제 부여의 장인 아사달을 추천받았다. 아사달은 서라벌로 와서 탑을 만들기 시작했지만 몇 년이 가도록 탑을 완성시키지 못했다. 그러자 아사달의 아내 아사녀가 남편을 찾아 불국사까지 오게 되었다.

　아사녀가 불국사로 들어가려 하자 문지기가 막아섰다.

　"신성한 사원에 여자는 들어갈 수 없소."

　"남편을 만나러 천 리 길을 왔습니다. 탑을 만드는 아사달이 제 남편입니다.

들어가게 해주십시오."

아사녀의 눈물에 문지기도 마음이 약해졌다.

"사정은 딱하지만 그래도 아니 되네. 저 앞의 연못에 가서 기다리게. 탑이 완성되면 연못에 비칠 것이니 그때 다시 찾아오도록 하게."

아사녀는 그렇게 해서 연못가에서 탑이 나타나기만을 기다렸다. 드디어 다보탑의 그림자가 나타났다. 하지만 남은 하나의 탑은 1년이 넘도록 나타나지를 않았다. 결국 기다림에 지친 아사녀는 연못에 투신하고 말았다. 아내를 보기 위해서 있는 힘을 다해 탑을 만들던 아사달이 드디어 탑을 다 만들고 연못에 왔을 때 아내는 흔적이 없었다.

아사달은 연못 위에 떠오르는 아내의 얼굴을 기리며 불상을 조각하고 탈진하여 역시 연못에 몸을 던지고 말았다.

이런 사연으로 연못에 그림자가 비치지 않은 석가탑을 무영탑이라 부르게 되었다. 이 연못은 그림자 연못이라는 뜻으로 '영지'라고 부르는데 지금도 경주에 가면 찾아볼 수 있다.

그런데 지금까지 한 이야기는 원래 이야기와는 많이 다르다. 위 이야기는 일제강점기 때 유명한 소설가 현진건玄鎭健이 쓴 『무영탑』의 내용이다. 소설에는 신라 귀족의 딸과 아사달 사이의 삼각관계를 비롯해서 신라의 전통 사상을 지키려는 세력과 당나라의 신문물을 받아들이려는 세력 사이의 다툼 등 복잡한 이야기가 더 들어 있기도 하다. 또한 아내가 왔음에도 탑을 완벽하게 만들고자 하는 아사달의 예술혼이 이야기의 깊이를 더한다. 아사녀가 자살하게 되는 이유 역시 아사달이 귀족의 딸과 혼인한다는 오해 때문에 절망해서 일어나는 사건으로 처리되어 있다.

원래 무영탑 전설에서 탑을 만든 사람은 당나라에서 온 석공이고 그를 찾아온 아사녀는 부인이 아니라 누이동생이었다. 또한 아사녀가 기다렸다는 연못 영지는 지금의 영지는 아닌 것 같고 불국사 앞에 있던 연지蓮池로 추정된다. 지금은 사라진 이 연못에 물이 있으면 다보탑은 비치는데 석가탑은 비치지 않는다고 한다.

19세기 초 초의선사草衣禪師가 불국사를 노래한 시에 이런 구절이 있다.

> 승천교 밖 구품 연지에는
> 칠보 누대가 물 밑으로 옮겨졌네
> 무영탑 바라보니 도리어 그림자 있어
> 아사녀가 지금 와서 비춰보는 것 같네

'구품 연지'라는 이름이 여기 보인다. 승천교는 불국사에 있는 계단이다. 여기에서도 볼 수 있듯이, 전설에 아사녀는 이름이 전해지지만 당나라 석공의 이름은 전해지지 않았다. 현진건이 아사달이라는 이름을 만든 것이다.

아사달은 바로 고조선의 수도 이름이기도 하다. 현진건은 『무영탑』에서 외세를 에둘러 비판하고 있다. 그래서 전설에 전해지는 대로 당나라 석공을 등장시킬 수 없어, 옛 백제 사람으로 만든 다음 가장 민족적인 이름을 지어준 것이다.

현진건 자신이 이미 이 전설을 조사해서 『동아일보』에 그 내용을 상세히 실은 바 있기 때문에 이런 변용은 민족주의적 관점에서 의도적으로 선택한 것일 수밖에 없다.

무영탑 전설은 1740년에 나온 『화엄불국사 고금역대 제현 계창기華嚴佛國寺古今歷代諸賢繼創記』에 처음 실렸다. 이후 일제강점기 때 일본인이 이 전설의 내용을 채록하면서 누이를 아내로 기록했다. 일본에서는 누이가 흔히 아내를 가리키기도 하기 때문에 혼동을 일으킨 것이다.

『무영탑』 전설은 맺어지지 않는 사랑 이야기로 끝났기 때문에 현진건 이후로도 그 결말이 수시로 변했다. 함세덕이 만든 연극 『무영탑』에서는 아사녀가 자살에 실패해서 아사달과 재회하는 해피엔딩이 되었고, 해방 후 만들어진 여성국극에서는 아사달이 아사녀의 시신을 안고 영지로 걸어 들어가 자살한다. 아사달이 불상을 만드는 이야기는 사라져버렸다. 신상옥申相玉 감독이 만든 영화 〈무영탑〉에서는 아사달이 아사녀의 환상을 보면서 영지로 뛰어들고 아사달을 사모했던 귀족 딸도 불 속에 뛰어들어 죽는 것으로 표현했다.

옛날 이야기는 전설이 되고 다시금 재창착되어 마치 그 이야기가 있었던 사실처럼 변하기도 한다. 아사달·아사녀와 무영탑도 그런 이야기라 할 수 있다.

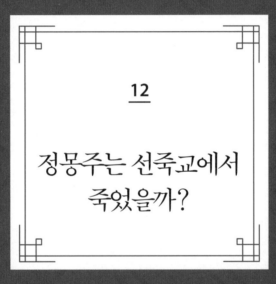

12

정몽주는 선죽교에서
죽었을까?

단심가와 하여가

고려 말의 충신 정몽주鄭夢周는 모르는 사람이 없을 정도로 유명한 위인이다. 정몽주는 이십 대부터 평생 나라를 위해 일했다. 성리학에 조예가 깊은 학자였으며, 전쟁터에 나가 싸웠고, 개혁을 위해 분투했고, 죽음을 무릅쓰고 중국·일본을 다니며 외교관으로 활약했다. 하지만 쓰러져 가는 고려를 붙들기는 쉽지 않았다. 절친한 동지이자 위대한 장군인 이성계李成桂(태조太祖 재위 1392~1398)가 반역의 중심에 있었기 때문이었다. 결국 그는 이성계의 아들 이방원李芳遠(태종太宗 재위 1400~1418)에게 살해당했다.

정몽주가 암살당한 정황은 흔히 이런 이야기로 전해진다.

정몽주가 이성계의 반역을 확인하기 위해 병문안을 핑계로 방문했는데, 이성계는 만나지 못하고 이방원만 만났다. 이방원은 〈하여가何如歌〉라는 시조를 읊었다.

이런들 어떠하리 저런들 어떠하리

만수산 드렁칡이 얽혀진들 어떠하리

우리도 이같이 얽혀서 백 년까지 누리리라

그러자 정몽주는 〈단심가丹心歌〉라는 시조로 답했다.

이 몸이 죽고 죽어 일백 번 고쳐 죽어

백골이 진토되어 넋이라도 있고 없고

임 향한 일편단심이야 가실 줄이 있으랴

이방원은 정몽주가 한편이 될 뜻이 없는 것을 알고 심복 부하를 불러 그를 뒤
쫓아가 죽이라고 지시했다. 정몽주가 죽고 나자 고려는 더 이상 버틸 힘이 없
었고 석 달 후 결국 멸망하고 말았다.

정몽주가 읊었다는 시조는 『해동악부海東樂府』(1617)에 처음 나온다. 이
책 이전에는 〈단심가〉를 수록한 책이 없었다. 정몽주의 글을 모아서 낸
책인 『포은집圃隱集』에도 〈단심가〉가 수록되어 있지 않다.

그렇다면 과연 〈단심가〉를 지은 사람이 정몽주가 맞을까?

이와 관련해서 흥미로운 기록을 남긴 역사학자가 있다. 단재 신채호가
『조선상고사』에 쓴 내용을 살펴보자.

고구려 안장왕安臧王(재위 519~531)이 태자 시절에 백제 땅을 정찰하러
간 적이 있다. 그곳에서 부잣집 딸 한주를 만났다. 두 사람은 한눈에 반

해서 결혼을 약속했다. 그런데 귀국한 후에 바로 부왕이 승하하고 왕위에 올라 국정이 바빠 다시 한주를 보러 갈 수가 없었다. 안장왕은 장군을 보내 한주가 사는 곳을 공격했으나 실패를 거듭했다. 그러는 사이에 새로 부임한 백제 태수가 한주의 미모를 듣고 그 부모에게 청혼을 넣었다. 한주는 이미 정을 준 남자가 있어서 불가하다고 거부했다. 그러자 태수는 크게 화를 내고 한주를 옥에 가두었다. 한주가 옥에서 자신의 마음을 노래했는데, 그 노래가 바로 〈단심가〉였다. 신채호는 〈단심가〉에 대해 이렇게 썼다.

> 〈단심가〉는 유래로 정몽주의 작품이라 하나, 위의 기술한 바로 보면, 대개 옛
> 사람의 지은 바, 곧 한주의 작품을 정몽주가 노래하여 이조 태종의 노래에 답
> 한 것이요, 정몽주의 자작이 아닌가 하노라.

신채호는 한주 이야기를 『해상잡록海上雜錄』이라는 책에서 보았다고 했다. 『해상잡록』은 지금 전해지지 않는 책이라서 진위 여부를 검증해볼 수 없다. 오히려 〈단심가〉가 조선 후기에 만들어진 시조로 『해동악부』에 수록된 것이라면, 『해상잡록』도 『해동악부』가 나온 후에 만들어진 책이라고 볼 수 있다.

우리가 당연하다고 알고 있는 역사적 사실도 연구해보면 이렇게 알쏭달쏭한 것이 많다.

선죽교 전설

정몽주는 선죽교에서 죽었다고 전해진다. 그는 선죽교에서 암습을 당했고 그의 피가 선죽교에 흘러 돌에 스며든 흔적이 후대까지 남았으며, 그 다리 아래에서 대나무가 솟아나 그 다리를 '선죽교善竹橋'라 부르게 되었다고 한다.

조선 후기 실학자 이긍익李肯翊이 쓴 야사집 『연려실기술燃藜室記述』을 보면, 시조를 주고받은 뒤 이방원은 정몽주를 제거해야 한다고 생각하고 기회를 노렸다고 나온다.

> 하루는 공(정몽주)이 태조에게 문병을 핑계로 기색을 살펴보고 돌아가는 길에 전에 자주 가던 술친구의 집을 지나가게 되었다. 주인은 밖에 나가고 집에 없었으며, 뜰에 꽃이 활짝 피어 있었다. 공은 드디어 뜰 안으로 바로 들어가 술을 청하여 꽃 사이에서 춤을 추면서 말하기를, "오늘 풍색(風色)이 매우 사납구나, 매우 사납구나" 하고 큰 대접으로 연거푸 몇 잔의 술을 마시고는 나왔다. 그 집 사람이 괴이쩍게 여겼더니, 얼마 있다가 정몽주가 해를 입었다는 말을 들었다.

그럼 이번에는 그 당시 기록을 살펴보자. 『조선왕조실록』「태조실록」에 정몽주 피살의 전말을 보면, 이방원은 사사건건 아버지 일을 방해하는 정몽주를 암살하기로 마음을 먹고 있었다. 정몽주가 이성계의 병문안을 왔을 때 은밀히 부하를 소집했다.

정몽주의 집을 습격해서 정몽주를 죽이기로 했는데 정몽주가 집에 들어갔다가 바로 나오는 바람에 때를 놓치고 말았다. 심지어 정몽주가 어디로 갔는지도 놓치고 말았다. 이방원 일당은 정몽주의 행방을 찾다가 정몽주가 초상집에 문상 다녀오는 것을 발견하고 쫓아가서 죽이는 데 성공했다. 이렇게 정몽주는 선죽교가 아니라 집 근처에서 살해되었다.

조선 초 문신 성현成俔이 쓴『용재총화慵齋叢話』에는 또 조금 다른 이야기가 전해진다.

정몽주가 제자 권우權遇와 함께 집을 나섰다가 수상한 무사들을 보고 권우를 먼저 가라고 보냈는데, 잠시 후 살해당했다는 것이다. 이 경우에도 집 근처에서 살해당한 것이 분명하다.

『조선왕조실록』이나『용재총화』모두 태종을 만나 시조를 주고받은 이야기를 전하지 않았다. 또한 선죽교에서 죽었다는 말도 없다. 물론 선죽교라는 이름 자체가 정몽주가 죽은 뒤에 그의 피에서 대나무가 자라나서 붙은 이름이라면 죽은 장소를 선죽교라 해도 된다고 생각할 수도 있겠다.

그렇지 않다. 선죽교는 정몽주가 죽은 다음 생긴 이름이 아니다.『고려사』를 보면 5년 전인 우왕禑王(재위 1374~1388) 14년(1388) 기록에 선죽교가 등장한다. 또한 정몽주와 동시대 인물인 이색李穡의 글에도 '선죽대도', '선죽 물가' 등의 지명이 나와서 '선죽'이라는 이름이 이미 있었음을 알 수 있다.

그럼 선죽교에서 죽었다는 이야기는 언제 시작되었을까? 기록상으로 보면 문신 최입崔岦이 인조 9년(1631)에 펴낸『간이집簡易集』에 실린 시〈선죽교〉에서 언급되었다. 이 시의 제목 옆에 '정몽주가 순절한 곳'이라는 주석이 붙어 있다.

즉, 선죽교 전설은 아무리 빨라도 조선 중기 이후에 생겨난 것이라고 볼 수 있다.

그럼 정몽주는 실제로 어디서 죽었을까?

남효온南孝溫이 쓴 『추강집秋江集』에 보면 성종成宗(재위 1469~1494) 16년 (1485)에 개성에 놀러갔다가 쓴 글이 있다. 개성의 한 노인이 태묘동 마을 입구의 누각 주춧돌을 가리키며, "이곳이 정몽주가 살해당한 곳입니다" 라고 말해주었다고 하였다. 그곳에서 안쪽으로 조금 들어간 곳에 정몽주의 고택이 있었다.

당대 기록을 검토하면 정몽주가 집에서 멀지 않은 곳에서 암살된 것은 분명해 보인다. 태묘동은 개경 성 밖이고 선죽교는 성 안에 있다.

사람들은 믿고 싶은 것을 믿는다

『조선왕조실록』이나 『고려사』에는 태종 이방원이 정몽주를 살해했다는 사실이 정확히 적혀 있지만 당대에 이 사실을 공공연히 이야기하지는 않은 것 같다. 세종世宗(재위 1418~1450) 16년(1434) 출간된 『삼강행실도三綱行實圖』에는 이성계의 사위 이제李濟와 이성계의 동생 이화李和가 지시해서 정몽주를 살해한 것으로 나온다.

조선 제3대 왕 태종은 왕권을 공고히 한 후 충성을 중요한 덕목으로 높이 치켜올렸다. 그것을 위해 자신이 죽인 정몽주라는 충신을 떠받드는 일도 마다하지 않았다. 정몽주는 이렇게 금방 명예를 회복했다.

정몽주는 조선 제11대 왕 중종 12년(1517) 문묘에 배향配享되었다. 문묘는 유교국가 조선의 신성한 제사 장소로, 여기에 위패가 모셔지는 것을 '배향'이라고 한다. 그야말로 일세의 영광이다. 배향된다는 것은 국가가 공인한 성인聖人이 되는 것이다.

대나무는 곧게 자라는 성질 때문에 절개의 상징으로 여겨져왔다. '대쪽 같은 선비' 같은 말에서도 그 상징성을 볼 수 있다. 충신이 피를 흘려 어떤 상징을 남기는 일은 중국 전설에도 있기 때문에 쉽게 차용될 수 있었다. 자객이 다리 밑에 숨어 있다가 습격하는 것도 상상하기 쉬운 일이고 중국 춘추시대 말 예양豫讓이라는 자객이 실제로 그런 일을 행한 바도 있다. 이런 옛일을 엮어 쓴 시도 전한다. 이런 것이 한데 어우러져 선죽교 전설이 만들어진 것이다.

그럼 옛날 사람들은 다 이런 이야기를 믿었을까?

조선시대에도 피가 돌에 스며들어 흔적을 남긴다든가, 그 피에서 대나무가 자란다든가 하는 것을 믿을 수 없다고 생각한 사람들이 있었다. 조선 후기 문인 홍세태洪世泰는 『유하집柳下集』에서 피가 돌 속에 스며들 리 없다는 점을, 정동유鄭東愈는 『주영편晝永編』에서 송도에 전해오는 글 가운데 선죽교 전설을 전하는 것이 없다는 점을 들어 사실일 리 없다고 주장했다.

미술사학자 고유섭高裕燮이 「선죽교 변善竹橋辯」(1938)이라는 글에서 남효온의 글에 정몽주가 죽은 장소가 적혀 있다는 점을 지적했고, 광운대 김인호 교수가 「정몽주 숭배의 변화와 위인상」(2010)에서도 잘 논증한 바 있다.

하지만 사람들은 눈앞에 보이는 상징물의 큰 힘에 매료되면 재미도 없는 '사실'은 굳이 따르려 하지 않는다. 조선 중기 이후 형성된 믿음, 선죽교에서 정몽주가 죽었다는 이야기는 깨어지지 않고 오늘날에도 일반 대중에게 굳건한 자리를 지키고 있다. 이와 같은 믿음이 있다는 것도 중요한 역사적 사실이 된다. 우리는 왜 진짜 사실보다 허황한 이야기에 더 마음이 끌리는 것일까?

해방이 되자 일제강점기에 벌어진 민족 비하로 망가진 한국인의 자존심을 채워줄 위인들이 필요했다. 이때 소환된 위인 중 하나가 충절의 상징 정몽주였다. 이때부터 개성 관광의 필수적인 역사 코스로 선죽교가 등장했다. 선죽교의 핏자국, 대나무 전설은 눈으로 보면서 더욱 확실하게 각인되었다.

전설은 전설로서 가치가 있다. 관광지를 만들 수도 있고 또 다른 이야기 창작의 자양분이 되기도 한다. 오랫동안 사람들이 믿어온 이야기에는 그만한 힘이 있다. 그러니까 그것이 사실이 아니라고 해서 무시할 필요는 없다. 하지만 역사를 논할 때는 전설과 사실 자체를 분리해서 생각해야 한다. 그것이 역사학의 의무이기도 하다.

삼강행실도_한문본(세종 16년, 1434년)
이 그림에는 다리가 그려져 있지만 정몽주가 다리 위에서 죽은 것은 아니다. 그림이 정밀하고 아름다운데 〈몽유도원도〉로 유명한 안견이 그렸을 가능성이 높다. (이미지 출처: 국립중앙도서관)

삼강행실도_몽주운명(언해본) (성종 12년, 1481년)

〈삼강행실도〉 한문본을 한글로 옮긴 언해본이다. 이 그림에서는 다리가 사라졌다. 만일 정몽주가 선죽교에서 죽은 것으로 알고 있었다면 굳이 있었던 다리를 지우지 않았을 것이다.

(이미지 출처: 영국국립도서관 영인본 / 『역주 삼강행실도』(세종대왕기념사업회 발간, 2010))

오륜행실도_몽주운명(정조 21년, 1797년)

이 그림에서는 정몽주가 선죽교 위에서 죽은 것으로 나온다.

선죽교 전설이 완전히 받아들여진 때라는 것을 알 수 있다.

(이미지 출처: 국립중앙도서관)

13

탐관오리 황희,
청렴한 황희

청백리의 상징

조선 왕조 500년 동안 가장 명재상으로 꼽히는 사람은 황희黃喜 정승이다. 전해오는 일화도 아주 많다. 초등학교 시절에 배운 일화에는 이런 것이 있었다.

황희가 과거를 보러 가던 길에 어떤 노인이 누렁소와 검정소 두 마리를 데리고 밭을 갈고 있었습니다. 황희가 공연히 궁금해서 노인에게 물어보았습니다.

"둘 중 어떤 소가 밭을 더 잘 가는지요?"

그러자 노인은 황희 옆으로 와서 귓속말로 어느 소가 일을 더 잘한다고 말해 주었습니다. 황희가 다시 물었습니다.

"왜 귓속말을 하시는 거죠?"

"그대는 아직 젊어서 잘 모르는구려. 비록 짐승이라 해도 남보다 못하다는 말을 들으면 기분이 좋겠소? 그런 말은 함부로 하는 것이 아니라오."

황희는 이때 큰 깨달음을 얻어서 그 후로는 남의 단점을 들춰내지 않았으며 늘 겸손한 자세를 가지게 되었습니다.

또 이런 이야기도 있다.

> 황희 정승 집의 여종 둘이 싸웠는데, 한 사람이 달려와 황희에게 말했습니다.
> "저 아이가 저를 해코지했습니다."
> "그렇구나, 네 말이 옳다."
> 그러자 상대방도 쪼르르 달려와서 말했습니다.
> "아닙니다. 저 아이가 저를 해코지한 것입니다."
> 황희는 이번에도 고개를 끄덕였습니다.
> "그렇구나, 네 말이 옳다."
> 마침 그 자리에 있던 조카가 어이없어하면서 말했습니다.
> "이 사람 말도 맞다고 하고 저 사람 말도 맞다고 하면 어떡합니까?"
> 황희는 그 말에도 고개를 끄덕였습니다.
> "그렇구나, 네 말도 옳다."

이런 재미있는 일화 말고도 여러 가지 이야기가 전해오는데 그중에는 황희 정승이 아주 청빈한 삶을 살았다는 이야기가 많다. 그래서 황희 정승은 청렴한 관리를 뜻하는 청백리의 상징이기도 하다. 황희는 너그럽고 청렴한 사람으로 알려져 있다.

그런데 인터넷상에 보면 황희 정승이 사실은 재물을 탐하는 탐관오리로 '황금 대사헌'이라는 별명까지 있었다는 이야기가 나온다. 과연 진실은 무엇일까?

황희가 황금을 받았을까?

대사헌이라는 벼슬은 사헌부의 수장이다. 사헌부는 관리들의 과오를 잡아내는 곳으로 조선시대 가장 무시무시한 사법 기관이었다. 대사헌은 강직하고 가문도 훌륭해야 오를 수 있는 자리였다. 그런 대사헌이 뇌물을 받아서 '황금 대사헌'이라 시중에서 불렸다는 것이니 이만저만한 큰일이 아닐 수 없다.

더구나 '황금 대사헌'이라는 말은 무슨 이야기책 같은 데 있는 것이 아니라 무려 『조선왕조실록』에 실려 있는 말이라는 점이 문제다.

> 황희는 판강릉부사判江陵府事 황군서黃君瑞의 얼자孼子였다. 김익정金益精과 더불어 서로 잇달아 대사헌이 되어서 둘 다 중 설우雪牛의 황금을 받았으므로, 당시 사람들이 '황금黃金 대사헌'이라고 하였다. (「세종실록」 10년 6월 25일)

'얼자'라는 것은 어머니가 노비였다는 뜻이다. 보통 어머니가 평민인 서자와 묶어서 '서얼'이라고 부른다. 조선이 체제를 정비한 후 서얼은 벼슬길에 나설 수 없게 되지만, 조선 초에는 큰 문제가 되지 않았다. 조선 건국 일등공신 정도전도 외할머니가 노비 출신이었다.

그럼 황희에게 황금을 주었다는 설우라는 중은 대체 누구일까? 그리고 정말 주었다면, 그 이유는 무엇이었을까?

설우는 태종 때 장원급제했던 조말생趙末生이라는 관리의 동생으로 태조의 능을 관리하는 개경사의 주지였다. 조말생은 태종 때 도승지(지금의 대통령 비서실장과 비슷하다)를 지낸 태종의 최측근이었다. 태종은 나중에 자신의 딸 정정옹주貞靜翁主를 조말생의 장남과 혼인시키기까지 했다.

그런데 조말생은 김도련金道練이라는 사람에게서 뇌물을 받은 죄가 들통나서 파직되고 유배형에 처해졌다. 그리고 그의 비리가 더 있는지 조사하는 과정에서 뜻밖의 사건이 불거져 나왔다.

태종이 절에 있던 금그릇, 은그릇을 녹여 금괴·은괴로 만들어 나라에 바치게 하였는데 이때 절의 주지 몇이 나라에 바쳐야 할 금괴·은괴를 빼돌리고 일부를 조말생에게 준 것이 들통이 났다. 그리고 설우도 같은 혐의로 조사를 받고 있었다. 아마도 예전 같으면 설우는 쉽게 빠져나갈 수 있었을 것이다. 형 조종생趙從生이 대언(뒤에 승지로 이름이 바뀐다)으로 있었기 때문이다. 조종생은 설우를 빼버리고 임금의 재가를 받아 사건을 종결시키려 했다. 그러나 그렇게 쉽게 끝날 일이 아니었다. 더구나 뒷배인 조말생은 이미 김도련 뇌물 사건으로 유배형을 받은 상황이었다.

설우가 금은을 빼돌린 사건 때 황희는 전혀 언급이 되지 않았다. 심지어 이 금은을 받은 것은 설우의 형제인 조말생뿐이었다. 그런데도 이 일이 벌어진 지 2년 후에 난데없이 황희가 설우에게서 황금을 받아서 황금 대사헌이라 불렸다는 기록이 튀어나온 것이다.

이 기록이 적힌 날은 황희가 사직서를 낸 날이었다. 사직서를 낸 이유는 설우와는 관련이 없다. 박용朴龍이라는 사람에게 뇌물을 받았다는 혐의 때문에 사직서를 낸 것이다.

아니, 그럼 황희는 설우뿐 아니라 박용에게도 뇌물을 받았단 말인가? 이제 그 내막을 살펴보자.

박용 뇌물 사건

박용은 임진현 동파역의 역졸이었는데 큰 목장을 가지고 있는 부자인 데다 권세가와 친분도 좋아서 현감도 두려워하는 자였다. 판관 벼슬을 하는 조연趙憐이라는 사람이 동파역 역졸 하나를 때렸는데 역졸 박용이 분기탱천해서 판관 조연을 찾아와 난리를 쳤다. 박용이 아들까지 데리고 와 소동을 일으키니 쌍방 간에 욕설이 오가는 지경에 이르렀다. 급기야 박용은 조연의 머리채를 붙들고 소리를 질렀다.

"내가 한양 재상들과 사귀어 친한 사람이 많은데, 너는 하급 관리 주제 에 감히 내게 욕을 해!"

이러니 무사할 리가 없었다. 조연은 박용을 체포해서 현감에게 끌고 갔다.

하지만 현감은 박용 편이었다. 잡혀온 박용과 편안하게 잡담을 나누는 것이 마치 집안 사람 대하는 것 같았다. 조연이 화를 내며 따지자 현감이 머리를 긁적이며 말했다.

"박용은 나도 함부로 할 수가 없는 자일세. 박용, 자네가 한양 재상의 탄원서를 받아오면 풀어줄테니 그리 할 수 있겠는가?"

"아내에게 받아오라고 하면 그리 합지요."

박용은 아내에게 말해서 황희에게 청탁을 넣게 했다. 그러자 현감은 곧 박용을 풀어주었다. 조연은 참지 않고 사헌부에 현감과 박용을 고발 했다. 사헌부에서 이들을 붙잡아들여 조사했다. 박용의 아들이 이런 말 을 했다.

"좌의정 황희에게 말 한 필을 뇌물로 주고 잔치를 베풀어 대접하였습니다."

이렇게 되자 사헌부가 황희를 탄핵하고 나섰다. 세종은 이런 하찮은 일로 대신을 조사하는 것은 부당하다고 조사하지 말라고 했는데 황희가 억울하다, 철저히 조사해달라고 하소연하자 마음이 바뀌었다.

그리하여 박용과 아내, 아들이 모두 소환되었다. 조사 결과 의외의 사실이 밝혀졌다. 사헌부에서 박용의 아들에게 황희를 모함하라고 한 사실이 드러난 것이다.

사실이 밝혀졌지만 황희는 이제 나이가 많고 재주가 없는 데다가 이런 모함으로 이름이 더럽혀졌으니 더는 관직에 머물지 못하겠다며 사퇴하겠다고 말했다. 세종이 애써 말렸지만 65세 노재상 황희는 기어이 관직에서 물러났다. 이것이 앞서 말한 '황금 대사헌'이 언급된 6월 25일의 사건이다.

『조선왕조실록』의 해당 날짜의 일을 적은 사관은 황희의 사직과 관련이 없는 이야기를 여기에 붙여놓았다. 좌의정 황희가 사직하는 기록에다 대사헌 때 소문을 적은 것이다.

황희만 받은 것이 아니라 황희 다음에 대사헌을 지낸 김익정金益精도 황희와 함께 받았다고 적었다. 김익정 역시 사치를 모르는 근검절약하는 인물로, 효성이 지극한 효자로도 이름 높은 사람이었다. 조말생의 아들이 대사헌 김익정도 금을 받았다고 모함한 일이 있었다. 하지만 사헌부는 김익정에게 그런 일이 없었으며 조말생 일가가 이 사건을 조사한 김익정에게 원한을 품고 모함을 한 것이라는 점이 밝혀진 바 있었다.

조말생과 절의 금·은이 관계한 사건은 태종 16년에 한 번, 그리고 세종 8년에 한 번 있었고 조말생의 동생 설우가 관계된 사건은 세종 8년에 일어난 것이었다.

황희는 이 두 사건에 모두 무관했는데도 『조선왕조실록』에 이와 같은 기록이 남은 것이다. 대체 어떻게 된 일일까?

사건의 진상

이 기록을 남긴 사람은 사관 이호문李好文이었다.

사관은 임금님 옆에 있으면서 벌어지는 일을 기록하는 사람이다. 이들이 이렇게 기록한 것을 '사초史草'라고 부른다. 사관이 직접 기록한 사초는 집에 잘 모아둔다. 아무도 손댈 수 없게 하는 것이다. 왕이 승하하면 실록청을 만들어서 실록을 제작하게 되는데, 이때 각 사관에게 사초를 바치라고 명한다. 이렇게 쌓인 사초를 정리하여 책으로 만든 것이 바로 『조선왕조실록』이다.

사초는 임금님도 볼 수 없는 절대적으로 신성한 기록이었다. 당연히 있는 사실만 적어야 하겠지만, 당시 벌어진 일에 대한 사관의 개인 감상을 적기도 했다. 이런 감상 중에 어떤 것은 실록에 남아서 지금까지 전해지기도 하는데, 바로 '황금 대사헌' 이야기가 이런 사관의 개인적인 감상에 속한다.

이호문은 좋은 사람이 아니었다. 그는 조회 시간에 졸다가 혼나기도 하고(사관이 졸면 기록은 어떻게 되겠나?), 간관으로 있으면서 제대로 간언을 올리지 않는다고 비난 받기도 하고, 아전이 갓을 썼다고 곤장을 친 일로 파직을 당하기도 했다. 그러다 황희가 영의정 때 대형 사고를 쳤다.

당시 이호문은 이천부사로 있었는데 탐관오리의 전형적인 모습을 보여주었다. 기생을 불러와 수청을 들게 하고(사또가 기생 수청을 받는 것은 불법이었다) 민간의 처녀를 불러다 성희롱을 했으며 관청의 곡식도 빼돌렸다. 결국 이 일로 파직당하고 고신告身도 빼앗겼다.

고신은 관리 임명장인데, 조선시대에는 일종의 신분증명서 같은 것이었다. 이것이 있으면 확실히 양반이라는 게 증명된다. 따라서 고신을 빼앗긴다는 것은 양반 신분을 박탈당하는 것이나 마찬가지의 중벌이었다.

세종이 승하한 뒤 실록청이 만들어져 사초를 바치게 했는데 이때 이호문도 사초를 바쳤다. 이호문의 사초 안에 바로 '황금 대사헌' 이야기가 적혀 있었다. 이뿐이 아니었다.

이호문은 황희가 왕자의 난 때 죽은 역신 박포朴苞의 아내를 숨겨주고 간통했으며, 매관매직에 형량을 거래하여 부자가 되었다고 적었다. 박포 아내 간통 건은 그야말로 막장 드라마라 할 수 있다.

박포의 아내가 종과 간통을 했는데, 이걸 우두머리 종이 알게 되었다. 박포의 아내는 사실이 밝혀질 것이 두려워 우두머리 종을 죽여서 연못에 수장시켜버렸다. 결국 시체가 떠올라 관아에서 수사에 나서자 살인한 사실이 들통날까 두려워진 박포의 아내는 서울로 달아나서 황희네 집 마당 북쪽 토굴 속에 숨었다. 이때 황희가 박포의 아내와 간통을 했다는 것이다. 박포의 아내는 토굴에서 몇 년을 살았는데, 결국 살인사건이 유야무야 끝나서 집으로 돌아갔다는 것이 이 이야기의 전말이다.

박포는 역신으로 죽은 사람이니 이런 말을 퍼뜨린다고 해도 뒤탈이 있을 리 없기에 안전한 중상모략인 셈이다.

실록을 만들던 사람들은 황희와 같이 일한 바 있는 대신들이었다. 이들은 이호문의 주장을 처음 보는 것이라고 말했다.

특히 이호문의 친척이던 허후許詡는 이호문은 신뢰할 수 없는 사람이니 이 대목은 지워야 한다고 말했다. 명재상 정인지鄭麟趾도 명백한 거짓말이니 지워야 한다고 말했지만 다른 대신들은 비록 거짓말이라 해도 사초의 내용을 함부로 지우면 후대에 문제가 될 수 있다고 말했다. 결국 사초의 중요성을 높이 여겨 삭제하지 않는 걸로 결론이 났다.

과연 옳은 결정이었을까?

사육신 중 한 명인 성삼문成三問은 이렇게 말했다.

"이호문의 사초가 다른 것은 모두 묵어서 누렇게 변했는데 이 한 장만 깨끗하고 희다. 그자가 사사로운 감정으로 새로 써넣은 것이니 이 사초를 삭제하는 것이 어째서 나쁜 일이겠는가?"

가짜 기록이라고 해도 사관이 제출한 사초라면 남기는 것이 옳을까, 아니면 없애버리는 것이 옳을까?

이호문이 이처럼 사사로운 감정으로 비난의 글을 남겨 놓았는데, 후대에 와서는 전후사정을 살피지 않고, "알고 보니 황희는 '황금 대사헌'이라 불린 파렴치한이었대"라고 욕하는 사람이 나오게 되니, 이호문의 복수는 어떤 면에선 성공한 셈이라 하겠다.

황희를 향한 비난은 「세종실록」에 있는데, 이 기록을 논의한 것은 「단종실록」에 적혀 있기 때문에 꼼꼼히 기록을 살피지 않는 사람들이 기존 상식에 위배되는 이야기를 보고 흥미를 느껴 함부로 퍼뜨려서 생긴 일이다.

기록을 잘 살피기만 한다면 조선 초 실록 편찬에 어떤 원칙이 적용되었는지를 알 수 있는 좋은 자료가 된다고도 할 수 있다. 하지만 섣부르게 먹으면 독이 되는 기록이기도 한 것이다.

14

임금님 목숨을 구한 죄로 죽었다는 김덕생의 진실

조선 초 김덕생金德生이라는 무사가 있었다. 숙종肅宗(재위 1674~1720) 때 그 후손인 김중태金重泰가 전 호조참판 송징은宋徵殷에게 찾아와 행장 行狀을 써달라고 요청했다. 행장이란 죽은 사람이 행한 일을 기록한 일종의 전기집 같은 것이다. 그 행장에 충격적인 내용이 적혀 있었다.

어느 날 태종이 가마를 타고 후원으로 행차를 했다. 그때 갑자기 호랑이 한 마리가 나타났다. 사람들이 모두 놀라 어쩔 줄 몰라 하는 가운데 호랑이가 거침없이 태종을 향해 달려들었다. 위기일발의 순간, 김덕생이 번개처럼 뛰어나와 활을 쏘았다. 호랑이는 즉사했다. 김덕생 덕분에 태종은 목숨을 건졌다. 그런데 어이없는 일이 벌어졌다. 감히 임금님을 향해 화살을 날린 것이 가당하냐는 비난이 봇물처럼 터져 나왔다. 김덕생에게 사형이 언도되었다.

김덕생은 변명보다 실력을 보여주었다. 호랑이 그림을 그려 놓고 활로 쏘았는데 백발백중이었다. 임금님이 위태롭지 않았다는 것을 증명했지만 이런 노력도 헛되어 결국 처형되고 말았다. 얼마나 억울했는지 목이 잘린 시신이 쓰러지지 않고 서 있었다.

대역죄인 김덕생은 정식으로 매장되지도 못하고 임시로 한양 근처에 묻혔다. 속절없이 세월이 흘러갔다. 억울한 한을 품은 김덕생은 귀신이 되어 세종대왕 앞에 나타났다.

"소신은 김덕생으로 황천에서 원한을 품은 지 오래 되었습니다. 부디 제 해골을 고향에 묻게 해주시고 자손에게 벼슬을 내려 이 원한을 풀게 해주십시오."

세종대왕은 김덕생에게 동지중추원사同知中樞院事(종2품)라는 벼슬을 내리고 김덕생의 시신도 고향으로 보내주었다. 그 후 김덕생의 시신이 묻힌 곳에 개구리들이 시끄럽게 울어 괴롭다는 하소연이 들어와 근처에 경작과 방목을 금하게 하고 대신 논밭 60결을 내려주었다.

행장의 내용은 이러했다. 조선 후기에 나온 행장에 따라 김덕생의 억울한 이야기가 여기저기 퍼졌다. 권력을 비판하는 일은 늘 달콤하다. 원래 나쁜 놈들이니까 이런 짓도 했을 거라고 여기며 같은 편을 확인하며 즐기게 된다. 하지만 역사의 칼날은 항상 냉정해야 한다.

사실 이런 이야기가 널리 퍼지게 된 큰 원인은 사료에 대한 접근이 제한된 데 있었다. 당대 일을 실시간으로 기록한 『조선왕조실록』은 고위층 관리만 볼 수 있는 기밀자료였다. 더구나 어마어마하게 방대한 양 때문에 그것을 뒤져 실체적 진실에 접근하는 것도 쉽지 않았다. 다행히 오늘날에는 인터넷 검색으로 쉽게 찾아볼 수 있는 자료가 되었다. 김덕생에게 과연 어떤 일이 생겼는지, 그 진실을 『조선왕조실록』에서 살펴볼 수 있다.

때는 태조 8년(1395년). 아직 태종이 임금이 되기 전의 일이었다. 연도부터 틀리니 뭔가 심상치 않다. 이때는 태종이라고 불리지 않고 정안군靖

安君이라고 했다.

정안군이 사냥을 나갔을 때의 일이다. 성난 표범이 정안군을 덮쳤고, 정안군이 물려 죽을 판이었다. 이때 호위무사 송거신宋居信이 말을 달려 따라갔다. 표범은 정안군에서 목표를 송거신으로 바꿨다.

표범이 휙 몸을 날려 송거신을 덮쳤다! 송거신은 몸을 눕혀 간신히 표범의 공격을 피했다. 표범은 송거신 대신 안장을 꽉 물었다가 나뒹굴고 말았다. 그리고 그 순간 김덕생이 활을 쏘아 단발에 표범을 죽여버렸다. 보다시피 김덕생이 잡은 것은 호랑이가 아니라 표범이었는데, 조선시대에는 호랑이와 표범을 분간하지 않고 모두 호랑이라 부르곤 했다.

정안군은 기사회생의 고마움으로 송거신과 김덕생에게 각각 말을 한 필씩 하사했다. 태조 이성계도 이 이야기를 듣고 송거신에게 말을 한 필 내려주었다.

김덕생의 이름은 태종 13년(1413년)에 다시 등장한다. 그 사건으로부터 18년이 지난 때였다. 김덕생의 사위 오치선吳致善을 봉례랑奉禮郎으로 삼았다는 내용이다. 김덕생이 태종을 구한 일의 보답으로 사위를 관직에 임명한 것이다.

태종은 왕좌에서 물러나 상왕으로 있던 1420년에도 송거신과 김덕생의 아들이나 사위가 있다면 등용하라는 명을 내린다. 이처럼 오랫동안 송거신과 김덕생의 고마움을 잊지 않았다.

그런 태종이 김덕생을 죽게 내버려두었을까? 태조 때의 일이니까 죽인다면 태조가 죽였을 것이지만, 태조가 그런 일을 할 까닭이 없다. 결정적으로 그 표범이 태종과 뒤엉켜 있던 것이 아니라 송거신과 붙어 있었기 때문이다. 김덕생의 활이 태종을 위험에 빠뜨리게 할 방법이 없었던 것이다.

세종 18년(1436년)에 송거신이 올린 상소에서 새로운 사실을 알 수 있다.

> 지난 을해년(1395년) 신이 김덕생과 더불어 태종의 잠저潛邸(왕이 되기 전에 평
> 민으로 머물던 곳)에서 모시던 때의 공로로 말씀드리면, 김덕생이 소신보다 훨
> 씬 월등한 공이 있는데도 소신만이 성상의 은혜를 입어 외람되이 공신의 칭
> 호를 받고 벼슬이 1품의 자리에 이르렀사옵니다. 김덕생은 불행히 일찍 죽고
> 아들도 없이 두 딸만 있습니다.

송거신은 태종 1년(1401년)에 좌명공신 4등에 임명되었다. 공신이 된
이유도 표범으로부터 태종을 구한 공로 때문이었다. 그런데 이때 김덕생
은 공신이 되지 못하였는데, 그건 이 세상 사람이 아니었기 때문이었다.
역모죄로 참수형을 당한 것이 아니다.

송거신은 김덕생의 무덤 앞까지 경작이 있어서 무덤을 침입하는 사람
이 많으니 김덕생에게 높은 벼슬을 추증해서 그런 일을 막을 수 있게 해
달라고 청하였고, 세종은 이 상소를 받아들여 김덕생에게 동지중추원사
의 벼슬을 내리고 송거신과 마찬가지로 좌명공신 4등의 자리를 내준다.
김덕생의 사위들도 장인어른 덕분에 벼슬을 지냈다.

세종 24년(1442년)에 우의정 신개申槪도 이런 말을 한다.

"김덕생은 위급한 순간을 맞이하여 목숨을 아끼지 않고 분발하여 사나
운 짐승을 쳐서 쓰러뜨렸으니 그 공이 매우 큽니다. 그러나 포상의 은전
이 미치기 전에 사망하였고 그 자손도 없다 하니 참으로 애석합니다."

이렇게 실록에 세 차례에 걸쳐서 이 사건이 되풀이되어 이야기된다.

뭔가 조작되거나 잘못 알려진 바가 없다는 것이 확실하다. 김덕생은 태종의 목숨을 구한 대가를 대대손손 잘 받고 있었다. 그런데 앞서 살펴본 바와 같이 숙종 때 김덕생의 후손 부탁으로 쓰인 행장이 나오면서 김덕생의 억울한 사연이 널리 퍼졌다. 세종 때의 일은 잊히고 만 것이다.

이리하여 정조 10년(1786년)에는 김덕생의 억울함을 풀어달라는 상소가 올라오기까지 한다.

이를 두고 조정의 의론도 둘로 나뉜다. 한쪽에서는 이미 세종 때 비와 사당을 세워주었으니 새로 관직을 내릴 필요가 없다고 한다. 또 한쪽에서는 김덕생이 모함 때문에 죽어서 너무나 억울하니 새로 높은 관직과 시호를 내려줘야 한다고 말한다.

그런데 세종 때 비와 사당을 세웠다는 이야기는 그 행장에 나오는 이야기다. 『조선왕조실록』에 나오는 이야기가 아니다. 즉 찬성 측과 반대측 모두 행장만 가지고 이야기를 하고 있는 것이다. 안타깝게도 『조선왕조실록』이라는 이 훌륭한 기록을 활용하지 못하고 있었다. 구슬이 서 말이라도 꿰어야 보배라는 말은 이런 때 쓰는 말인 듯하다.

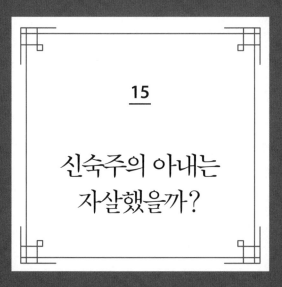

15

신숙주의 아내는
자살했을까?

숙주나물과 신숙주

숙주나물의 이름은 조선 초 대신이던 신숙주申叔舟의 이름에서 유래했다고 전해진다. 숙주나물은 금방 못 먹게 쉬어버리는 특성이 있는데, 신숙주의 변절을 민간에서 비난해서 그렇게 부르게 되었다는 것이다.

이 때문에 신숙주의 후손인 고령 신 씨 집안에서는 숙주나물을 녹두나물이라고 부른다고 한다. 조상을 욕되게 하는 이름을 사용하지 않겠다는 뜻이다. 숙주나물은 녹두에서 자라나는 싹이라서 녹두나물이라고 부르는 것이다. 콩에서 자라면 콩나물, 녹두에서 자라면 녹두나물이다.

이렇게 욕을 먹는 신숙주의 변절이란 무엇일까? 조선의 제6대 왕으로 열두 살 단종端宗(재위 1452~1455)이 즉위했을 때의 일 때문이다. 어린 왕이 즉위하자 선왕 문종文宗(재위 1450~1452)의 동생 수양대군이 쿠데타를 일으켜 정권을 잡았다. 이것을 '계유정난癸酉靖難'이라고 부른다. 그로부터 2년 후 수양대군은 왕위에 올라 조선 제7대 왕 세조世祖(재위 1455~1468)가 되었다. 신숙주는 계유정난 일등 공신이었다. 단종을 배신하고 세조에 붙은 것이 바로 그의 변절 내용이다.

세조 때 성삼문, 박팽년朴彭年, 하위지河緯地, 이개李塏 등은 쫓겨난 왕 단종의 왕위를 되찾기 위해 세조의 암살을 꾀하다가 발각되는 바람에 체포되어 처형되고 말았다. 이들은 신숙주와 함께 집현전에서 같이 근무한 동료였다.

세종은 국가 인재를 기르기 위한 정책 기관으로 집현전을 만들었다. 당대 최고 엘리트를 모아서 국가의 미래를 맡기고자 했던 곳이 바로 집현전이었다.

이들은 '사가독서賜暇讀書'를 함께한 동료이기도 했다. 사가독서라는 것은 관리에게 책 읽는 휴가를 주는 것을 가리킨다. 이들은 절에서 책을 읽고 시를 지으며 휴가를 보냈다.

성삼문 등이 세조 암살을 기도하던 때, 신숙주는 마흔 살이었다. 이십 대에 함께 글을 읽고 시를 지으며 우정을 쌓은 친구들과 뜻을 달리하는 것은 괴로운 일이었을 것이다. 하지만 오직 이것만이 이유는 아니었는데, 그 부분은 뒤에서 살펴보겠다.

그런데 신숙주의 이름에서 숙주나물이 나왔다는 것이 사실인지는 잘 알 수 없다. 만두소를 만들 때 숙주나물을 변절자 신숙주를 짓이기는 것처럼 힘껏 으깨 넣으라는 뜻이 담겼다고 하나, 진짜 그래서 숙주나물이라는 이름이 붙은 것인지 확실하지 않다. 조선시대 문헌에는 숙주나물이라는 이름이 보이지 않는다. 숙주나물이라는 이름은 일제강점기가 되어서야 나타난다.

오늘날 숙주나물이라는 이름은 당연하다시피 쓰이고, 그 유래로 신숙주의 변절을 이야기하는 것도 자연스럽게 이루어진다. 신숙주가 대중적으로 아주 인기 없는 캐릭터가 된 것이다.

유능한 신하 신숙주

신숙주는 스물두 살에 생원진사시에서 장원을 했다. 생원시는 경전 지식을 테스트하는 것이고, 진사시는 시와 산문을 짓는 문학 능력을 테스트하는 시험이다. 태조 때 진사시를 없앴는데 세종이 다시 부활시켰다.

조선은 관리 선발 시험을 세 번에 걸쳐서 쳤다. 신숙주는 마지막 과거에 3등으로 급제하였고 스물다섯 살에 집현전 부수찬副修撰이 되었다.

그다음 해 신숙주는 일본 사절단에 기록을 담당하는 서장관書狀官으로서 일본에 다녀왔다. 이때 일본을 방문한 경험은 훗날 그가 『해동제국기海東諸國記』(1471년에 낸 책으로 일본의 역사, 여러 지역과 유구국을 소개했다)를 낼 때 도움이 되었을 것이다.

일본에서 돌아오는 길에 배가 풍랑을 만나 위태로운 상황에 처했다. 뱃사람들은 배에 임신한 여인이 탄 탓에 불길해졌다며 여인을 바다에 던져버리려 했다. 여인은 왜구에 잡혀갔다 구출되어 돌아가는 중이었다. 아무도 이 끔찍한 일을 말리지 못했는데, 신숙주가 홀로 반대했다.

"남을 죽이고 삶을 구하는 것은 차마 할 수 없는 일이다."

다행히 얼마 안 가 풍랑이 잠잠해져 무사히 귀국할 수 있었다.

신숙주는 세종의 최대 업적인 훈민정음 창제에도 관여하여 여러 가지 실무를 담당했다. 성삼문과 함께 요동 지방의 명나라 학자 황찬黃瓚을 만나 의논을 하기도 했다. 신숙주는 중국어, 일본어, 몽골어, 여진어에 모두 능통했다.

문종이 승하하고 단종이 즉위하여 이 사실을 명나라에 통보하기 위해 사은사謝恩使가 갔는데, 수양대군이 이때 신숙주를 서장관으로 함께 데리고 갔다. 이 사신단 참여를 계기로 신숙주는 수양대군의 심복이 되었다.

세조가 집권한 뒤 북방의 여진이 소란을 일으킨 일이 있었다. 신숙주는 여진 추장을 처형했고 이 문제로 여진은 명나라에 억울함을 호소했다. 명나라가 여진 편을 들어 함부로 행동했다고 질책하자 신숙주는 더 강경한 자세로 화근을 끊기 위해 여진 정벌을 단행했다. 그는 8천여 명의 병사를 동원해 성공적으로 정벌을 마무리하여 북방의 안전을 이뤄냈다.

신숙주는 마흔여섯에 최고 관직인 영의정에 올랐고, 예종睿宗(재위 1468~1469)과 성종成宗(재위 1469~1494)까지 섬기며 유능한 정치가로 국정을 다스렸다. 말년에 이룬 최대 업적은 조선의 헌법이라고 할 『경국대전經國大典』 편찬일 것이다.

신숙주의 변절

신숙주가 자기 주군으로 수양대군을 선택한 것, 그리고 군주였던 단종에게 충성하지 않고 수양대군의 즉위를 도운 것은 분명히 유교적 충성의 입장에서 보면 변절이다. 하지만 그렇게 보더라도 숙주나물과 같이 그를 증오하는 행위가 과하게 나올 필요는 없을 것이다. 신숙주가 탐관오리거나 무능한 관리거나 했던 것은 아니니까. 그런데 수많은 세조의 신하 가운데서도 왜 하필 신숙주가 나쁜 사람의 대명사처럼 되었을까? 세조의 부하 중에는 홍윤성洪允成처럼 말도 못할 악당도 있는데.

여기에는 생육신(처형당한 사육신과 달리 세조 치하에서 벼슬하지 않음으로 절개를 지킨 여섯 명) 중 하나인 남효온이 쓴 『육신전六臣傳』에 나오는 한 대목이 끼친 영향이 크다.

성삼문이 잡혀와 국문을 당할 때 신숙주에게 말합니다.

"나와 자네가 집현전에 있을 때에 세종께서 날마다 왕손(단종)을 안고서 거닐고 산보하다가 이르시기를 '과인이 세상을 떠난 뒤에 경들은 부디 이 아이를 보호하라' 하셨네. 그 말씀이 아직 귀에 남아 있거늘 자네는 이를 잊었단 말인가. 자네의 악행이 이 지경에 이를 줄은 생각하지 못했네."

이 이야기는 뒤에 「영조실록」에도 일부 실릴 만큼 큰 파급력을 가졌지만 진짜 있었던 일인지는 알 수 없다. 다만 신숙주가 세종 때 단종을 가르치는 선생님인 우익선 자리에 있었다는 점은 분명하므로(좌익선은 박팽년), 그만큼 단종과 가까이 지낸 사이였던 것은 분명하다. 그럼에도 훗날 단종을 죽여야 한다고 처음 말한 것도 신숙주였다.

즉, 조선 최고의 성군 세종의 부탁을 저버리고 자신이 충성해야 할 대상을 저버린 신숙주의 행동은 성리학적 질서에서 볼 때 엄청나게 문제적 행동이었던 것이다. 이런 일과 관계없이 처음부터 세조의 심복과 신숙주는 다른 위치에 있었다. 그래도 세조의 직계 후손이라는 인식이 있었던 조선 전기 왕실에서는 신숙주를 옹호하는 분위기가 있었다. 하지만 조선 후기에 성리학적 가치관이 강해지면서 신숙주는 변절의 대명사처럼 되어버렸다.

조선 중기에 나온 『송와잡설松窩雜說』이라는 책에는 신숙주를 질타하는 이런 일화가 실려 있다.

성삼문의 거사가 실패한 날 저녁, 신숙주가 집으로 돌아왔다. 부인이 보이지 않아 찾아보니 흰 천을 들고 다락에 올라가 있었다.

"거기서 뭐하시오?"

"당신이 평소 성삼문 등과 가까운데 오늘 변란이 있었다 하여 당신도 함께 죽을 것이 분명하다 여겼습니다. 당신이 죽었다는 소식이 오면 자결할 생각으로 있었는데, 이렇게 홀로 돌아올 줄 몰랐습니다."

신숙주는 할 말을 잃고 어찌할 바를 몰라했다.

이 이야기는 조선 후기 야사집인 『연려실기술』에도 실렸다. 그리고 후일 소설가 박종화朴鍾和의 『목매이는 여자』(1923)에서 부인이 자결한 것으로 바뀌어 세상에 알려졌다.

윤씨는 숙주의 꼴이 끝없이 더러워 보였다. 그는 자기 남편의 절개 없음이 퍽 분하였다. 평시에 밤낮 충신은 두 임금을 섬기지 않는다고 말하던 숙주의 입이 똥보다도 더 더러웠다. 그는 자기도 모르게 분함을 이기지 못하여 숙주의 얼굴에 침을 탁 뱉어버렸다. 이 무안을 당한 숙주는 아무 말없이 바로 사랑으로 나갔다.

이튿날 동이 환하게 틀 때였다. 마당을 쓸러 안으로 들어갔던 하인은 높다란 누마루 대들보에 길다란 허연 무명 수건에 목을 걸고 늘어진 주인 마님 윤씨 부인의 시체를 보았다.

같은 이야기가 이광수의 『단종애사端宗哀史』(1929)에서도 되풀이되었다. 이렇게 유명한 소설가가 되풀이하면서 이 이야기는 '역사적 사실'로 받아들여지기 시작했다. 그러나 이것은 사실이 아니다. 신숙주의 아내는 이미 몇 달 전에 병으로 사망했다. 심지어 이때 신숙주는 사은사로 명나라 수도 북경에 있었다.

그리고 그 점은 『송와잡설』에도 적혀 있었다. 하지만 신숙주는 미워해도 되는 대상이었으니 그런 것은 문제가 되지 않은 것이다.

박종화는 『연려실기술』을 보고 이 소설을 썼다고 말했다. 1914년에 최남선이 『연려실기술』을 출판했는데 그 책을 보았던 것이다. 『연려실기술』에서는 이 일화가 계유정난 때라는 말도 있다고 적었다. 사육신의 난 때는 신숙주 부인이 이미 죽었기 때문이다. 물론 자살했다는 이야기는 없다. 그때 그런 이야기만 주고받고 나중에 병사한 것이면 모순이 없다.

박종화의 소설을 읽은 염상섭廉想涉은 "(윤씨) 부인이 무엇을 위하여, 또 무엇을 얻으려고 자살하였는지, 사람이 그런 일로 자살할 수 있을까"라고 말했는데, 타당한 의견이다. 극적인 결말을 내기 위한 소설적 과장이 자연스럽지 않게 튀어버린 셈이다.

역사적인 평가를 내릴 때 선악이라는 점에 지나치게 신경을 쓰면 사실을 파악하는 데 방해를 받는다. 악당은 하지도 않은 악행까지 뒤집어씌워도 되는 존재라고 생각해버리게 되는 것이다. 그러다보니 신숙주가 단종비 정순왕후定順王后를 자기 노비로 달라고 말했다는 이야기도 생겨난다. 이렇게 된 이유도 이미 신숙주는 변절자라 어떤 나쁜 짓을 해도 되는 인물이 되어버렸기 때문이다. 이 역시 사실이 아니다.

역사를 살필 때 기록에 없는 이야기는 신중하게 조사하고 왜 그런 이야기가 나왔는지 알아봐야 한다. 자기 논지에 맞춰서 이야기를 조작해서는 안 된다. 그리고 소설은 어디까지나 소설이라는 것을 생각하고 그것을 역사적 사실이라고 믿어서는 안 된다. 박종화의 소설은 소설의 내적 구성에서는 염상섭이 지적한 것처럼 이상야릇한 이야기가 될 수밖에 없는데, 박종화는 왜 굳이 이렇게 썼을까?

박종화는 소설을 읽는 독자에 의해서 완성되는 소설을 쓴 것이다. 독자에게는 선과 악의 기준이 이미 서 있는데, 그 기준에 따라 신숙주를 벌하는 것은 통쾌한 일이 된다.

역사를 조작하고자 하는 사람들도 이런 식으로 사람들에게 이미 세워져 있는 기준에 따라, 혹은 그 기준을 제시하면서 말하고자 한다. 그렇게 해서 우리는 엉뚱한 곳으로 이끌려 가버리기도 한다. 그곳은 절대 좋은 곳이 아니다.

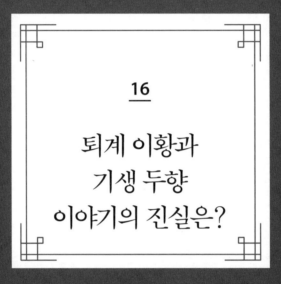

16

퇴계 이황과
기생 두향
이야기의 진실은?

퇴계 이황李滉은 스물한 살에 첫 결혼을 했는데 부인은 김해 허씨로 이황이 스물일곱 살 때 둘째 아들을 낳고 얼마 안 돼 숨을 거뒀다. 이황은 아내를 위해 삼년상을 치르고, 서른 살에 안동 권씨와 재혼했다.

　이황의 두 번째 부인 권씨의 집안은 연산군燕山君(재위 1494~1506) 때 사화士禍에 휩싸였다. 할아버지는 사약을 받고 관비가 될 처지의 할머니는 자결했으며 아버지 권질權礩은 거제도로 유배되었다. 이후 중종반정中宗反正으로 복권되었지만 중종(재위 1506~1544) 때 아버지가 다시 귀양 가고 숙부가 신사무옥辛巳誣獄으로 죽임을 당하고 숙모는 관비가 되는 일이 벌어졌다. 그 충격으로 권씨는 정신이 온전치 못하게 되었다고 한다.

　권질이 이황을 불러 자기 딸을 부탁했다. 이황은 의기 높은 권씨 가문의 딸을 맞이하는 것을 주저하지 않았다.

　이황은 아내를 지극히 사랑하고 결코 소홀히 대하지 않았다. 아내가 실수를 해서 사람들이 질책을 하면 이황이 언제나 앞장 서서 아내를 보호했다.

　이황은 권씨와 17년을 함께 보냈고, 권씨가 죽은 뒤 이황은 아들들에게 생모와 똑같은 예로 대하게 했다. 이황 역시 아내의 무덤 곁에 암자를 짓고 1년 넘게 살았다.

이렇게 아내에게 헌신적이던 이황이 기생과 연분을 쌓은 일이 있다는 말이 전해온다. 이황이 단양군수로 있을 때 두향杜香이라는 기생을 만났다는 것이다.

> 두향은 시문, 서화에도 뛰어난 명기였는데, 신임사또 이황을 보고 사모하게 되어 자진하여 수청을 들었다. 하지만 이황은 열 달 만에 풍기군수로 발령이 나서 두 사람은 이별할 수밖에 없었다.
>
> 두향은 이황이 떠난 후에 그를 잊지 못하고 그리워하다가 기생 일도 그만두고 마음의 병을 얻어 자리에 드러눕게 되었고 끝내 일어나지 못한 채 숨을 거두고 말았다.
>
> 두향은 유언을 남겨 이황과 자주 노닐던 거북바위 옆에 묻어달라고 했다. 이후 문사들이 단양을 지나면 으레 들러 술을 올리며 이황과 두향의 사랑을 그리워했다.

조선시대에 있음직한 이야기다. 훌륭한 군자와 그를 사모하는 기생, 마치 화담 서경덕徐敬德을 사모한 황진이黃眞伊처럼. 더구나 이황을 향한 절개를 지켜 기생을 그만두고(어떤 이야기에서는 이황을 그리워하다가 자결했다고까지 한다) 열녀의 이미지까지 획득하였으니 조선시대 입맛에 참으로 맞는 이야기였을 것이다.

하지만 이 이야기는 사실이 아니다.

1727년에 문신 강호보姜浩溥가 남긴 기록에 보면 단양의 절경 강선대를 너무 사랑한 기생이 있었다. 시도 잘 짓고 거문고와 노래도 잘 했으며 용모도 빼어났다. 강선대를 열흘 못 보면 근심걱정이 얼굴에 드러날 정도였다. 불과 스물두 살에 죽었는데, 죽을 때 "내가 죽으면 강선대를 볼 수 있게 건너편에 묻어주세요. 그러지 않으면 죽은 뒤에 당신을 지켜볼 테니까요"라고 유언을 남겨서 사람들이 그녀를 그곳에 묻어주었다.

이 이야기에 기생의 이름은 나오지 않는다. 하지만 강선대 맞은편에 두향의 무덤이 있기 때문에 다른 사람일 수는 없다. 그 기생의 유언을 들었다는 늙은 기생의 말을 적은 것이기 때문에 어떻게 해도 기생의 이야기가 이황 시절에 생긴 것일 수는 없다.

조선 후기 문인 조구명趙龜命이 남긴 기록도 강호보의 기록과 비슷하다.

단양군수를 지낸 임방任埅이 1695년에 남긴 기록을 보면 단양 기생으로 가야금을 잘 타고 노래와 춤을 잘 한 '두양'이라는 기생이 스무 살에 죽었는데, 죽을 때 강선대 맞은편에 묻어달라고 했다는 이야기가 나온다. 그러니 두양은 1690년대에 죽은 것으로 보아야 할 것이다.

그런데 18세기 중엽에 단양 지방을 여행한 이윤영李胤永, 이인상李麟祥, 김종수金鍾秀 세 사람이 이황과 두향의 이야기를 전했다.

이황이 단양에서 "기다리는 신선은 오지 않으니, 서글프게 외로이 배를 돌리네"라고 시를 짓자 두향이 "아이야, 노를 천천히 저어라. 혹 그분이 오실지도 모르니"라고 대구를 지어서 이황이 감탄했다는 것이다.

이윤영은 이 이야기 끝에 사실인지 아닌지 모르겠다고 적어놓았는데 그 후에 이황과 두향의 이야기는 살이 붙어서 마구 퍼져 나가기 시작했다. 그런 끝에 결국은 서로 다른 시대를 산 두향은 이황을 위해서 자살한 여인까지 되어버렸다.

사실 이렇게 된 것은 아내를 존경하고 사랑했던 이황에게도 누가 되는 이야기라 하겠다. 특히 이황이 단양군수로 있었던 때는 1548년으로 이해는 이황의 둘째 아들이 스물한 살 나이로 요절한 해이기도 하다. 아들이 요절한 해에 고을 사또가 되어 기생 수청을 받았다는 이야기가 미담이 될 수는 없는 노릇이다.

이황은 마치 칸트처럼 선의의 거짓말도 할 줄 모르는 사람이었다.

제자가 이황에게 물었다.

"촌사람들이 선생님이 남의 혼사에 이간질하기를 좋아한다고 말하던데 어찌 된 일입니까?"

이황은 이번에도 역시 솔직하게 답변했다.

"맞네. 혼사를 앞둔 집안에서 나한테 상대방 집안에 대해 물어보지 않으면 좋겠는데 말이야. 물어보면 솔직하게 답변해줄 수밖에 없고, 그러면 혼사가 깨지더란 말이야. 그러니 이간질했다는 말을 들어도 어쩔 수 없지."

덕담이라는 '거짓말'도 할 줄 몰랐던 이황이 기생과 정분을 쌓았다면 이황의 기록 중에 안 나올 수 없을 것이다.

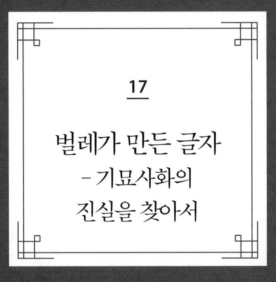

17

벌레가 만든 글자
- 기묘사화의
진실을 찾아서

사화란 무엇인가?

조선은 1392년에 개국해서 딱 200년 후인 1592년에 임진왜란 (1592~1598)을 만났다. 임진왜란을 겪은 선조宣祖(재위 1567~1608) 때까지 를 보통 조선 전기로 본다. 조선 전기에는 당파가 없었다. 서인, 동인이 라고 하는 최초의 당파가 선조 때 처음 나타났다.

그런데 조선 전기에는 '사화'라고 해서 선비들이 대거 죽임을 당하는 일이 있었다. 당쟁도 없던 시대에 왜 이런 일이 벌어졌을까?

본래 조선을 건국한 사람들은 '신진사대부'라고 불리는 이들이었다. 사대부는 벼슬을 하는 선비를 가리키는 말이다. 신진사대부는 고려의 기 득권층과 싸워서 승리한 개혁파였다. 그러나 시간이 지나면서 이들이 조 선의 기득권층이 되었다.

특히 세조가 조카 단종을 죽이면서 정권을 차지한 이들은 공신으로 등 극하였고, 이들의 후예를 가리켜 훈구파勳舊派('훈장을 가진 구세력'이라고 생각하면 된다)라고 부르게 되었다. 세조는 신하의 권력이 강해지면서 왕 권이 위협받는다고 생각해서 찬탈 행위를 저질렀는데, 시간이 지나면서 다시 신하들, 즉 훈구파의 권력이 또 강해지게 되었다.

이렇게 되자 고려 말 신진사대부처럼 다시 성리학의 기본 자세로써 정치를 바로 잡고자 하는 세력이 등장하게 되었다. 이들은 왕권을 강화하고자 하는 성종(재위 1469~1494)의 도움을 받아 정계에 진출하게 되었다. 이들을 '사림士林'이라고 부른다.

당연히 훈구파 입장에서는 이 새로운 정치 세력이 못마땅할 수밖에 없었다. 결국 두 세력이 크게 충돌하는데, 이것이 바로 '사화'다. 충돌이라고는 하지만 기득권층인 훈구파의 공격으로 사림이 일방적으로 피해를 본 사건이다.

사화의 순서는 걸핏하면 한국사 시험에 나와서 열심히 외워야 했다. '무갑기을', 이것이 사화가 일어난 순서다. 그리고 각 사화가 일어난 원인도 외웠다. 그중 제일 외우기 쉬운 것이 중종 14년(1519년)에 일어난 기묘사화己卯士禍다. 기묘한 일이 일어난 사화, 기묘사화. 벌레가 글자를 쓴 기묘사화.

기묘한 기묘사화

벌레가 나뭇잎을 갉아먹었는데 그것이 하필 글자 모양이었다. 그 글자는 '주초위왕走肖爲王', '주초가 왕이 된다'라는 뜻이다. 그런데 '주초'는 사람 이름이 아니다. 이것은 암호라고 할 수 있다.

'주'자와 '초'자를 합하면 조趙 자가 된다. 한자를 가지고 이런 식으로 분해하고 합쳐서 암호처럼 만드는 경우가 많다. 이런 걸 '파자破字 놀음'

이라고 한다.

나뭇잎이 가리킨 사람, 그러니까 '조'라는 성을 가진 사람은 당시 사림의 대표 격이던 조광조趙光祖였다. 조광조가 왕이 되려고 한다는 소문을 만들어낸 것이다.

조선은 왕국이었다. 왕국에서 가장 무거운 죄는 왕위를 빼앗으려 하는 것이다. 조광조와 조광조를 따르는 관리가 싸그리 잡혀갔고 많은 사람이 목숨을 잃었다. 물론 조광조는 찬탈을 꾀한 적이 없었다. 조광조가 실행한 개혁정치에 위협을 느낀 훈구파의 작전에 걸려든 것이다.

훈구파는 나뭇잎에 꿀을 발라 벌레가 그곳만 갉아먹게 해서 글자를 파먹은 나뭇잎을 만들었다고 했다. 정말 기묘한 일이다.

'주초위왕'이 처음 등장한 때는?

정말 벌레가 나뭇잎에 발라놓은 꿀을 따라서 파먹을 수 있을까? 나뭇잎을 파먹고 사는 벌레가 꿀을 좋아할까? 평생 한 번도 먹어보지 못한 꿀을 좋아할 리가. 마치 사슴을 잡으려고 날고기를 놓아두었다거나, 늑대를 잡으려고 당근을 놓아두었다는 것과 같다.

인하대 생명과학과 연구진에서는 실제 나뭇잎에 글자를 꿀물로 써서 벌레가 이것을 먹는지 실험을 해보기도 했다. 이 실험 결과는 2018년 한국곤충학회 학회지 『Entomological Research』 48호에 'Validation of 走肖爲王: Can insects write letters on leaves?'라는 제목으로 실리기까지 했다. 당연한 이야기지만, 벌레는 이 꿀물 글자에 입도 안 댔다. 이 실험에서 총

40종의 나뭇잎이 동원되었다.

벌레가 꿀물 글자를 먹지 않는다는 것은 증명되었다. 그럼 나뭇잎에 '주초위왕'이라는 글자가 어떻게든지 있긴 있었을까? 나뭇잎에 '주초위왕'이 있었다는 이야기는 기묘사화가 발생한 제11대 왕 중종 때가 아니라 그보다 한참 후인 제14대 왕 선조 때 등장한다. 『조선왕조실록』 중 「선조실록」에 사관이 따로 적어놓은 이야기다.

> 남곤南袞은 유감을 품고서 조광조 등을 죽이려고 하였다. 이리하여 나뭇잎의 감즙을 갉아 먹는 벌레를 잡아 모으고 꿀로 나뭇잎에다 '주초위왕走肖爲王' 네 글자를 많이 쓰고서 벌레를 놓아 갉아먹게 하였다. (중략) 남곤의 집이 백악산 아래 경복궁 뒤에 있었는데 자기 집에서 벌레가 갉아먹은 나뭇잎을 물에 띄워 대궐 안의 어구御溝(개천)에 흘려보내어 중종이 보고 매우 놀라게 하고서 고변하여 화를 조성하였다. 이 일은 「중종실록」에 누락된 것이 있기 때문에 여기에 대략 기록하였다.

기묘사화는 1519년에 일어났고, 「중종실록」은 1550년에 완성되었다. 그리고 「선조실록」은 1616년 광해군 때 완성되었다.

사관은 '주초위왕' 전설을 진짜로 믿었다는 것을 알 수 있다. 「중종실록」에 빠졌기 때문에 굳이 적어놓겠다고 말한 걸 봐도 알 수 있다.

'주초'라는 전설이 있었다

「중종실록」에는 심정沈貞이 조광조를 모함한 내용이 적혀 있다. 심정이 '주초대부필走肖大夫筆'이라는 말을 적어서 궁궐 안에 던져 넣었다는 것이다.

앞서 본 「선조실록」에서는 남곤이 한 일로 되어 있었는데, 여기선 심정이 한 일로 달라져 있다. 남곤과 심정은 한 세트처럼 같이 묶어 이야기하는 때가 많으니까 그건 큰 문제는 아니다.

그럼 '주초대부필'이란 무슨 뜻일까? '주초'는 조 씨를 가리키는 것이라고 이미 말했다. '대부'는 벼슬 이름이다. '필'은 붓이라는 뜻이다. 즉, '주초대부필'은 '조 대부의 붓'이라는 말이다. 이런 말이 대체 무슨 모함에 이용된다는 것인지 이상하게 보일 수 있다.

사실 이 글은 이때 만들어진 것이 아니다. 조선이 건국하기 전에 있던 『수보록受寶錄』이라는 예언서에 적혀 있던 글이다.

『수보록』에는 '목자장군검木子將軍劍 주초대부필走肖大夫筆 비의군자지非衣君子智 부정삼한격復正三韓格'이라는 말이 있었다. '목자'는 이李 씨를, '비의'는 배裵 씨를 가리키는데, 각각 태조 이성계, 조준趙浚, 배극렴裵克廉을 뜻했다. 조준과 배극렴은 조선의 개국공신이다.

말하자면, '주초대부필'은 조선 개국과 관련된 예언 문장이었기에 문제가 된 것이다.

태종은 『수보록』은 말이 안 된다며 이런 예언서를 모두 수거해버렸다. 『수보록』에 있는 내용도 '주초위왕' 이야기처럼 시시각각 달라졌다. 다시 말해 이 책 역시 조작되었음이 분명하다. 태종은 『수보록』 같은 예언서를 두고 이렇게 말했다.

"빨리 불살라버리게 함이 이 씨 사직에 있어서 반드시 손실됨이 없을 것이다."

조선 개국을 위해서는 예언이 필요했지만 개국 이후에는 이런 말이 반란에 이용될 수 있다고 생각한 것이다.

나뭇잎이 등장하다

「중종실록」 중종 39년(1544년) 기록에 나뭇잎을 벌레가 파먹었다는 내용이 등장한다.

> '목자이쇠木子已衰 주초수명走肖受命' 등의 말을 나뭇잎에 새겨 마치 벌레가 갉아먹은 것처럼 만들어 귀인으로 하여금 상에게 올리면서 '후원 나뭇잎의 벌레 먹은 무늬가 이상합니다' 하게 하였다.

벌레가 갉아먹게 한 것이 아니라 벌레가 갉아먹은 것처럼 했다고 되어 있다. 내용도 '주초위왕'이 아니다. 목자, 즉 이 씨가 쇠퇴하고 주초, 즉 조 씨가 천명을 받는다는 내용이다. 더구나 이 때는 기묘사화가 벌어지고 이미 25년이나 지난 뒤다. 거기다 이 내용은 사관이 덧붙인 것이다. 앞서 말한 바와 같이 「중종실록」은 1550년에 만들어진 것이니 이때 덧붙인 것이라면 31년이나 지난 뒤에 덧붙여진 것이다.

세월이 지나면서 '주초대부필'이라는 글이 던져졌던 것이, 나뭇잎에 구멍을 뚫은 '목자이쇠 주초수명'으로 바뀐 것이다.

나뭇잎의 글자 모양을 벌레가 갉아먹었다는 이야기는 1568년에 유희춘柳希春이 쓴 『미암일기眉巖日記』에도 나온다. 유희춘은 선조가 직접 말했다고 적었다.

고려 말 '목자장군검木子將軍劍 주초대부편走肖大夫鞭'의 예언을 나뭇잎에다 꿀로 써서 벌레가 갉아먹도록 하여 글자 모양이 자연스럽게 이루어진 것처럼 궁의 뒤뜰에다 가져다 놓았다.

여기서는 '주초대부필'이 '주초대부편'으로 바뀌었는데 '필'과 '편'(채찍)은 발음이 비슷하니까 유희춘이 잘못 알아들었을 수도 있다. 이처럼 이야기는 입에서 입으로 전해지면서 조금씩 변하게 마련이다.

역사학이 하는 일

벌레가 나뭇잎을 파먹어서 '주초위왕'이라는 글자를 만들었다는 이야기는 사실 조금만 생각해보아도 이상하다는 것을 알 수 있다. 하지만 이런 기묘한 이야기는 재미있기 때문에 사람들의 입에서 입으로 전해지면서 더 큰 영향력을 가지게 된다.

개혁파였던 조광조를 제거하기 위해 훈구파는 왕과 결탁하여 음모를 꾸몄다. 그런데 '주초위왕' 같은 황당한 전설로 이 사화를 설명하려고 하면 조선의 왕과 신하는 이런 엉터리에 속아넘어가는 바보들이 될 뿐만 아니라 사화가 벌어진 원인에 대한 탐색조차 엉뚱한 방향에서 헤맬 수밖에 없게 된다.

기록을 면밀하게 살피고 올바른 해석을 해내야 그 시대 역사를 재구성할 수 있다. 이것이 역사학이 하는 일이다.

18

송강 정철과
기생 자미

〈사미인곡思美人曲〉으로 유명한 송강 정철鄭澈은 문필가이면서 정치인이었다. 감정을 토로하는 문필가의 삶이 정치에도 고스란히 묻어나 그는 격정의 정치인으로 살았다. 평생 술을 좋아해서 그로 인해 구설수에 오른 적도 한두 번이 아니었다.

정철이 전라감사로 갔던 선조 15년은 임진왜란이 일어나기 10년 전이었다. 이곳에서 술과 풍류를 좋아하는 사람마냥 '자미紫薇'라는 이름의 기생을 사랑했다. 자미는 백일홍을 가리키는 말이다.

정철의 전라감사 생활은 길지 않았다. 그는 자미와 헤어지며 시 한 수를 남겼는데 『송강집松江集』에 실려 있다.

一園春色紫薇花 봄빛 가득한 동산에 자미화 곱게 펴

縱看佳人勝玉釵 그 예쁜 얼굴은 옥비녀보다 곱구나

莫向長安樓上望 망루에 올라 장안을 바라보지 말라

滿街爭是戀芳華 거리에 가득한 사람들 모두 다 네 모습 사랑하리라

시를 받은 자미는 평생 정철을 잊지 못하고 있다가 그가 평안도 강계

에 귀양을 갔다는 소식을 듣고는 정철을 만나겠다고 길을 나섰다. 그러나 자미가 강계에 도착하기 전에 전쟁이 일어났다. 임진왜란이 발발한 것이다.

정철은 강계에 있다가 선조가 평양에 피난 온 것을 알고 찾아갔다. 선조는 강계로도 갈 생각이 있었지만 정철의 만류로 의주로 도망치는 것을 결정한다. 정철은 충청·전라 도체찰사都體察使 직책을 받고 떠났고 이에 자미는 다시 남쪽으로 향했다. 그러나 불행히 일본군에게 붙잡혔는데, 이때 의병장 이량李亮의 권유로 일본군 선봉장 고니시 유키나가小西行長를 유혹해서 군정을 캐내어 알려주었다. 이 덕분에 조명연합군이 평양성을 탈환하는 데 성공했다. 하지만 정조를 잃어 정철을 볼 낯이 없어졌다 생각한 자미는 비구니가 되어 '소심보살'이라 불리게 되었다.

정철은 이듬해 12월에 사망했다. 자미는 정철이 묻힌 곳으로 와 정철의 산소를 한평생 돌보았다. 그녀가 죽은 후 정철의 묘 근처에 묘를 만들었는데 지금 고양시에 여전히 그 묘가 남아 있다. 묘에는 '의기 강아江娥'라고 새겨져 있다. 송강이 자미와 사귀자 세상 사람들이 송강의 '강'을 넣어서 그녀를 강아라고 불렀다고 한다.

정철이 전라감사를 할 때 자미를 만나 사귀었고 시를 주고 떠난 것은 모두 사실일 것이다.

자미가 정철이 죽은 후 묘소를 지킨 것도 사실일 것 같지만 그 사이에 있는 고니시 유키나가와의 이야기는 사실일 가능성이 없다. 이 이야기는 월탄 박종화의 소설 『자고 가는 저 구름아』에 나오는 창작이기 때문이다. 총7권으로 완성된 대하역사소설 『자고 가는 저 구름아』는 강아를 주요 인물로 삼아 임진왜란부터 인조반정까지를 다루고 있다.

이 소설의 내용이 '의기 강아 묘' 뒷면에 적혀 있으니 사람들이 이것을 역사적 사실로 받아들이는 것이다. 소설에서 강아는 어린 나이에 정철을 만나 육체 관계는 가지지 않았던 것으로 묘사된다. 이 때문에 묘비에도 강아가 동기童妓(어린 기생)라고 나오지만 이 역시 알 수 없는 일이다.

『한국구비문학대계』에 '정철과 강화'라는 설화가 있다. 경북 선산에서 채록된 설화로 그 줄거리는 위 내용과 동일하다. 그런데 『자고 가는 저 구름아』는 1960년대에 신문에 연재되고 출판되었으며 '정철과 강화'는 1984년에 채록된 내용이다. 해당 소설의 내용이 구전되면서 옛날이야기로 바뀌었을 가능성이 높다. 그러면서 강아라는 이름도 강화라는 이름으로 바뀌었을 것이다.

고니시 유키나가와 기생에 얽힌 이야기에는 평양 기생 계월향桂月香이 등장하는 것도 있다. 내용은 강아의 이야기와 유사한데 훨씬 더 설화성이 높다.

계월향은 김응서金應瑞와 관련 있는 기생이다. 김응서는 임진왜란 때 일본군 요시라要時羅를 이용해서 정보를 캐내는 등의 일을 했는데, 요시라의 반간계에 걸려 큰 낭패를 보게 만들기도 했다. 요시라는 고니시 유키나가의 심복으로 가토 기요마사加藤淸正를 잡을 수 있게 해준다면서 정보를 넘겼는데, 이순신李舜臣이 이 정보를 믿지 않고 출동을 거부했다가 삼도수군통제사에서 쫓겨나게 된다.

계월향은 평양이 일본에 함락된 후 고니시의 애첩이 되어 그를 안심시킨 후 김응서를 불러들여 고니시를 죽였다. 그러나 몸이 더럽혀진 자신은 김응서를 따라가지 않고 자결하였다는 것이 대강의 이야기다. 전해지는 이야기에 따라 조금씩 달라지긴 한다. 이 이야기 역시 사실일 가능성은 전혀 없다. 김응서는 나중에 김경서金景瑞로 개명하였고, 광해군 때 강홍립姜弘立과 함께 후금을 치러 출정했다가 포로가 되었고 그곳에서 정보를 조선으로 보내다가 발각되어 처형되었다.

정리하면, 박종화가 계월향 설화를 좀 더 그럴 듯하게 소설화했다고 볼 수 있다. 또한 인터넷 상에서는 자미를 '진옥眞玉'이라는 강계 기생과도 혼동하는데 두 사람이 같은 사람일 가능성도 없어 보인다. 강계에 유배 중이던 정철이 만난 진옥이라는 기생은 아주 성격이 대찬 여인이었던 것 같다. 정철이 진옥에게 썼다는 시조가『근화악부槿花樂府』에 전해온다.『근화악부』는 작자미상 노래집으로 18~19세기에 만들어진 책이다.

옥이 옥이라커늘 번옥(인조 옥)이라 여겼더니

이제야 보아하니 진옥(진짜 옥)이 분명하다

나에게 살송곳이 있으니 뚫어볼까 하노라

그러자 진옥이 이렇게 되받아쳤다.

철이 철이라커늘 섭철(나쁜 철)이라 여겼더니

이제야 보아하니 정철(진짜 철)이 분명하다

나에게 골풀무가 있으니 녹여볼까 하노라

풍류남아를 자처하는 정철에게 한 방을 먹인 시가 아닐 수 없다. 각기 상대의 이름을 넣어서 시를 주고받으며 추파를 던지고 있다. 이 시를 지은 진옥에 대해『근화악부』는 '송강의 첩—강계 기녀'라고 설명을 붙여놓았다.

송강 첩으로 이름이 알려진 여인이 또 있으니 '청연靑淵'이라 한다. 청연의 시조도 전해진다.

간밤에 울던 그 새 여기와 울고 거기 가 또 쇠나니

당신 그리워 죽어지라 하였더니

전하길 바로 못 전하여 주걱주걱 하도다

이 집 와서 자고 또 다른 집에 가서 자는 바람둥이를 핀잔하는 내용이다. 가는 곳마다 염문을 불러 일으킨 정철에게 어울리는 시조인 셈이다.

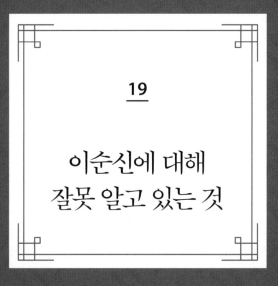

19

이순신에 대해
잘못 알고 있는 것

임진왜란과 이순신의 출전

1392년 조선이 건국하고 꼭 200년 후인 1592년 임진왜란이 일어났다. 일본이 왜 조선을 침략했는지는 지금도 의문이다. 두 나라 사이에 전쟁을 해야 할 만큼 갈등이 있지는 않았다. 조선은 가만있다가 갑자기 두들겨 맞은 것이다.

일본이 전쟁을 준비하고 있다는 사실은 여러 경로를 통해 알려졌다. 조선 조정은 설마 이유도 없이 전쟁을 하겠나 싶었지만, 그래도 혹시 모르니까 싶어서 전쟁에 대비하기 시작했다. 성벽도 수리하고 무기도 점검했다. 또한 우수한 장군을 전방에 배치하기 시작했다. 이때 발탁된 인재 중 한 명이 바로 이순신이었다.

그러나 일본이 엄청난 대군으로 쳐들어올 줄은 미처 몰랐다. 일본군은 15만 8천여 명이나 되었다. 조선의 군사 역시 장부상으로 보면 18만 명 정도로 적지는 않았지만, 전국에 흩어져 있었으며 평화가 오래 지속되어 훈련이 약한 상태였다. 이에 비해 일본군은 오랜 전란을 통해 단련된 정예군이었다. 결국 개전 20일 만에 수도 한양이 함락되었다.

한양이 함락된 다음 날인 5월 4일, 드디어 이순신 함대가 판옥선 24척으로 출전했다. 이틀 후 경상우도 수군이 합류하여 판옥선은 28척으로 늘어났다. 다음날 정오에 일본군 전함과 전투가 벌어졌다. 여기서 일본의 대선 13척, 중선 6척, 소선 2척 등 총 26척을 침몰시켰다. 이 전투를 '옥포해전'이라 부른다. 같은 날 오후 4시에 합포에서 전투가 또 벌어져 일본군을 격퇴했고, 그다음 날에도 적진포에서 전투를 벌여 일본군을 무찔렀다. 이렇게 이순신 함대는 1차 출동으로 세 번의 전투를 치렀고 모두 승리했다.

당파 전술이란 무엇인가?

드라마, 영화 같은 곳에서 원균元均이 저돌적인 장군으로 배로 배를 들이받아 파괴하는 '당파撞破 전술'을 사용했다는 등의 묘사가 있다. 정말일까?

해전을 기록한 사료에 나오는 '당파'라는 말은 한자 그대로 보면 '쳐서 파괴한다'는 뜻이다. 그래서 배로 배를 쳐서 파괴시켰구나 하고 생각한 것이다. 하지만 이 말은 그냥 배를 파괴했다는 의미다. 조선 수군은 함포 사격과 불화살 공격을 가해 적선을 침몰시키는 전법을 사용했다.

이순신의 기본적인 전법은 유인 후 복병계라고 보면 된다. 『삼국지』에도 흔히 보이는 바로 그 전법이다. 배 한 척이 쓱 적선에게 다가간다. 적선들이 웬 밥이냐 하고 몰려나오면 도망칠 수 없는 곳에 몰아넣고 화망을 구성해서 때려잡는다.

나중에 왜군은 이 사실을 알게 되어 조선 배만 보면 슬슬 피했다. 그리고 절대 쫓아오질 않는다. 배가 떠 있으면 아예 안 나타나서 육군과 합동 작전 때 김덕령金德齡이 성 앞에서 쇼를 하는데도 안 나오곤 했다.

당파는 영화에 나오는 것처럼 배로 배를 들이받는 방식이 아니다. 대 포를 쏘아서 배를 부수는 것을 '쳐서(당撞) 부순다(파破)'라고 쓴 것이다.

그런데 여기 또 재밌는 점이 있다. 조선 배와 왜군 배가 아주 먼 거리 에서 싸운 게 아니라는 점이다. 대포의 사거리는 꽤 멀지만 멀면 멀수록 명중률이 떨어진다. 이 시대에는 가늠자도 없었다. 순전히 감으로 쏴야 하는데 출렁이는 배 위에서 명중 시키려면 보통 능력 가지고는 어림없 다. 따라서 생각보다 적선에 가까이 가야 한다. 이런 이유로 2차 출전(사 천해전) 때 이순신은 조총에 어깨 관통상을 입었다. 자칫 죽을 수도 있었 던 것이다.

그렇다고 서양 해적 영화에 나오는 것처럼 두 배가 인접한 뒤 밧줄을 타고 넘어가 전투를 하는 그런 접근전을 펼치지는 않았다. 이렇게 맞붙 는 경우 조선 수군은 일본군의 밥이 되기 십상이었다. '단병접전短兵接戰' 이라 부르는 이런 전투 방식에는 일본군의 개인 능력이 아주 뛰어났기 때문에 뛰어넘을 수 없는 거리를 두고 싸웠다. 그리고 마무리는 불화살 이다. 함선은 불이 가장 무서운 적이다.

조선의 판옥선은 일본 배보다 튼튼해서 혹시라도 충돌하면 일본 배가 파괴될 수 있었다. 다만 이를 전술로 채택한 바는 없었다. 충돌을 하기 위해서는 접근해야 하는데, 이때 일본군이 우리 배로 넘어들어 온다면 배를 빼앗길 수도 있다. 실제로 원균 휘하의 장수가 일본 배에 접근했다 가 배를 빼앗긴 적이 있다.

거북선은 판옥선에 상판을 올려 적의 침입을 막은 장갑선으로 적진으로 돌격하는 전함이었다. 그럼 거북선은 적선을 들이받았을까? 아니다. 거북선 역시 근거리에서 함포 사격을 했다. 거리가 가까운 만큼 더 위력적이었다.

영화 〈한산〉에서는 거북선이 들이받아 적선이 두 쪽이 나는데, 이런 일은 불가능하다고 봐야 한다. 거북선도 기본적으로 판옥선이다. 판옥선은 시속 10킬로미터가 최대였다. 판옥선은 밑바닥이 평평해서 낮은 바다에서도 잘 움직일 수 있었지만 속도는 느릴 수밖에 없었다. 대신 바닥이 평평하기 때문에 대포를 쏘았을 때 반동을 충분히 견뎌낼 수 있었다. V자형으로 생긴 배였다면 일제히 대포를 쏘는 경우 배가 뒤집힐 수 있다.

아무튼 노를 저어서 움직이는 배가 적선과 충돌한 뒤에 계속 움직인다는 것은 넌센스다. 노를 젓는 격군이 슈퍼맨이 아니고서는 불가능한 일이다.

1593년 2월 20일. 『난중일기亂中日記』에는 흥미로운 대목이 적혀 있다.

새벽에 출항하자 동풍이 약간 불더니 적과 교전할 때는 거센 바람이 갑자기 불었다. 각 배들이 서로 부딪쳐 파손되어서 배를 제대로 통제할 수 없었다. 즉시 호각을 불고 초요기招搖旗로 싸움을 중지시키니, 여러 배들이 다행히 크게 손상을 입지는 않았다. 그러나 흥양의 한 척, 방답의 한 척, 순천의 한 척, 본영의 한 척이 부딪쳐 깨졌다.

우리 배끼리 부딪친 것인지, 적선과 부딪친 것인지는 명확하지 않다. 그러나 돌풍 때문에 배를 제어하지 못하고 서로 부딪치자 배가 파손되었다는 것은 분명하다. 이 때문에 이날 전투는 마무리되고 후퇴하게 되었다.

이때 사용한 용어는 '당파'가 아니고 '촉파觸破'이다. 접촉해서 파괴되었다는 뜻이다.

전투 중에 적선과 의도치 않게 부딪칠 수도 있게 마련이다. 이럴 때 우리 배보다 적선이 더 피해를 입었던 것 같기는 하다. 『조선왕조실록』을 보면 유영경柳永慶, 남이공南以恭, 이원익李元翼 등이 모두 똑같이 "우리 배와 부딪치면 적선이 부서진다"라고 말하고 있다. 또한 『이충무공전서李忠武公全書』에 실린 기록 중에도, 포로로 잡혀간 고성인 제만춘諸萬春이 "우리 배와 우연히 만나면 모두 부서져버린다"라는 말을 하기도 한다.

그러나 그렇다고 이런 전법으로 싸운다는 말을 하는 것은 아니다. 우리 배끼리 부딪쳐도 파손되는 것이 분명한데, 아무리 약한 왜선이라 해도 자꾸 부딪치면 판옥선이 무사할 리가 없다. 대신들의 말은 바다에서 왜군을 무서워하지 않아도 된다는 뜻으로 사용하고 있다고 보아야 한다.

한산도 대첩은 세계 4대 해전일까?

이순신 함대는 5월 말, 6월 초에 전라우도의 이억기李億祺 함대, 경상우도의 원균 함대와 함께 2차 출동을 하여 11일간 4차례 전투를 승리로 이끌었다. 이때 일본 수군장 도쿠이 미치유키得居通幸가 전사하는 등 일본 수군은 큰 피해를 입었다. 미치유키의 동생 구루시마 미치후사来島通総는 후일 명량해전에서 전사한다.

이 때문에 육지와 바다를 통해 전라도를 공략하려고 했던 일본군 전략에 큰 차질이 생겼다. 도요토미 히데요시豊臣秀吉는 한양에 있던 장군들을 부산으로 내려오게 해서 이순신 함대를 무찌를 것을 명했다. 이에 따라 와키사카 야스하루脇坂安治가 수군을 이끌고 전라도 해역으로 진군하기 시작했다.

7월 6일 이순신 연합 함대는 58척이었다. 이순신 함대 24척, 이억기 함대 25척, 원균 함대 7척에 거북선 2척이었다. 이에 맞서는 와키사카 함대는 대선 36척, 중선 24척, 소선 13척으로 총 73척이었다. 배의 수는 조선군이 적었지만 판옥선은 덩치가 큰 배였기 때문에 전력상으로 불리하지는 않았다.

기존 전투를 통해 일본군은 수전에서 불리해지면 육지로 달아난다는 것을 알고 있던 이순신은 일본 함대를 넓은 바다로 유인해냈다. 정탐에 나선 배가 마치 많은 적선에 놀란 듯 달아나기 시작하자 일본 함대가 일제히 추격에 나섰다. 30리(12킬로미터) 정도 쫓아왔을 때, 일본군은 비로소 자기들이 포위되었음을 알아차렸다.

이순신은 여기서 함대를 학의 날개처럼 V자 형태로 벌린 학익진鶴翼陣을 펼쳤다. 적선을 포위망에 가둬놓고 집중포화를 가했다. 와키사카 함대는 대포와 불화살에 침몰당했다. 조선 함대가 사용하는 대포는 커다란 나무 기둥을 뾰족하게 만들어서 쇠를 붙인 것이다. 마치 거대한 화살 같은 거라고 생각하면 된다. 해적 영화에 나오는 둥근 대포알이 날아가 펑하고 터지는 것이 아니다.

와키사카는 작고 빠른 배로 갈아타서 달아났다. 하지만 그의 가신 와키사카 사효에脇坂左兵衛, 와타나베 시치에몬渡邊七右衛門 등은 빠져나가지 못하고 전사했다. 후일 와키사카는 살아남은 것을 구사일생을 넘어서 십

사일생이라고 말했다.

전투는 오래 걸리지 않았다. 1시간여 만에 일본 함대는 궤멸되었다. 조선 함대는 도주한 일본 함선도 끝까지 추격하여 섬멸했다.

사흘 후에는 안골포에 있는 일본 함대를 공격했다. 이번에도 일본 함대를 끌어내려고 했으나 와키사카가 어떻게 무너졌는지 알고 있는 일본 함대는 포구에서 나오질 않았다.

이순신은 장사진長蛇陣을 펼치고 교대로 포구를 들어가서 적함에 공격을 가했다. 이순신의 진법 중 학익진이 너무 유명해서 이순신이 진법 하나만 사용한 줄 아는 경우가 있는데, 이순신은 다양한 진법을 사용해서 적을 공격했다. 일본 함대는 한밤중에 탈출해 부산포로 도망쳤다. 이 두 전투로 일본 함대의 주력이 궤멸되었다. 도요토미는 충격을 받고 향후 조선 수군과는 접전을 벌이지 말라는 명을 내렸다.

이 무렵 일본군은 개성을 점령하고 평양으로 진군 중이었다. 평양에서는 해로를 따라 올라올 병력을 기대했지만, 이순신에 의해 그 기대는 산산조각이 나고 말았다.

이 한산도 대첩을 가리켜 세계 4대 해전이라고 부른다는 말이 있다. 세계 4대 해전은 살라미스 해전(기원전 480년), 칼레 해전(1588년), 한산도 해전(1592년), 트라팔가르 해전(1805년)이라고 한다.

세 번째로 꼽고 있는 한산도 해전! 이것은 이순신 장군이 왜군을 무찌른 그 유명한 학익진의 한산대첩을 가리키고 있는 것이 아닌가! 우리나라에서 벌어진 대승이 무려 세계 4대 해전의 하나라니!

벅찬 감동에 가슴이 뛴다면 조금 진정하시라. 대체 누가 언제 이런 선정을 했다는 말일까? 역사를 이용한 헛소문은 항상 민족 감정을 자극하는 이른 바 '국뽕'을 노려서 만들어진다. '국뽕'이란 국가에 대한 마약(뽕: 필로폰을 가리키는 말인 '히로뽕'에서 왔다) 같은 자긍심 도취를 꼬집는 말이다.

바로 이런 문제를 고찰한 논문이 발표된 바 있다. 국방부 군사편찬연구소에서 나오는 『군사軍史』 제101호에 실린 「'세계 4대 해전'의 근거에 대한 고찰」이라는 논문이다. 해군사관학교 석영달 교수가 발표했다.

석영달 교수는 먼저 '세계 4대 해전'이라는 말이 언제 등장했는지를 추적한다. 이 추적 과정이 매우 흥미진진하다. 누군가 감기에 걸렸다는 말이 동네를 한 바퀴 돌면 누군가 죽었다는 말로 변하는 것처럼 세계 4대 해전이라는 말도 오해와 억측과 민족 자존감의 희망 사항이 얼버무려지면서 마치 역사적 근거가 있는 말처럼 떠돌게 된 것이다.

2002년에 해피캠퍼스라는 사이트에 올라온 리포트가 이런 문제를 언급한 것 중 가장 앞선 글이다. 이 리포트의 문제는 뒤에 다시 이야기하겠다.

2004년 아산에서 열린 '아산 성웅 이순신 축제' 자료에서 세계 4대 해전이 언급되면서 여러 언론사가 이 사실을 받아 적었다.

2005년에 방영된 〈불멸의 이순신〉에서 한산 해전을 세계 4대 해전의 하나로 소개했다. 국영 방송인 KBS의 인기 드라마에서 언급된 이런 이야기가 사실이 아니라고 생각할 사람은 많지 않을 것이다.

2007년 윤지강 작가가 쓴 『세계 4대 해전』이라는 책이 나왔다. 이렇게 어떤 사실이 책으로 등장하면 일반인에게 큰 영향력을 갖게 된다. 그것을 쓴 사람이 누군가는 대개 중요하지 않다. 잘못된 사실을 기술한 책을 비판할 때 흔히 받는 반론 중 하나가 "이 사람은 이렇게 한 권의 책을 쓸 만큼 노력했는데 님은 뭘 한 게 있다고 비난을 하는 거냐!"다.

책은 이처럼 '사실'에 대한 근거로 작동하는 경우가 많다.

통영시에 가면 한산도 역사길에 있는 안내판에 세계 4대 해전의 하나로 한산해전을 걸어놓고 있다.

책도 있고 지방자치단체가 만든 안내판에도 등장한다. 이 정도면 한산대첩은 전 세계가 인정하는 해전이 아니겠는가? 일반인이 그렇게 생각해도 어쩔 수 없을 판이다. 그러나 정말 그럴까?

언론 보도, 드라마에서 언급, 책자 발간 과정을 거치면서 세계 4대 해전은 공식적인 사실처럼 받아들여졌다.

그리고 이런 흐름이 만들어진 최초의 '작품'을 석영달 교수는 2002년 10월 9일에 해피캠퍼스에 올라온 '역사[거북선]'이라는 자료였다고 말한다. 이 자료는 지금도 500원에 팔리고 있다.

이 짧은 글에 드러나는 오탈자마저 수두룩하다는 점을 석 교수가 지적한다. 테미스토클레스Themistocles를 '데미스토클레스'라고 쓰고 있고 트라팔가르 해전의 스펠링에서 f를 p로 잘못 쓰고 있다. 칼레 해전이라는 말은 해전사에서 사용하는 용어가 아니며 '아르마다 전역', '아르마다 해전' 또는 '영국과 스페인 간의 전투'로 쓰는 것이 적절하다는 점도 이야기한다.

이 자료에서 황당한 부분은 세계 4대 해전말고도 있다. 1905년 러일전쟁의 쓰시마 해전을 치른 일본 제독의 이름을 존재하지도 않는 야마토제독大和提督이라고 쓴 것이다.

네이버에서 야마토제독을 검색해보면 이 잘못된 정보에 의한 '복사-붙이기'를 한 결과물을 여럿 볼 수 있다. 디지털 시대의 폐해를 고스란히 느낄 수 있는 일이다.

해당 글에서는 이런 주장을 하고 있다.

여러 나라의 해군사관학교에서는 생도에게 역사적으로 유명한 세계 4대 해
전을 가르치고 있습니다.

이와 관련해 석영달 교수는 미국, 프랑스, 독일, 일본 등에서 교육을
받은 해군 장교에게 해당 사실을 확인했으며, 그런 교육이 없다는 점을
밝혔다. 당연히 우리나라 해군사관학교에서도 '세계 4대 해전'이라는 것
을 가르치지 않는다.

그렇지만 사람들은 사실보다 자신들이 원하는 것을 듣고 싶어하는 경
향이 있고, 자신이 원하는 바를 진실로 믿으려는 경향도 있기 때문에 이
'떡밥'은 사라지지 않고 끊임없이 재생산되었고 불행히도 앞으로도 재생
될 가능성이 높다.

당장 해군 공식 블로그에 세계 4대 해전이라는 글이 대학생 기자의 글
이라고 올라와 있다. 물론 말미에 '해군의 공식 입장과 다를 수 있다'는
말이 붙어 있으나 사람들은 대개 이런 면에 주의하지 않는다.

석영달 교수는 해피캠퍼스에 자료가 올라오게 된 오해의 근거도 추정해
보고 있다. 세계 4대 해전이라고 언급되는 해전은 이순신 이야기를 할 때
등장한 적이 있는 해전들로, 이들을 긁어모아서 만들어진 것이 바로 세계
4대 해전인 것이다. 그 뿌리가 1933년 미국 선교사 호러스 언더우드
Horace H. Underwood가 쓴 『한국의 배와 함정들Korean Boats and Ships』까지
내려간다는 점은 나름 충격적이다.

전문가가 이런 인터넷 괴담에 관심을 기울이는 것은 매우 바람직한 일

이다. 전문가들의 철저한 연구와 성과가 일반인에게 널리 전달될수록 괴담의 뿌리는 약해질 수밖에 없기 때문이다. 비록 잡초처럼 괴담이 사라지지는 않더라도 보면 뽑아내버릴 수는 있게 된다. 석영달 교수의 논문은 국방부 군사편찬연구소의 간행물 안내 섹션의 간행물 소개에서 무료로 다운로드 할 수 있다. 더 관심이 가는 분들은 직접 해당 논문을 읽어보기를 권한다.

이순신과 원균의 갈등

이순신이 상관이나 부하나 할 것 없이 사람들과 친하게 지내는 성격은 아니었던 것 같다. 『난중일기』에는 못마땅한 사람에 대한 흉이 하나 가득이다. 한심하다, 가소롭다, 통탄할 일이다 등등이 난무한다. 그중 가장 많이 욕을 먹은 사람은 원균이다. 대체 이순신과 원균은 왜 그렇게 사이가 나빴을까?

『조선왕조실록』에서는 그 원인을 군공을 다투는 것에서 찾고 있다.

선조수정실록 1592년 6월 1일 기사에는 이순신이 연명 장계를 올리자고 한 원균에게 천천히 하자고 해놓고 홀로 장계를 올렸는데, 이때 "원균이 군사를 잃어 의지할 데가 없었던 것과 적을 공격함에 있어 공로가 없다"라는 내용을 올렸고 이 때문에 사이가 벌어졌다고 쓰고 있다.

이리하여 휘하 장수들도 불만을 가지며 더욱 사이가 나빠졌고, 이후 이순신이 삼도수군통제사가 되자 후배 밑에 서게 된 것을 원망해서 사이가 더더욱 나빠졌다는 것이 실록의 입장이다.

이순신은 동인인데, 동인의 수장 이산해李山海도 이와 같은 입장일 뿐만 아니라 이순신을 비난하는 데 앞장 섰다. 사실 이산해는 원균도 비난한 바 있긴 하다.

유성룡柳成龍 역시 『징비록懲毖錄』에 이렇게 쓰고 있다.

> 이순신이 원균을 구원해 준 후로 둘 사이는 아주 좋았다. 그러나 얼마 후 공을 따지게 되면서부터 사이가 벌어지기 시작했다.

그럼 『난중일기』를 보자. 5월 첫 출동 이후 이순신은 원균에 대해서 별반 이야기를 적지 않고 있다. 만나서 작전을 논의했다 정도의 말만 되풀이 된다. 8월 이후 1593년 1월까지의 일기는 전해지지 않는데, 일단 8월까지 원균을 욕하는 내용은 없다.

1593년 2월 7~8일. 원균과 의논하는데, 전라우수사 이억기가 오지 않은 것에 화를 내며 원균이 먼저 떠나겠다고 하여, 이순신이 애써 만류했고 8일 정오에 이억기가 도착했다는 내용이 나온다. 이들 3함대는 12일에 웅천, 웅포에서 왜군과 싸웠다.

15일에 원균이 찾아와 만났으며, 18일 웅천에서 벌어진 전투에서는 경상도 복병선 다섯 척이 선봉에서 싸웠다는 이야기도 적었다.

다시 말하지만 이때까지 이순신은 원균을 향한 어떤 악담도 적은 바가 없다. 그런데 22일에 사고가 터졌다.

진도의 상선(지휘선)이 적에게 포위되어 위급한 지경에 처하였는데 경상 좌위장과 우부장이 보고도 구원해주지 않아서 참변이 벌어질 뻔한 것이다. 이순신은 이 일로 원균을 꾸짖었으며 "모두가 경상도 수사 때문이다"라고 원균을 원망했다.

다음날 원균이 찾아왔을 때 이순신은 "원 수사는 그 흉악함과 음험함을 무어라 말로 표현할 수가 없었다"라고 악평을 달았다.

28일자에서는 이순신이 사람 머리를 찾는 원균의 부하들을 쫓아낸 이야기를 적고 있다. 그들이 하는 꼴이 황당하다고 혀를 찬 것이다.

사실 이순신은 일처리가 어설퍼 보이면 혹평하는 것을 서슴지 않았다. 김응서, 권율權慄 등에 대해서도 혹독한 평가를 『난중일기』에 써놓기도 했다.

문제가 된 이순신의 장계의 경우도 원균이 판옥선 3척을 가지고 왔으며 패군된 후에는 지휘할 일이 없었다는 내용을 적고 있을 뿐이다. 물론 원균 입장에서는 평가가 나빠서 화가 났을 수는 있겠는데, 이때부터 원균이 이순신을 싫어했다고 볼 수 있는 것이고, 이순신은 딱히 어떤 생각이 없었을지도 모르겠다. 그저 그렇고 그런 장수로 보고 있다가 "내 부하를 안 구해줘?"라는 데서 평가가 완전히 나빠진 것 같다. 이전까지는 그래도 아군으로 내 등을 맡길 수 있는 전우라 보았지만, 이제 보니 믿을 수 없는 사람이 되어버린 것이다.

그전까지는 원균이 이순신을 싫어하는 단계였다가, 이때부터는 이순신도 원균을 싫어하는 단계로 올라간 것이라고 생각해본다.

선조가 일방적으로 원균을 옹호했을까?

보통 선조가 이순신을 미워하고 원균만 좋아했다는 이야기를 많이 한다. 정말 그랬을까? 우선 이순신을 발탁한 사람이 선조라는 점을 생각해야 한다. 이순신은 임진왜란을 앞두고 벼락 승진을 해서 전라좌수사가 되었다. 대신들이 모두 반대했지만 선조가 끝까지 우겨서 연거푸 승진을 시킨 것이다. 선조는 이순신이 북방에 근무할 때 여진족과의 전투에서 인상적인 성과를 거둔 것을 기억하고 그를 발탁했다.

이순신과 원균의 사이가 좋지 않다는 것은 선조와 조정 대신 모두 잘 알고 있는 사항이었다.

선조 27년(1594년) 8월에 선조는 원균을 김응서나 박진朴晉으로 교체할 의향을 비친다. 하지만 전쟁 중에 장수를 바꾸면 안 된다는 반대로 그 뜻을 거두었다. 이때 선조는 이런 질문을 한다.

"이순신이 혹시 일을 게으르게 하는 것이 아닌가?"

유성룡이 이순신이 모든 장수 중 가장 유능하다고 변호했다. 11월에 이순신과 원균의 갈등 문제를 논하던 때 신하들이 이순신 험담을 늘어놓자 선조는 이렇게 말한다.

"그래도 이순신이 왜적을 포획한 공은 가장 많을 것이다."

이어서 선조는 원균을 칭찬하는 남쪽 지방 사람 말을 이야기한다. 원균과 그의 수하 장수들에게 포상을 하라는 지시도 내렸다. 이를 두고 대신들이 호응하면서 이순신이 체직을 자청하는 것은 부당하다고 말하는데, 아마도 이순신이 원균을 내쳐달라고 주청한 모양이다. 이에 선조는 여론이 원균을 내치라고 하는지 물었고, 그런 여론이 없다는 대답을 들었다.

그해 9월 29일부터 9일간 거제 진공 작전이 펼쳐졌다. 체찰사 윤두수尹斗壽의 지휘로 이루어진 육군과 수군의 합동 작전이었는데, 큰 성과 없이 마무리되었다. 사실상 작전 실패였다.

이 작전은 애초에 무리한 것이어서 선조도 탐탁치 않게 여기고 있었는데, 윤두수가 감행한 것이다. 결국 윤두수는 체찰사직에서 파직되었고, 권율과 이순신도 파직해야 한다는 상소가 줄을 이었다.

하지만 선조는 5번에 걸쳐 사헌부, 사간원에서 올라온 상소를 모두 거절해버렸다. 그런데 이때 이순신 함대는 피해를 입었지만(사후선 3척 실종, 군사 다수 피살됨), 원균 함대는 피해가 없었고 적선 2척을 불태우는 등의 공도 세웠다. 이 전공이 선조에게 깊은 인상을 주었을 가능성이 있다.

11월 28일 조정에서는 앙숙인 이순신과 원균 중 누구를 징계할 것인지 논의를 시작했다. 이때 선조는 이렇게 말한다.

"나의 생각에 이순신은 대장으로서 하는 짓이 잘못된 것 같으니, 그중 한 사람을 체직시키지 않을 수 없다."

이어서 이순신을 물러나게 하면 원균을 승진시키면 되지만, 원균을 물러나게 하면 누굴 그 자리에 앉힐 것인지도 말하라고 명했다. 선조의 마음이 살짝 원균 쪽으로 기운 것인데, 비변사備邊司의 생각은 달랐다.

비변사는 원균을 갈아치우기로 하고 선거이宣居怡, 곽재우郭再祐, 배설裵楔 등을 후보로 이야기했다. 원균의 후임으로는 선거이가 결정되었다. 선조는 원균의 직급을 올려 충청병사로 임명했다. 비변사는 부당하다고 항의했다. 원균은 징계를 받고 수군에서 떠나는 것인데, 이렇게 되면 영전이 되는 셈이었다. 선조는 이렇게 말했다.

"나의 생각에는 이순신의 죄가 원균보다 더 심하다고 여겨진다. 원균을 병사로 삼아서는 안 된다는 그 주장을 나는 알 수 없다. 그러나 참작해서 시행하라."

이순신이 마음에는 안 들지만, 대신의 의견을 존중하는 자세라고 할 수 있다. 다만 원균도 중히 쓰겠다고 선언한 셈이다. 사실 선조의 입장에서는 믿음직한 수군의 장군을 홀대하는 건 후일을 위해 좋지 않다고 판단했을 가능성이 있겠다.

사간원에서는 두 번에 걸쳐 원균을 수사로 그대로 두라고 주청했지만 선조는 허락하지 않았다. 결국 이순신 마음대로 군을 움직여보라고 밀어준 셈이다.

하지만 이 무렵부터 선조는 이순신보다 원균을 옹호하는 입장이 된 게 분명하다. 선조는 원균에 대한 온갖 안 좋은 이야기에도 원균을 비호하는 자세를 버리지 않았다. 심지어 원균이 지극히 청렴한데 사람들이 왜 탐오하다고 말하는지 모르겠다는 말도 한다. 기가 막혔던지, 이원익이 이렇게 말했다.

"원균이 어찌 지극히 청렴하기까지야 하겠습니까."

선조 29년(1596년) 11월 9일 윤근수尹根壽는 "원균이 수군을 거느리면 반드시 이길 도리가 있다"라고 주장한다. 이 주장은 도요토미 책봉으로 전쟁이 끝날 줄 알고 있다가 명나라 심유경沈惟敬의 거짓말이 파탄난 것이 전해진 직후 이제 다시 전쟁이 날 것을 걱정하며 열린 자리에서 나온 것이다.

흔히 임진왜란이 끝난 후에 선조가 우겨서 원균이 일등 공신이 된 것을 두고 이순신을 폄하한 것으로 이해하기도 하는데, 그런 것과 관련이 없다. 만일 선조가 이순신이 정말 미워 죽는 입장이었다면 일등 공신도 안 줬을 수 있다.

원균의 칠천량 패전 대책회의에서 바로 후임을 뽑아야 한다는 의논이 나오자, 이순신이 즉시 임명되었다. 선조가 반대하거나 다른 의견을 내놓은 바가 없다.

이순신 사후 유일하게 국가가 사당을 세우고 편액을 내려주었다. 나중에 의병장 고경명高敬命에 대해서도 이순신 급으로 해달라는 상소가 있었는데, 선조는 이순신 급은 안 된다고 거절했다.

일등 공신이라고 다 같은 일등 공신이 아니라는 걸 이런 데서 알 수 있다. 소설 식으로 선조가 이순신이 반역할까봐 무서워했고 그래서 싫어했다고 말할 수는 있지만, 정말 선조가 그런 걸 무서워했을 것 같지는 않다. 다만 중국 장수들이 선조를 만날 때마다 "이순신이 훌륭하다", "이순신을 못 봐서 애석하다" 이런 소리를 들을 때, "조선은 내가 명나라 군사를 불러들여서 구원한 건데, 왜 내 칭찬은 안 하냐!"라고 짜증이 났을 수는 있겠다.

이순신은 왜 파직되었나?

고니시 유키나가와 요시라의 반간계가 선조 30년(1597년) 1월에 실시되었다. 가토 기요마사의 도해를 막아서 그를 죽이라는 첩보가 전해졌고 이에 이순신 함대의 출동 명령이 떨어졌던 것이다. 그런데 첩보는 늦었고 가토는 이미 부산에 들어갔다. 이 작전의 모든 책임이 이순신에게 떨어졌다.

"한산도 장수는 편안히 누워서 어떻게 해야 할 줄을 몰랐다."

"이번에 이순신에게 어찌 청정淸正(가토 기요마사)의 목을 베라고 바란

것이겠는가. 단지 배로 시위하며 해상을 순회하라는 것뿐이었는데 끝내 하지 못했으니, 참으로 한탄스럽다."

사람들은 흔히 반대로 생각하면 이순신에 대한 안 좋은 이야기에는 그닥 변호하는 기색이 없으면서 왜 원균은 비호했을까 싶을 것이다. 그런데 사실 이순신에 대한 부정적인 이야기는 원균 정도는 아니었다. 또한 이순신을 비호하는 '정상적인' 신하도 많았던 것 같다. 선조는 위 반간계에 걸려든 이후에 이렇게 말한다.

"이번에 비변사가 '제장과 수령들이 호령을 듣지 않는다'라고 말한 것은 다른 까닭이 아니라 비변사가 그들을 옹호해주기 때문이다."

선조는 신하들이 이순신을 옹호할수록 화가 났다.

"이순신은 용서할 수가 없다. 무장으로서 어찌 조정을 경멸하는 마음을 갖는가. 우상右相이 내려갈 때 말하기를 '평일에는 원균을 장수로 삼아서는 안 되고 전시에는 써야 한다'라고 하였다."

이렇게 이순신에게 실망한 만큼 원균을 향한 기대를 잔뜩 가진다.

"원균이 만약 적의 소굴로 직접 침입하면 누가 당하겠는가."

"나는 이순신의 사람됨을 자세히 모르지만 성품이 지혜가 적은 듯하다."

"그런 사람은 비록 청정의 목을 베어 오더라도 용서할 수 없다."

"이순신은 조금도 용서할 수가 없다. 무신武臣이 조정을 가볍게 여기는 습성은 다스리지 않을 수 없다."

이쯤 되면 원균이 수장이 되는 걸 걱정하는 사람도 있을 법하다. 이조참판 이정형李廷馨이 말했다.

"원균은 사변이 일어난 처음에 강개하여 공을 세웠는데, 다만 군졸을 돌보지 않아 민심을 잃었습니다."

선조가 물었다.

"성품이 그처럼 포악한가?"

"경상도가 어지럽게 된 것은 모두 원균에게서 말미암은 것입니다."

"우상이 내려갈 때 원균은 적과 싸울 때에나 쓸 만한 사람이라 하였으니, 여기에서 짐작할 수 있다."

선조도 원균이 사나운 성격이라는 건 잘 알고 있었다. 그러나 장수가 좀 사나우면 어때, 라고 여긴 것 같다. 아무튼 선조가 다 이순신 때문이라고 생각한 건 아니다. 오히려 윤두수, 김수金晬, 이덕열李德悅 등이 이순신을 맹비난하자 이렇게 말하기도 한다.

"전라도는 중국 사신을 대접하느라 주사舟師와 격군格軍이 아직 정돈되지 않았다고 한다. 이러한 일을 두고 이순신만 책할 수는 없다."

이조참판 이정형은 이 회의에서 이순신을 극구 비호하는데, 정말 피를 토하는 심경이었을 것 같다.

"원균을 통제사로 하면 일이 이루어지지 않을까 싶으니, 경솔히 하지 말고 자세히 살펴서 해야 합니다."

그러나 결국 원균은 수사로 돌아오고 이순신은 체포의 명이 떨어졌다.

원균은 전라병사로 있으면서 수군의 운용에 대해 장계를 올린 바 있었다. 그는 이때 수군이 부산 앞바다를 위력 순시하면 왜군이 겁을 먹고 물러갈 것이라 주장했다.

이 전법은 바로 채택된 모양으로 이순신에게 시행하라는 압박이 가해졌다. 하지만 이순신이 나서지 않자, 급기야 1597년 1월 27일 원균을 다시 경상우수사에 임명했고, 그 다음날 경상도통제사로 승진시켰다.

이순신은 조정의 명을 무시하고 정말 출전하지 않았을까? 아니다. 이순신은 출정했다. 그 사실을 원균이 올린 장계에서 증명하고 있다.

원균은 2월 28일 장계에서 이렇게 말하고 있다.

> 부산포釜山浦 앞바다에서 진퇴進退하며 병위兵威를 과시하고, 가덕도加德島 등처에서 접전接戰한 절차는 전 통제사 이순신李舜臣이 이미 치계馳啓하였습니다.

원균은 그때의 일을 소상히 고하고 있다. 이순신의 배가 적진에 너무 가까이 다가갔다가 배 밑창이 땅에 닿는 바람에 적들이 배를 빼앗을 뻔했을 정도로 이순신은 육지에 있는 적진 가까이 접근했다. 이때 안골포 만호 우수禹壽가 노를 저어 달려가 이순신을 업고 우수의 배로 옮겼으며 이순신의 전함도 구조해냈다. 원균은 이 전투로 아군이 많이 죽어 적들의 비웃음거리가 되었다고 빈정대기 위해 이 장계를 올렸지만 이순신이 명에 따라 부산 앞바다로 나가 목숨을 걸고 싸웠다는 것이 분명하지 않은가?

안타깝게도 『난중일기』는 이때의 일이 누락되어 있다. 1596년 10월 중순부터 1597년 3월까지의 일기는 없다.

이 전투는 2월 10일 벌어졌다. 조선군 전선 63척이 부산포구를 공격하여 왜군을 다수 사살하고, 조선군도 일부 전사하였으며, 2월 12일에는 가덕도 동쪽 해안에서 왜군과 충돌하여 일본군 11명을 사살하고 조선군 6명이 피납 당했다.

이 전투에서 일본 쪽은 이순신의 기함을 집중 공격하여 그를 죽이고자 하였으나 다행히 참화를 면할 수 있었다. 전반적으로 승리라고 볼 수는 없지만 그렇다고 무참한 패배를 한 것은 아니었다.

이미 이전인 2월 4일, 사헌부에서는 이순신을 잡아오라고 청했고, 숙고를 한 선조는 2월 6일, 이순신의 체포를 명했다. 이때 독특한 주문이 붙어 있다.

"이순신이 만약 군사를 거느리고 적과 대치하여 있다면 잡아오기에 온당하지 못할 것이니, 전투가 끝난 틈을 타서 잡아오도록 하라."

선조는 이순신이 조정의 재촉을 받아 출전했을 수 있다는 것도 알고 있었다. 그런데도 성과를 거두면 내버려두라는 게 아니라 승패에 불문하고 귀환 즉시 잡아오라고 한 것이다.

2월 25일에 노직盧稙이 이순신이 한산도에서 전함 40여 척을 만들고 있는데 아직 완성하지 못했다고 선조에게 말하는데, 이것은 이순신을 잡아오지 말라는 것을 에둘러 이야기한 것이다. 그러나 선조는 "다만 중국이 구원해주기를 믿을 뿐이다"라고 한산도의 전함 건조에 기대가 없다는 듯이 노직의 말을 일축해버렸다.

그리하여 2월 26일 이순신은 체포, 압송되기에 이른다.

명량해전에 철쇄가 있었다고?

이순신은 일본 측의 반간계(앞서 나온 요시라가 꾸민 일이다)와 원균의 모함, 선조의 시기 등으로 인해 파직되었다.

이때 원균은 무리한 출정을 감행해서 오랜 기간 공들여 키워놓은 이순신의 전함을 모두 날려버리고 말았다. 믿었던 원균의 대패에 선조는 넋이 나갔다.

"충청과 전라에 남은 배가 없느냐? 남은 배로 수습할 방어책을 만들어라!"

하지만 대신들은 꿀 먹은 벙어리. 선조가 다시 일갈했다.

"대신들은 어찌하여 대답하지 않는가? 이대로 방치한 채 아무런 방책도 세우지 않을 셈인가? 대답을 않는다고 왜적이 물러나고 군사가 무사하게 될 것인가."

유성룡이 간신히 입을 열었다.

"너무나 민박悶迫하여 계책을 떠올리지 못하고 있습니다."

'민박'이란 애가 끓고 답답하다는 말이다. 선조가 가슴을 치며 말했다.

"수군 전군이 대패한 것은 하늘이 준 운명이다. 원균이 죽었다 해도 어찌 사람이 없겠느냐? 각 도의 배를 수습해서 빨리 방비하라."

쉬지도 않고 답답한 심정을 또 토로했다.

"척후병도 보내지 않았단 말이냐? 왜 후퇴해서 한산이라도 지키지 않았단 말이냐!"

선조가 절대 후퇴하지 말라고 명을 내린 바 있었다.

"한산을 고수해서 호랑이와 표범이 버티는 형세를 유지했어야 했는데, 출병을 독촉해서 이 모양을 만들었으니, 이건 하늘의 운명이로다."

선조가 이순신을 파직했을 때 벌어질 일이었다.

이항복李恒福이 말했다.

"지금 최선의 대책은 통제사와 수사를 새로 차출하여 계책을 세우게 하는 것입니다."

전문가를 쓰라는 말이었는데, 차마 이순신을 다시 부르자는 말을 꺼내진 못한 것이다. 하지만 선조가 얼른 찬성을 표했다. 그리고 또 패전의 충격을 꺼내놓았다.

"적을 감당할 수 없으면 한산으로 후퇴하면 되었을 텐데, 이 요새를 버리고 지키지 않다니 매우 잘못된 계책이었다. 원균이 부산으로 나가기 힘들다 했는데 맞는 말이 아니었느냐!"

하지만 그건 이순신도 한 말이었다.

"후퇴할 때 이렇게 갔으면 한산으로 쉽게 갈 수 있었는데, 저렇게 갔단 말이냐?"

원균의 역량은 그만큼밖에 되지 않았다.

"이번 일은 도원수(권율)가 원균을 재촉해서 벌어진 일이다."

여기서 선조의 속내가 드러난다. 자기 책임은 하나도 없는 듯 굴고 있다. 선조는 임진왜란이 끝난 후 아군 장수들은 한 일이 없고 오직 명나라군 덕분에 전쟁에 이겼다고 말했었는데, 절박한 상황에 놓이자 속내가 드러나는 말을 하고 말았다.

"우리나라는 지금까지 적세를 알지 못하고 입으로만 늘 당병唐兵(명나라 군), 당병이라고 하였는데, 만약 왜적이 움직인다면 수천에 불과한 중국 군사가 방어할 수 있을 것인가."

"중국군이 온다 해도 왜적이 어찌 두려워할 리 있겠는가. 많은 사람이, 중국군이 나오기만 하면 왜군은 저절로 물러갈 것이라 하지만 이 말은 틀린 말이다."

"내 말이 지나친 염려인 듯하지만, 중국 장수들은 늘 우리 수군을 믿는다고 했는데 지금 이같은 패보를 들으면 혹 물러갈 염려가 있으니, 만약 그렇게 될 경우에는 어떻게 해야 하는가?"

선조가 사실은 수군을 깊게 믿고 있었음을 알 수 있다. 지휘관이 이순신이든 원균이든 별 문제가 없을 것이라 오판했던 것도 알 수 있다.

결국 다른 대책이 없는 조정은 이순신을 다시 삼도통제사에 앉혔다. 이순신에게 남은 것은 원균의 출정 때 배설이 끌고 도망친 판옥선 열두 척뿐이었다.

일본군은 이때야말로 조선 수군의 숨통을 끊어버릴 때라고 하여 대군을 이끌고 쳐들어왔다. 이순신은 열세 척(조정에 말했을 때보다 한 척 더 챙겼다)을 가지고 133척의 일본 전함과 싸웠다. 이순신은 강력한 조류가 흐르는 명량해협을 전장으로 선택하여 믿을 수 없는 승리를 거두었다.

명량해전의 기적적인 승리에는 뭔가 특별한 비밀이 있으리라 생각하는 사람들이 있었다. 이렇게 해서 등장한 것이 명량해협에 철쇄(쇠사슬)를 설치했다는 이야기다. 좁은 해협에 쇠사슬을 설치했다가 적선을 쇠사슬에 걸리게 해서 침몰시켰다는 이야기다.

이 이야기는 이중환李重煥이 쓴 『택리지擇里志』(1751)에 처음 나온다. 명량해전(1597) 한참 뒤에 나온 것이다. 이런 이야기는 이순신이 위험을 무릅쓰고 용감히 싸운 것을 오히려 폄훼하는 이야기다.

철쇄는 전라좌수영 앞에 배의 접근을 막기 위해 설치된 적이 있다. 이에 대해서는 이순신이 쓴 『난중일기』에도 나온다. 하지만 명량해전에는 이런 기록이 없다. 실제로 철쇄를 이용하는 작전을 펼쳤다면 그것을 이순신이 기록하지 않았을 리 없다.

이순신은 끊임없이 척후선을 내보내 일본군의 진격 사항을 체크하고 그들과 싸울 태세를 갖춘다. 어떤 요행수를 바라고 무작정 대군과 싸운 것이 아니었다.

도고의 찬양과 이순신 자살설에 대하여

러일전쟁 때 러시아 해군을 격파한 일본 해군제독 도고 헤이하치로東鄕平八郎가 러일전쟁 축하연에서 이순신을 존경하고 자신을 넬슨Horatio Nelson에 비교할 수는 있지만 이순신에는 비할 바가 못 된다고 말했다는 이야기도 많이 나오는데, 이 역시 출전을 알 수 없는 후대에 만들어진 이야기로 보인다. 어떤 책에서는 영국 해군사관학교에서 한 말이라고 나오기도 한다. 처음 이 일화가 언급된 책은 1964년에 나왔고 그 책에도 출처는 밝혀져 있지 않다.

일본은 러일전쟁 이전에는 이순신을 높이 평가하며 넬슨에 비교하곤 했는데, 러일전쟁 이후에는 도고를 동양의 넬슨이라고 부르며 칭송한다. 일본에서도 이순신을 높이 평가한 것은 사실이지만 그렇다고 있지도 않았던 도고의 말을 넣어서 이순신을 칭송할 필요는 없다.

이순신이 최후의 전투였던 노량해전에서 일부러 자살하고자 갑옷을 벗고 싸웠다는 이야기도 있지만 이 역시 잘못 알려진 이야기다. 이순신은 이전에도 일본군의 조총에 어깨를 맞은 적이 있다. 이순신이 갑옷을 벗고 일부러 총탄에 노출되었다는 이야기는 임진왜란 한참 뒤인 숙종 때 처음 나온 이야기다. 갑옷을 벗었다고 반드시 죽으리란 보상도 없다.

노량해전은 야간에 접근전으로 펼쳐진 처절한 전투였다. 이 전투에서 일본 전함은 200척이 침몰되었고 50척만 빠져 나갔다. 일본으로 돌아가지 못하게 하기 위해 이순신은 악착같이 싸웠고 그러다가 유탄에 맞아 운명을 달리했던 것이다. 이순신이 자살하기 위해 행동했다고 말하는 것은 목숨을 걸고 싸운 이순신에 대한 모독일 수밖에 없다.

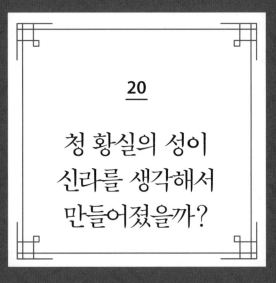

20

청 황실의 성이
신라를 생각해서
만들어졌을까?

청나라는 만주족이 세운 나라다. 흔히 여진족이라고 생각하지만 엄밀하게 말하면 이들은 여러 북방 종족이 혼합된 종족으로 청나라를 세우면서 만주족이 되었다고 이해하는 것이 옳다. 이것은 칭기즈칸Chingiz Khan의 등장으로 몽골족이 형성된 것과 마찬가지라 할 수 있다(그러니까 환국 시절에 몽골이 등장했다는 『환단고기』가 얼마나 엉터리인지 쉽게 알 수 있다).

만주족은 소와 양을 몰고 다니는 유목종족은 아니다. 이들은 반농반수렵 종족인데 흔히 유목종족과 혼동하곤 한다.

청나라는 처음 흥기했을 때 '아이신 구룬Asin Gurun'이라고 불렀다. '아이신'은 '황금'을 뜻한다. 즉 우리에게 익숙한 '금金나라'다. 고려 때 금나라가 있었기 때문에 이때의 금나라는 '후금'이라고 부른다.

초대 군주 누르하치Nurhachi(재위 1616~1626)의 뒤를 이은 홍타이지皇太極(재위 1626~1643)는 곧 아이신 구룬이라는 이름을 금지하고(이때 명과 조선에서 '여진'이라 부르던 '주션(주신)'이라는 이름도 금지된다) '만주滿洲'와 '다이칭 구룬Daicing Gurun', 즉 '대청국大淸國'이라 칭했다.

만주라는 이름은 문수보살의 '문수文殊'에서 온 말이라는 게 통설이다. 이들 청나라 황실의 성은 '아이신기오로Aisin-gioro'라고 하는데 한자로는

'애신각라愛新覺羅'라고 한다. '애신각라'라는 한자는 발음을 표기할 수 없는 한자의 특성 때문에 비슷한 음을 가져다 쓴 것인데 이런 표기 방법을 '음차音借'라고 한다.

그런데 유사역사학에서는 이 글자 안에서 '신라新羅'를 찾아내어서는 한자를 자기들 마음대로 해체해 '애신각라'가 '신라를 잊지 않고 사랑하겠다'라는 뜻이라고 주장한다.

그러나 '애신'은 아이신, 즉 '황금'을 뜻하고 '각라', 즉 '기오로'는 '족族'을 의미한다. 각각 다른 단어일 뿐인데 그 두 개를 조합해서 없는 뜻을 찾아낸 것이다.

왜 청나라 황실은 아이신기오로, 즉 '황금 종족'이라 칭한 것일까? 그것은 그들의 선대인 금나라에서 유래한다. 그럼 여기서 다시 한 번 의문을 가져보자. 왜 여진족이 세운 금나라는 '황금'을 나라 이름으로 정했을까?

여기에는 두 가지 설이 전해진다.

하나는 금나라 태조 아구다阿骨打(재위 1115~1123)가 직접 한 이야기가 있다. 『금사본기金史本紀』에 나오는 이야기를 보자.

> 요나라는 빈철鑌鐵(좋은 철)로 국호를 삼았으니 굳셈을 취한 것이다. 강철이 비록 굳건하나 끝내는 변하고 부서진다. 오직 황금만이 변하지 않고 부서지지 않는다. 금의 색은 백색이고 우리 왕기얀Wanggiyan부도 백색을 숭상한다.

요나라가 '빈철'을 나라 이름으로 정했다는 것은 아구다의 착각이다. 그렇긴 한데 당시 금나라는 요나라와 생존을 건 치열한 싸움을 하고 있었다. 그 때문에 요나라를 이길 수 있는 나라 이름을 지은 것이라고 이해할 수 있다.

그런데 『금사지리지金史地理志』에는 다른 이야기가 나온다. 금나라 국호가 유래한 곳은 송화강 지류인 아르추카강이라는 것이다. 아르추카강은 음차로 안출호按出虎라고 쓰는데, 이 강에서 사금이 나온다고 한다. 아르추카강 유역에 아구다의 부족 왕기얀부(한자로는 '완안부完顔部'라고 쓴다)가 있었다. 자신들이 살던 지명으로 나라 이름을 삼는 것은 흔히 있는 일이다. 이성계도 국호를 '조선'과 자기 고향인 '화령和寧' 중 하나로 정하려 했다.

단순히 '금金'이 사용된 것을 들어 신라의 국성 '김金'과 연관해서 금나라를 신라와 엮어보려는 사람들이 있다. 하지만 살펴본 바와 같이 이들과 신라 사이에는 아무런 관련이 없다.

그런데 이런 이야기를 하면 금나라 시조가 우리나라에서 건너갔다고 말하는 경우가 있다. 『금사본기』에는 확실히 그런 이야기가 나온다. 금나라 황실의 시조 함보函普가 고려에서 왔다고 나온다.

여기서 고려는 '고구려'를 가리킨다. 고구려를 줄여서 '고려'로 표기하곤 했다. 왕건은 고구려 계승을 천명하면서 국호도 그대로 사용한 것이다.

고구려는 만주의 강자로 이때까지도 정치적 카리스마를 유지하고 있었다. 때문에 금나라는 자신들을 만주의 주인이던 고구려의 후계로 자처한 것이다.

그러나 후일 세워진 청나라는 고구려의 흔적을 지워버리는 데 몰두한다. 청나라는 고구려의 계승국이 조선이라는 사실을 매우 껄끄럽게 여긴 것 같다. 건륭제乾隆帝(재위 1735~1795)가 명하여 만든 『만주원류고滿洲源流考』에는 만주뿐 아니라 한반도의 나라들까지 모두 다루고 있는데 오직 고구려만 쏙 빠져 있다. 심지어 『금사본기』에 나오는 함보의 출신도 신라로 바꾸어놓았고, 금나라 국호도 신라의 왕성인 '김'에서 온 것이라고 주장했다. 『금사지리지』의 아르추카강에서 국호가 나왔다는 주장도 견강부회라고 부정하고 있다.

강대한 나라 고구려의 후예라고 주장하는 게 더 좋지 않은가? 왜 굳이 신라로 자기들 선조의 나라를 일컬을까? 이런 의문이 드는 것이 당연하다. 물론 신라가 고구려를 멸망시키는 데 일조를 하긴 했지만.

이런 경우 다른 나라의 역사를 비교해보는 것이 좋다. 유럽의 많은 나라가 자신들의 근원으로 문명과 종교의 나라인 그리스나 이스라엘을 삼지 않고 그리스에 멸망한 트로이를 들던 시절이 있었다. 트로이에서 달아난 왕족 아이네이아스Aeneias가 세운 나라가 로마라는 전설은 유명하다. 하나 더 들어보자. 13세기 아이슬란드 시인 스노리 스투를루손Snorri Sturluson은 트로이의 왕 프리아모스Priamos에게는 트로르Tror라는 손자가 있었는데, 이 트로르가 북구 신화의 토르Thor라고 주장했다. 트로이 사람들이 북유럽인이 되었다고 주장한 것이다.

그리스의 발전한 문명은 변방의 종족에게는 부러움과 질시의 대상이었다. 그와 대항할 수 있는 문명을 취하여 그리스와 대등한 형태를 주장할 수 있는 정당성 획득의 욕망이 이런 주장을 낳았으리라 생각한다. 이것은 중국 문명에 대한 열등감 때문에 그에 대항했다는 전설의 주인공 치우蚩尤를 선조라고 주장하는 행위와도 마찬가지다.

금나라 사람들은 고구려의 위대함을 계승하고 싶어서 자신들의 족보에 고구려를 끼워넣었는데, 후대 청나라는 고구려의 영향력을 남기고 싶지 않았다. 청나라 때 동북공정이 바로 『만주원류고』인 셈이다.

『고려사』를 보면 고려 왕실은 당나라 숙종肅宗(재위 711~762)의 후예로 되어 있다. 이제 이런 기록이 있으니 고려는 중국의 역사라고 하겠는지?

더 재미있는 사실이 있다. 최근 영국 과학 학술지 『네이처Nature』에 청 황실 후예의 유전자 검사 결과가 나왔는데 이들은 우리나라와는 별 관련이 없고 몽골과 관련이 높다는 결과가 나왔다. 결국 전설이 반영하는 것은 거대한 세력 간의 흐름일 뿐이지, 구체적인 역사적 사실은 아니라는 것을 알 수 있다.

역사 기록을 다룰 때는 후대 기록으로 전대 기록을 마구 뒤집어서는 안 된다. 『만주원류고』는 당대로부터 한참 지난 뒤의 역사책이라는 점을 명심해야 한다.

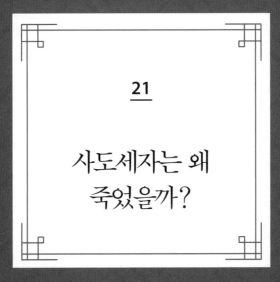

21

사도세자는 왜
죽었을까?

사라진 기록

조선 영조英祖(재위 1724~1776) 38년(1762년) 윤5월 13일에 사도세자思悼世子가 뒤주에 갇혔다.

"임금이 창덕궁에 나아가 세자를 폐하여 서인을 만들고 안에 엄히 가두었다."

『조선왕조실록』의 기록이다. 세자가 뒤주에 갇힌 뒤 세자를 옆에서 모시던 사람들 아홉 명이 참수형에 처해졌다. 세자를 비호하던 관리들은 유배형을 받았다. 동궁(세자가 사는 곳)의 물건도 모두 불살라버렸다.

뒤주에 갇혀 있던 세자는 여드레만인 윤5월 21일에 숨지고 말았다. 겨우 스물일곱 살이었다. 이것을 가리켜 '임오화변壬午禍變'이라고 부른다.

아들의 죽음을 전해 들은 영조는 이렇게 말했다.

"어찌 근 30년 부자 사이의 인정을 생각지 않겠는가? 세손[정조]의 마음을 살피고 대신의 뜻을 헤아려 그 이름을 부활하고, 시호를 사도세자라 내리노라."

영조는 세자를 서인으로 만든 상태에서 죽게 했고, 죽은 뒤에는 다시 세자의 지위를 회복시켜 주었다. 복잡한 일이 아닐 수 없다. 영조는 대체 왜 이런 일을 한 것일까?

불행히도 이때의 중요한 기록이 훼손되는 일이 있었기 때문에 이 일은 더욱 미궁 속에 빠져들었다.

영조가 승하하기 한 달 전, 세손은 사도세자의 사당 수은묘垂恩廟에서 여러 대신에게 눈물로 호소하였다. 승정원일기承政院日記에 남아 있는 사도세자에 대한 '듣는 것도 보는 것도 참을 수 없는 말'을 다 지워달라고. 승정원은 지금의 대통령 비서실과 비슷하다. 승정원에서는 왕과 대신의 논의, 왕이 내리는 명령 등 왕의 정치 행위를 모두 기록해 둔다. 그것을 승정원일기라고 부른다.

실록에 기록되는 것은 왕도 보거나 관여할 수 없었다. 세손 역시 사초에는 관여하지 않겠지만 승정원일기는 그런 것이 아니니 다 지워달라고 한 것이다. 세손의 눈물 호소로 인하여 임오화변과 관련된 중요한 부분이 모두 사라지고 말았다. 영조가 승정원일기를 모두 세초洗草(기록을 물에 씻어버림)하라고 바로 명했던 것이다.

왕조실록을 작성할 때 승정원일기는 중요한 자료에 속한다. 실제로 남아 있는 실록과 승정원일기를 비교해보면 같은 내용을 적은 경우도 보통 승정원일기 쪽이 더 상세한 경우가 많다. 실록 편찬의 중요 자료인 승정원일기가 사라졌기 때문에 실록도 그만큼 부실해질 수밖에 없었다.

하지만 이렇게 지워버렸다는 기록이 남음으로써 우리는 한 가지 사실을 알 수 있다. 사도세자가 듣지도 보지도 못할 정도로 끔찍한 일을 했다는 기록이 있었다는 것이다.

진상 규명의 어려움

조선은 선조 때부터 의견을 같이하는 선비들이 당을 이루었다. 동인, 서인으로 시작한 당파는 여러 차례 분화해서 다양하게 변화했다. 숙종 때 남인의 모반 사건이 벌어졌는데, 서인 중에서 강한 처벌을 원한 쪽을 노론, 약한 처벌을 주장한 쪽을 소론이라 하여 둘로 갈라지게 되었다.

영조가 즉위했을 때 노론이 우위에 있었다. 영조는 한 당파가 권력을 차지하는 것을 좋아하지 않았고 그 때문에 '탕평책蕩平策'이라는 방법을 사용해서 당파와 관계없이 골고루 인재를 등용하고자 했다.

그렇긴 해도 가장 큰 세력은 여전히 노론이었다. 그러니 세자의 죽음과 같은 큰 사건이 벌어지면 정권을 담당하는 쪽에 큰 부담이 될 수밖에 없다. 반대파에서 보면 상대를 공격하기 좋은 사건이기 때문이었다.

세자의 죽음에 있어 가장 큰 책임은 그 일을 실행한 영조에게 있었다. 아들마저 죽인 왕인데, 그 앞에서 이게 잘못된 일이라고 말하기는 어려웠다. 그런 이유로 사도세자의 죽음에 대한 책임 문제는 영조 당대에는 쉽게 꺼낼 수가 없었다.

그러나 세자의 아들 정조가 즉위하자 사도세자의 죽음을 두고 진상 규명 문제가 수면 위로 떠 올랐다. 정권이 교체되자 전 정권의 비리를 파헤치고자 하는 것과 같은 일이 발생한 것이다. 정권을 차지하기 위한 싸움이 벌어진 것이다.

영조나 정조는 같은 혈통이기 때문에 이 문제를 속 시원하게 파헤치기는 어려운 점이 있었다. 정조의 아버지가 무고했다고 하면 정조의 할아버지를 비난하게 된다는 것이 진상 규명의 어려운 문제였다.

사도세자의 광증

사도세자의 아내이자 정조의 어머니였던 혜경궁 홍씨가 쓴 『한중록閑中錄』을 보면 정조가 세손 시절 지워버린 듣지도 보지도 못할 끔찍한 일이 무엇인지 알 수 있다. 사도세자는 요즘 식으로 말하자면, 연쇄 살인마였다.

사도세자는 스물세 살인 1757년 6월부터 살인을 시작했다. 내시를 죽인 뒤 그 머리를 잘라 사람들에게 내보이기까지 했다. 사도세자가 죽인 내시, 궁녀가 백여 명이라는 말까지 있다. 광증이 깊어진 것이다.

사도세자에 동정적이던 남인 쪽 사람이 쓴 『대천록待闡錄』이라는 책에도 사도세자가 백여 명을 죽였다고 나온다. 심지어 인두로 지지는 고문도 가했다는 사실까지 적혀 있다.

사도세자는 대체 왜 살인까지 저지르게 된 것일까?

1757년 2월에 사도세자를 아끼고 영조와의 관계를 잘 풀어보려고 노력했던 정성왕후貞聖王后가 숨졌다. 잇달아 숙종의 계비였던 인원왕후仁元王后도 숨지자 사도세자는 극도의 불안과 공포에 시달렸고 결국 그런 불안감이 살인으로 나타난 것 같다.

혜경궁 홍씨는 이 참혹한 일에 어쩔 줄 몰라 하다가 사도세자의 생모 영빈 이씨에게 알렸다. 영빈 이씨가 놀라며 영조에게 고하자고 했으나 결국 입을 열지 못했다. 그렇지만 사람이 연달아 죽어 나가니 영조도 결국 눈치를 채고 말았다. 1758년 2월에 사도세자를 불러 물었는데 그때 이렇게 대답했다.

"심화가 나면 견디지 못하여 사람을 죽이거나 닭, 짐승이라도 죽이거나 해야 마음이 낫나이다.”

영조는 사도세자가 엇나간 원인에 자기의 엄한 훈육이 있는 것을 알고 자책했는데, 이미 때가 늦은 셈이었다.

『조선왕조실록』에도 이런 기록이 보인다.

“정축년·무인년 이후부터 병의 증세가 더욱 심해져서 병이 발작할 때는 궁녀와 내시를 죽이고, 죽인 후에는 문득 후회하곤 하였다. 임금이 매양 엄한 하교로 절실하게 책망하니, 세자가 의구심에서 질병이 더하게 되었다.”

사도세자는 옷을 갈아입다 성질이 나 시중을 들던 후궁 경빈 박씨를 때려죽였다. 그뿐 아니라 경빈 박씨 소생의 두 살짜리 아들에게도 칼을 휘두른 뒤 연못에 던져버렸는데, 영조의 계비 정순왕후貞純王后가 연잎에 걸린 아이를 건져내 목숨을 구할 수 있었다.

정조는 아버지의 광증을 부인하지도, 그것을 드러내어 이야기하려고 하지도 않았다. 아들의 입장에서 생각해보면 충분히 이해되는 일이다.

정조는 아버지를 위해서 ‘현륭원지顯隆園誌’라는 묘지명(석판에 새겨 무덤에 함께 넣는 글)을 썼다. 이 묘지명에는 사도세자의 광증이 전혀 언급되지 않았다.

그런데 영조가 지은 묘지명이 이미 있었다. 정조는 이 묘지명을 없애버리고 자신이 지은, 아버지를 찬양한 묘지명을 넣었는데, 1968년에 영조의 묘지명이 발굴되어 세상에 모습을 드러냈다. 영조가 지은 묘지명에는 사도세자의 광증이 기록되어 있었다.

자고로 무도한 임금이 어찌 없었겠느냐마는 세자 때로부터 이와 같은 것은 내가 들은 바 없다. 본래 풍요롭고 편안한 곳에 태어났으나 마음을 다스리지 못하고 미쳐버리기에 이르렀다.

변화하는 역사적 사건의 해석

혜경궁 홍씨는 『한중록』에서 사도세자의 죽음과 관련한 잘못된 말 두 가지를 비판했다.

하나는 영조가 사도세자를 죽인 것은 정당한 일이었다는 주장이다. 사도세자가 죽을죄를 저질러 죽었다는 이야기가 되니, 정조는 반역자의 아들이 되는 셈이다. 따라서 이 말은 있을 수 없는 이야기였다.

다른 하나는 사도세자가 병이 없었는데 영조가 모함을 눈치채지 못하고 죽였다는 말이다. 이 점 역시 사도세자의 광증을 자세히 기술해서 잘못이라는 점을 밝혔다.

어떤 사건은 일어난 뒤에 정치적 사건으로 변하게 된다. 사도세자 사건도 그러했다. 사도세자가 비극적으로 죽었을 때 정권은 노론에게 있었으므로, 이 비극의 책임이 노론에게 있다는 정치적 공세가 생겨났다.

정조는 이런 정치적 갈등을 조정의 질서를 잡는 데 이용했다. 물론 아버지의 잘못을 가려주고 추대하고 싶은 생각도 있었을 것이다.

사도세자가 소론에 동정적이었던 것은 사실이다. 그렇다고 해서 사도세자가 소론을 위해서 뭔가를 계획했다는 증거는 없다. 정조 즉위 후에 소론이 이 사건을 이용해서 노론을 공격했다. 후대에 벌어진 일로 과거 사건에 대한 추론을 만들 수도 있지만, 그렇게 하기 위해서는 그에 합당한 증거(사료)가 있어야 한다.

영조는 딜레마에 빠져 있었다. 미쳐버린 세자는 폐해야 했고, 총명한 세손이 왕위를 이을 수 있도록 해야 했다. 그래서 영조는 세자를 서인으로 만들어서 죽게 한 후 다시 세자의 지위를 복원해서 세손이 왕위를 이을 수 있도록 배려한 것이다.

1960년대부터 사도세자가 당쟁에 희생되었다는 주장이 있어 왔는데, 최근에 와서 이 해석은 심각한 도전에 부딪혔다. 새로운 증거와 역사적 사건의 해석이 변화했기 때문이다.

기존의 당쟁설 주장은 광증 자체를 인정하지 않았다. 『한중록』을 거짓말 책이라고 본 것이다. 하지만 앞에서 살펴본 바와 같이 사도세자의 광증 관련 증거는 매우 많다. 따라서 사도세자가 미치지 않았다는 것은 이제 더는 주장할 수 없게 된 셈이다. 당쟁설은 사도세자가 총명하고 개혁 의지가 충만한 사람이었다는 데서 출발하기 때문에 그 전제가 무너진 셈이다.

사도세자의 죽음을 이용한 당파간 싸움은 임오화변의 결과이지 그 원인이 아니다. 결과를 가지고 원인을 해석하고자 하는 것은 결론을 내려 놓고 증거를 수집하는 일과 비슷하다. 이렇게 되면 역사의 진실을 찾아내기가 어려워진다. 역사 연구는 새로운 증거와 해석에 따라 기존의 관념이 변화할 수 있다는 열린 마음이 필요하다.

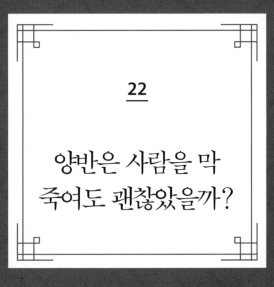

22

양반은 사람을 막
죽여도 괜찮았을까?

조선에선 양반이 아무나 마구 죽이고 다녀도 전혀 문제되지 않았다는 이야기를 하는 사람들이 있다.

　우선 백성을 그냥 막 죽이고 다니면 안 되는 건 당연한 일이다. 조선시대에도 3심이 원칙이었는데, 세 번 심판에서 확정된 사항은 다시 재판할 수 없다고 했다. 그런데 이 원칙이 철두철미하게 지켜졌느냐 하면 그렇지는 않았다.

　원칙이 지켜지지 않은 이유는, 원칙이 훼손되었기 때문이었다. 재판이 불공정하게 진행되었다는 것이 명백한 경우 그 재판은 다시 열렸다. 물론 이 때문에 생기는 불편함도 있었을 것이다. 하지만 그보다는 억울한 죄인을 만들지 않으려는 노력이 조선시대에도 있었다.

　노비는 어땠을까? 노비인 경우, 물론 노비에게 '법적으로' 불리한 게 많았다. 노비는 역모 외에는 주인을 고발할 수가 없었다. 재미있는 점은 고발한 경우 노비는 주인을 고발한 죄로 처벌 받지만, 고발 사건에 따라 주인은 주인대로 조사를 받게 된다는 점. 아마 사안이 심각한 경우에만 적용된 것이 아닌가 싶기는 하다.

　물론 권세가 있으면 사건을 무마할 수 있는 것이, 오늘날이라고 딱히 다르지 않은 것처럼, 조선시대에도 권세 있는 가문이면 노비를 죽이고 덮을 수도 있었을 것이다. 정조 때에는 주인이 노비를 죽인 경우 검시를 하지 말라는 말이 나오는데, 사실 이 말은 그 전에는 주인이 노비를 죽였을 때 검시를 했다는 이야기인 셈이다. 검시를 하지 말라는 말이 어느 정도 효력 있었는지는 잘 모르겠다. 그걸 알기 위해 다음 사건을 한번 보자.

정 씨 가문의 과부가 재가를 한 일이 있었다. 이 재가를 집의 여종이 부추겼다고 하여 그 여종을 정 씨 가문의 세 사람이 때려서 죽인 일이 발생했다. 정조 때 일이다.

여종의 시체를 검시하자 무릎 뒤에서부터 정강이가 온통 보라색에 딱딱하게 굳어 있었다. 매를 맞아서 그렇게 된 것이다. 공초 내용을 보면 죽이려 한 건 아니라고 했으나 아마 매로 혈관이 터져서 3일 후 죽은 것으로 보인다. 이들 세 사람은 살인죄로 하옥되었다.

신문을 받는 동안 한 명이 죽었는데, 살아남은 사람들은 죽은 이가 주범이라고 몰아갔다. 그에 따라 남은 두 사람은 세 차례 고신拷訊(고문이라고 보면 된다)을 받은 후 유배되는 것으로 형이 결정되었다.

여종은 일종의 매파였던 모양이다. 원문에는 '매합자媒合者'라고 나온다. 따라서 여종이 재가를 부추긴 잘못이 있다는 것은 인정하고 있었다. 그렇다면 관에 고하여 합당한 처벌을 받게 하면 되는데 어찌 죽도록 사사로운 형벌을 가했는가가 문제된 것이다.

이런 사례 하나를 놓고 조선의 사법시스템이 노비를 평민과 똑같이 대우했다고 주장하는 것은 아니다. 다만 전근대 국가에서 신분제가 작동하는 양상에 있어 조선이 홀로 괴상망칙한 것은 아니었다는 점을 말하고 싶다. 평민의 경우도 한 가지 이야기해보자.

역시 정조 때 일이다.

경상도 웅천에서 양반 이창범이 평민 처녀 김이단을 강간하려고 한 일이 벌어졌다. 이창범은 무슨 말인가로 김이단을 속여서 인적이 드문 장소로 그를 유인했다. 인적이 드물긴 해도 훤한 대낮에 사방에서 볼 수 있는 장소였건만 음심이 동한 이창범은 그대로 달려들어 김이단을 깔아뭉갰다. 다행히 김이단은 발버둥을 쳐서 이창범을 밀어내고 달아났다.

하지만 수치심을 견디지 못한 김이단은 그날 밤 목을 매어 자살하려고 했다. 목을 매어 자살한다는 게 사실 쉬운 일이 아니다. 매듭을 잘 지어야 줄이 사람 몸을 버틸 수 있기 때문이다. 김이단은 줄이 풀려 살아났다.

집안이 발칵 뒤집혔고 내막을 알게 된 집안 사람들이 이창범의 집에 몰려가 항의했는데, 이창범은 도리어 화를 내며 사람들을 내쫓았다.

이창범의 처는 오히려 김이단에게 죄를 씌우고자 달려와 삿대질을 했다. 김이단은 이날 밥을 짓고 길쌈도 하며 평범한 하루를 보내는 듯 보였다. 그러나 이는 집안 사람들을 안심시키고자 한 행동이었다. 밤이 되자 김이단은 다시 목을 맸고, 이번에는 실수하지 않았다.

이창범은 즉각 투옥되었는데 나름대로 방귀깨나 뀌는 인간이었던 모양인지 관찰사는 그에게 되도록 약한 벌을 주고 싶어했다.

"성정이 사나운 사내가 여인을 속여 강간하고자 하였고, 정숙한 여인이 목을 매어 죽은 사건이니, 강간미수로 처리하고자 합니다."

그러나 보고를 받은 형조의 판단은 달랐다.

"김이단이 자살한 원인은 이창범이 강간했기 때문입니다. 사람이 죽었으니 이창범의 죄는 사형에 해당합니다."

형조는 김이단이 죽은 것으로 보아 강간이 미수가 아니라 실행되었을 것이라 추단했다. 강간 당하지 않았는데 죽기까지 하지는 않았을 것이라고 본 것이다. 불행히도 이 시대에서는 아직 이 문제를 과학적으로 증명하기가 쉽지 않았기 때문에 논리적으로 추단하는 방법밖에 없었다.

이창범은 김이단의 죽음이 자신의 행위와 직접적인 연관 관계가 있다는 것을 부인했다. 이창범의 아내가 가서 행패를 부린 바람에 수치심을 느껴서 죽은 것이라고 주장한 것이다. 자살 시도를 한 번 하긴 했지만 그 후에는 밥도 짓고 길쌈도 하는 등 안정을 되찾았는데, 자기 아내가 그 일을 들쑤셔서 동네 사람들이 다 알게 되는 바람에 죽은 것이니 자기 책임이 아니라고 한 것이다.

정말 치졸하기 이를 데 없는 놈이었다.

조정의 판결이 내려졌다.

"김이단이 강간 당했다고 볼 증거가 없는데, 강간 당해서 자살한 것이라고 하면 고인을 욕보이는 일이니, 강간미수로 처벌해야 함이 마땅하다. 김이단이 정절을 지키고자 한 행위를 표창하여 그 집안의 부역을 면제한다. 이창범은 강간미수라 하나 사람을 죽게 만들었으니 사형에서 한 단계 낮춰 유배를 보내도록 한다. 그러나 그냥 보내면 이런 일이 또 생기게 될 것이다. 유배 전에 엄히 세 번 형신刑訊(고문을 가한다고 보면 된다)을 가한 뒤 북변의 가장 험한 곳으로 유배를 보내라."

피해자가 자살하면 사건의 진실이 쉽게 은폐되지만, 조선시대에도 파헤칠 수 있는 사건이라면 끝까지 파고들었다는 것을 알 수 있다. 가해자가 양반이고 피해자가 평민이라 해도 죄 묻기를 포기하지 않았던 것이다.

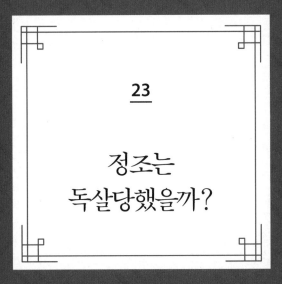

23

정조는
독살당했을까?

정조의 어찰 정치

정조는 신하들에게 비밀리에 편지를 보내는 공작 정치를 운용했다. 왕이 보내는 편지를 '어찰御札'이라고 부른다. 특히 비밀리에 보내는 어찰은 '밀찰密札'이라고 부르기도 한다.

정조만 이렇게 보낸 것은 아니고 다른 임금도 비밀리에 편지를 보낸적이 있다. 선조, 효종孝宗(재위 1649~1659)도 신하에게 비밀 편지를 보냈다. 그러나 정조는 다른 임금에 비해 압도적으로 많은 편지를 보냈다. 신하에게만 보낸 것이 아니라 어머니 혜경궁 홍씨나 외조부 홍봉한洪鳳漢에게도 편지를 자주 쓴 걸 보면 편지 쓰는 걸 무척 즐긴 모양이다.

정조가 신하에게 보낸 어찰 중 채제공蔡濟恭, 조심태趙心泰, 홍취영洪就榮에게 보낸 것도 지금까지 남아 있다. 정조의 어찰 중 심환지沈煥之에게보낸 것이 제일 많아 지금까지 297통이 공개되었다. 1796년 8월부터 정조가 죽기 직전이던 1800년 6월까지 4년 동안의 어찰이다.

정조는 심환지에게 어찰을 모두 없애라고 여러 차례 당부했다. 하지만심환지는 이것을 없애지 않고 보관했다. 이렇게 해서 정조의 비밀 정치가 오늘날 그 실체를 드러내게 되었다.

심환지는 영조 후반기에 과거에 급제하여 관리가 되었다. 사도세자가 비명에 죽은 임오화변 이후 세손이 왕위에 오르는 것을 반대한 세력을 노론 벽파라고 부르는데, 심환지는 노론 벽파의 영수였다.

정조의 등극을 반대한 세력이니 정조 즉위 이후 세력을 잃었을 것이라 생각하기 쉽지만 그렇지 않았다.

정조는 세손 시절 자신을 호위한 홍국영洪國榮을 중용했는데, 홍국영이 과도하게 권력을 부리기 시작하자 홍국영을 탄핵하는 상소가 올라왔다. 상소를 올린 사람은 당시 노론 벽파의 영수 김종수였다.

얼핏 보기에는 정조와 대립한 노론 벽파가 정조에게 도전한 것 같지만, 이 상소는 사실은 정조가 김종수를 시켜서 올리게 한 것이었다. 즉 정조는 홍국영을 내치려 마음먹고 그를 위해 노론 벽파의 신하를 부리는 공작 정치를 한 것이다. 김종수가 올린 상소문을 지은 사람이 정조였으니, 자기가 지은 상소문을 시치미 뚝 떼고 받아보았다는 이야기다.

정조는 이처럼 신하들을 어찰을 통해 비밀리에 부리는 무서운 정치가였다.

정조 독살설

이인화의 소설 『영원한 제국』(1993)은 정조 독살설을 대중에게 널리 알린 작품이다. 베스트셀러가 된 이 책은 2년 후 영화로도 제작되어 흥행에 성공했다.

정조 때 채제공을 필두로 한 남인이 상당히 중용되었는데, 정조의 죽음으로 남인이 몰락하자 남인들 사이에서 정조가 독살되었다는 소문이 널리 퍼졌다. 그러나 정조가 죽었을 때 남인들은 조정에 있지 못했으므로 이것은 근거 없는 낭설에 불과했다. 이런 낭설을 베스트셀러 소설이 부활시킨 것이다. 동시에 정조는 개혁을 위해 스러져간 비운의 군주라는 이미지도 가지게 되었다. 그러나 이런 정조의 이미지와 역사적 실체는 많이 다르다고 할 수 있다.

정조는 스물다섯 살에 즉위하여 직접 정치를 행한 당당한 군주였다. 정조는 뛰어난 두뇌와 지치지 않는 정열적인 자세로 국정을 돌보았다. 그가 신하들 손에 휘둘리는 나약한 군주일 수는 없다. 재위 기간도 24년이나 된다. 대통령으로 본다면 무려 5선을 한 셈이다. 이렇게 오래 임금 자리에 있으면서 개혁을 완수하지 못했다면 과연 그 개혁은 성공할 수 있는 개혁이었을까?

불행히도 정조가 병으로 죽은 후 순조純祖(재위 1800~1834)는 열한 살, 헌종憲宗(재위 1834~1849)은 여덟 살에 즉위하면서 조선은 세도정치의 나락에 떨어지는데, 이것은 군주가 조정을 장악할 수 없는 어린 나이에 즉위했기 때문에 어쩔 수 없이 외척에게 의지하게 되는 현상을 일으켰던 탓이다. 중국은 어린 군주가 즉위하면 군주를 돌보던 환관이 정치에 간섭하여 나라를 망쳤는데, 조선은 환관의 정치 참여를 철저하게 막아서 그런 일이 일어나지 않았지만 대신 외척이 권력을 잡을 수 있었다. 이 군주제의 폐단이 하필이면 조선 말에 나타나고 만 것이다.

세도정치는 고종이 집권하면서 끝났다. 고종도 어린 나이에 즉위했지만, 그에게는 정치를 맡을 아버지, 흥선대원군興宣大院君이 있었다. 조정을 장악할 어른이 집권하면서 세도정치는 끝이 났다. 조선의 왕은 일반적으로 생각하는 것보다 훨씬 힘 있는 존재였다.

그러나 신하들이 자기 입맛에 맞는 군주를 골라서 즉위시키기 위해 왕을 독살했다는 음모론이 퍼지면서 조선의 군주는 자꾸만 미약한 존재로 인식되어 왔다.

이런 인식은 드라마를 통해서 재생산되며 사람들의 뇌리에 각인된다. 사극의 클리셰 중 하나는, 신하들이 옹립한 힘없는 군주와 그런 상황을 타파하고자 하는 세자의 등장 같은 것이다. 왕이 그렇게 힘없는 존재라면 대체 왕은 왜 되려고 하는 것이고, 힘 있는 신하는 애초에 왜 왕이 되려고 하지 않는 것일까?

조선은 근본적으로 군신 간 힘의 조화가 이루어질 때 잘 돌아가는 군주제 국가였다. 권력의 정당성이 없는 외척이 등장하지만 않는다면 권력이 오롯이 군주에게서 발생하는 한 문제가 일어나지 않는다. 영·정조 시대를 조선의 르네상스라고 이야기하는 것은 그만큼 이 시기가 안정적이었기 때문에 하는 말이다.

'당쟁黨爭'이라는 말을 흔히 쓰는데 이 말 자체는 일본 학자가 조선을 비하하기 위해 만든 말이다. 대한제국 학정참여관學政參與官이던 시데하라 다이라幣原坦가 쓴 『한국정쟁지韓國政爭志』(1907)에서 당쟁이 조선을 몰락시켰다는 이론이 나오고, 통감부에서 일했던 아오야기 쓰나타로靑柳綱太郎의 『조선4천년사朝鮮四千年史』(1917)에서 확립되었다. 『조선4천년사』는 일본어뿐 아니라 국한문 혼용체로도 내서 무려 3만 부를 발간해 배포했다. 식민사관을 철저히 전파하기 위해서 한 일이었다. 아오야기는 "조선사는 사대주의의 역사이며, 조선이 강대국의 번속으로 존립이 불가능하다는 것을 표시하는 굴욕의 역사"라고 생각했다.

식민사학에서는 조선이 당쟁으로 망했다고 말하는데, 조선 말기의 혼란은 오히려 당쟁이 사라지고 외척이 세도정치라는 독재를 실행해서 벌어진 것이다. 하지만 당쟁 때문에 망했다는 말을 자꾸 듣자 사람들은 조선의 왕은 당쟁에 휘둘리는 나약한 존재로 생각하게 되었다.

숙종은 '환국換局'이라고 하는 것을 자주 했는데, 환국은 조정을 담당하는 당파를 갈아 치우는 것이다. 왕에게는 그만한 힘이 있었던 것이다. 영조의 탕평책도 한 당파가 정권을 장악하면 폐단이 생기기 때문에 행한 것이지, 왕이 신하들을 제압할 방법이 없어서 행한 것이 아니다. 그러니 군왕을 독살한다는 것은 실제로 일어나기 어려운 일일 수밖에 없다.

정조 독살설을 주장하는 근거가 뭔지 살펴보자.

정조가 병석에 누웠을 때 수은이 들어간 약 처방(수은은 독약이다)을 권한 사람이 심환지의 친척이고, 정조의 체질에 안 맞는 인삼 처방을 권한 사람도 노론 벽파이고, 정조가 죽을 때 홀로 자리를 지킨 정순왕후도 노론 벽파 집안이므로 정조는 독살당했다는 것이 정조 독살설의 근거다.

또한 정조가 죽기 얼마 전에 '오회연교五晦筵敎'라는 교서를 발표했는데, 여기서 노론 벽파를 숙청하고 남인을 중용하겠다는 의지를 밝혔기 때문에 위기의식을 가지게 된 노론 벽파에서 정조를 독살했다고 주장한다.

정조 독살이라는 음모론

정조가 노론 벽파를 적대시하여 독살당했다는 주장은 정조가 건강하고 오래 왕위에 있었을 것이라는 가정하에 성립하는 주장이다. 그런데 정조는 오랫동안 질병을 앓고 있었다. 심환지에게 보낸 어찰에도 중병을 앓고 있음을 알렸다. 원래 중병을 앓고 있어서 얼마나 살지 알 수 없는 상태인데 군이 위험을 무릅쓰고 암살을 행할 필요가 과연 있었을까?

역사의 추정은 합리적인 근거가 필요하다. 왕의 죽음 같은 중대한 일이라면 더욱 그렇다. 누가, 어떻게, 왜가 모두 충족되어야 한다. 독살설은 이렇게 주장한다.

누가? 노론 벽파가, 어떻게? 독으로, 왜? 정조가 노론 벽파를 탄압하려고 했으므로. 이렇게만 보면 그럴 듯해 보인다. 하지만 세부적으로 보면 말이 되지 않는다.

'어떻게'를 먼저 보자. 정조에게 독을 어떻게 먹였을까? 정조가 죽은 뒤 권력을 차지한 정순왕후를 비롯한 노론 벽파와 정조의 생모 혜경궁 홍씨는 서로 대립하는 사이였지만, 혜경궁 홍씨는 정조가 이들에 의해 독살되었다는 주장을 전혀 하지 않았다. 정조의 죽음에 이상한 부분이 있었다면 바로 이의를 제기하고 권력을 차지하기 위한 싸움이 벌어졌을 것이다.

'왜'는 어떨까? 독살설에서는 정조가 오회연교를 내놓아서 남인을 중용하고 노론 벽파를 몰아내려 했다고 말한다. 실제로 그동안 많은 학자들이 (독살설과는 별개로) 오회연교를 그렇게 해석했다. 하지만 비밀 어찰이 나오면서 새로운 사실이 밝혀졌다.

정조가 오회연교를 통해 비난한 당파는 노론 벽파가 아니라 노론 시파였던 것이다. 그동안 역사가들의 해석이 잘못된 원인은 오회연교 자체에 있다. 정조는 오회연교에서 누구를 공격하고 누구를 중용할 것인지와 같은 부분을 분명하게 써놓지 않았다. 오회연교는 두루뭉술하고 애매모호한

글일 뿐이다. 코에 걸면 코걸이, 귀에 걸면 귀걸이인 셈이다. 하지만 오회연교가 나온 뒤 당파에서 보인 반응을 살펴보면 뜻밖의 진실을 알 수 있다.

노론 벽파는 오회연교를 환영했고 노론 시파는 오회연교를 보고 걱정했다. 이것은 『조선왕조실록』에 있는 노론 벽파 이서구李書九의 상소와 노론 시파였던 심노숭沈魯崇의 글에서 읽을 수 있다. 역사의 증거란 이처럼 교차 검증될 때 큰 의미를 가진다.

지구가 평평하다고 믿는 사람들이 있다. 과학이 발달하지 못한 고대에는 그럴 수 있다. 하지만 오늘날은 하늘 위로 비행기가 날아다니고 우주선을 날려서 지구를 직접 관찰할 수 있다. 그런데도 사람들은 자기 주장을 입증해준다고 생각하는 증거만 수집한 후 '자, 증거가 이렇게나 많다'라고 말한다. 그들이 내미는 '증거'만 보면 정말 그런가 하는 생각이 들수도 있다. 역사학에서는 그렇게 편향된 증거를 수집하는 것을 경계한다. 자기 주장과 맞지 않는 증거 역시 설명할 수 있어야 한다.

보통 음모론에서는 자기 주장과 반대되는 증거는 '조작되었다'라는 말로 무시한다. 그래서 『한중록』도 혜경궁 홍씨가 조작했다고 주장한다. 하지만 정조가 친필로 쓴 편지를 조작되었다고 할 수는 없다. 그러면 독살설을 주장하는 사람은 원래 독살은 측근이 하는 것이라고 말을 바꾼다. 적대자여서 독살했다고 주장하다가 갑자기 측근이어서 독살하기가 쉬웠을 것이라고 이야기를 하는데도 합리적인 주장이라고 할 수 있을까?

정조의 비밀 어찰이 등장함으로써 그나마 명맥을 유지하던 정조 독살설은 있을 수 없는 상상의 산물이라는 것이 밝혀졌다. 새로운 사료의 등장으로 혹시나 했던 일의 진상이 분명해진 것이다. 역사가란 이런 때에 자신의 기존 해석에 문제가 있었다는 것을 솔직히 인정할 줄 알아야 한다.

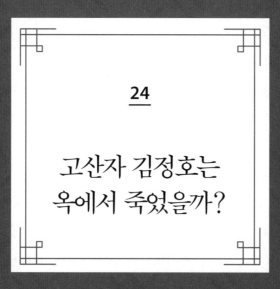

24

고산자 김정호는
옥에서 죽었을까?

〈대동여지도大東興地圖〉는 조선시대에 만들어진 지도 중 최대 크기다. 세로 6.6미터, 가로 4.1미터에 달해서 3층 높이 이상의 공간이 있어야 걸어놓을 수 있다. 이렇게 커다란 크기 때문에 같은 크기로 영인본이 나온 적이 없다. 1936년 경성제국대학 법문학부에서 3분의 2 크기로 영인본을 간행한 것이 최초의 영인본이었다.

〈대동여지도〉를 만든 사람은 고산자 김정호金正浩다. 예전 국어 교과서에 실린 김정호를 기억하는 분들이 있을 것이다. 정확한 지도를 만들기 위해 백두산을 일곱 번이나 오르내리며 숱한 고생 끝에 지도를 완성하였지만 대원군이 나라의 비밀을 함부로 알렸다고 하여 투옥되었고 〈대동여지도〉는 불살라졌다고 말한다. 그런 내용을 보며 미개한 나라 조선이 참으로 한심하다는 생각이 절로 들었다. 그런데 정말 그랬을까?

김정호에 대한 이런 전설이 만들어진 것은 일제강점기 때였다. 1925년 육당 최남선이 『동아일보』에 실은 글이 최초의 내용이었다.

최남선은 이 글에서 그 전까지는 전혀 언급되지 않던 몇 가지 이야기를 던져놓았다. 김정호가 만든 것 중 〈대동여지도〉 하나만 남았다는 것, 전국의 산천을 샅샅이 답사하고 백두산을 일곱 번이나 올랐다는 것, 아내도 잃고 딸 하나와 함께 〈대동여지도〉를 판각하여 만들었다는 것, 지도 제작법을 서양인에게 배웠다는 누명과 우리나라의 기밀을 외국인에게 알렸다는 죄목으로 옥에 갇혔고 〈대동여지도〉 목판은 모두 압수당했다는 것, 청일전쟁 때 〈대동여지도〉가 그 가치를 드러냈다는 것 등이다.

그리고 이 내용은 일제가 간행한 교과서 『조선어독본朝鮮語讀本』에 전기 형식으로 다시 게재되었다. 조선 팔도를 세 번, 백두산을 여덟 번 올라간 끝에 딸과 함께 〈대동여지도〉를 완성했으나 대원군이 나라의 비밀이 누설되면 큰일이라는 이유로 부녀를 옥에 가두고 지도는 압수했고 결국 부녀는 사라지고 말았다는 내용이 적혀 있다. 그러면서 최남선이 말했던 청일전쟁에 사용되었다는 구절은 이렇게 바뀌었다.

> 명치37년 러일전쟁이 시작되자 〈대동여지도〉는 우리 군사에게 지대한 공헌이 되었을 뿐 아니라 그 후 총독부에서 토지조사사업에 착수할 때에도 둘도 없는 좋은 자료로 그 상세하고도 정확함은 보는 사람으로 하여금 경탄케 하였다 한다. 아, 김정호의 고난은 비로소 이에 혁혁한 빛을 나타내였다 하리로다.

청일전쟁이 러일전쟁으로 바뀌었는데, 러일전쟁이야말로 일제가 자랑한 전쟁이었기 때문일 것이다. 러일전쟁에 실제로 〈대동여지도〉가 사용되었는지는 알 수 없다.

일제가 김정호에 대한 내용을 『조선어독본』에 실은 것은 조선을 폄하하기 위해서라는 주장도 있고 일견 타당성도 있어 보인다. 조선 폄하는 일제강점기 당시 모든 분야에 걸쳐서 광범위하게 퍼져 있었고 지금도 그 영향 때문에 조선이라면 일단 멸시하는 풍조가 어느 정도 남아 있기 때문이다.

문제는 이런 내용이 그 후 우리나라 국어 교과서에도 그대로 수록되어 가르쳐졌다는 데 있다. 심지어 조금 더 과장되었다. 일제가 만든 『조선어독본』에는 목판이 압수된 것으로 나오는데, 우리 교과서에는 압수한 뒤에 불살라졌다고 써 있었다. 청일전쟁이나 러일전쟁에 대한 내용은 없어졌지만 조선에 대한 비하는 강조된 상태로 수록되었다.

> 그러나 그는 억울한 죄명으로 죽음을 당하게 되었다. 그때, 나라를 다스리던 완고한 사람들이 그 지도를 보고, 나라의 사정을 남에게 알려 주는 것이라고 오해를 했기 때문이었다. 동시에, 그들은 김정호의 피땀이 어린 지도의 판목까지 압수하여 불사르고 말았으니, 정말 안타깝기 그지없는 일이다. 그 당시 우리나라는 외국과 거의 왕래를 하지 않았고, 새로운 문화를 받아들이기를 꺼리고 있었던 것이다. 김정호는 억울한 죽음을 당했다. 하지만, 그가 남긴 업적은 오늘날까지 찬란하게 빛나며, 우리의 가슴속에 살아 있다. 아울러, 그의 굽힐 줄 모르는 의지와 신념은 우리에게 영원한 가르침으로 남아 있을 것이다.

김정호의 업적은 대단하지만 그렇다고 해서 〈대동여지도〉가 하늘에서 뚝 떨어진 것은 결코 아니다. 이제부터 잘못 알고 있는 것의 사실을 정리해보자.

첫째, 김정호는 〈대동여지도〉 하나만 만들지 않았다. 김정호는 〈대동여지도〉뿐 아니라 지리인문서 『동여도지東輿圖志』, 『여도비지輿圖備誌』,

『대동지지』를 편찬하였고, 지도는 〈청구도靑邱圖〉, 〈동여도東輿圖〉, 〈대동여지도〉, 〈수선전도首善全圖〉 등을 제작하였다.

둘째, 〈대동여지도〉 판목은 대원군에 의해 불살라지지 않았다. 지금도 판목이 남아 있어서 국립중앙박물관에 가면 볼 수 있다. 판목을 통한 연구로 〈대동여지도〉가 어떻게 만들어졌는지 더 정확히 알아낼 수 있었다.

셋째, 김정호는 옥에 갇혀 죽지 않았다. 김정호에 대해서 남겨진 기록을 보면 지도가 압수당한 바도 없고 옥에 갇힌 죄인이 되었다고 볼 근거도 없다.

넷째, 지도 유통이 금지되어 있지 않았다. 조선시대에는 지도를 민간이 제작하거나 유통할 수 없었다고 생각하는데, 이것은 조선 전기의 상황이었다. 조선 후기로 오면서 상업이 발달하고 물품 유통이 활발해지자 지도가 꼭 필요하게 되었다. 관리와 사대부는 옷소매에 넣을 수 있는 수진본袖珍本 지도를 애용했고 목장지도, 궁궐도, 역사부도 등 다양한 지도가 등장했을 정도였다.

다섯째, 〈대동여지도〉는 조선 지도의 계승자다. 최한기崔漢綺는 『청구도제靑丘圖題』에서 김정호가 어려서부터 지도에 깊은 뜻을 두고 지도 제작의 장단점을 검토했다고 말하고 있다. 김정호가 최초로 만든 지도인 〈청구도〉는 정조 때 만들어진 〈해동여지도海東輿地圖〉를 참고한 것이고 〈해동여지도〉는 신경준申景濬이 만든 〈조선지도朝鮮地圖〉를 변형한 것이다.

여섯째, 김정호가 직접 팔도를 답사하고 백두산을 올랐다는 말은 근거가 없다. 김정호 당대의 현실을 보아도 타당성이 없다. 이 이야기는 일본 지도제작자 이노 다다타카伊能忠敬의 일화에서 가져온 것으로 보인다.

일곱째, 일제강점기 때 만들어진 내용은 더는 초등학교 교과서에 실려 있지 않다. 김정호에 대한 진실을 알리기 위해 끊임없이 노력했던 이우형李祐炯, 이상태 등 학자들의 노력에 의해 1997년에 제대로 된 내용으로 김정호 이야기가 개정되었다.

김정호는 고위 관료인 신헌申櫶과 최한기, 최성환崔瑆煥 등 사대부들의 도움을 받아 지도를 제작하였고 판각에 뛰어난 재주를 가지고 기존의 지도를 섭렵하여 〈대동여지도〉를 비롯해 각종 지리서를 편찬한 위대한 지도 편집자였다.

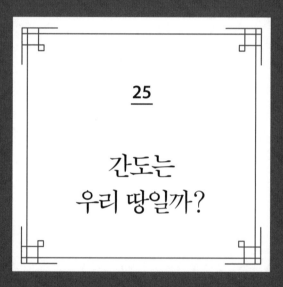

25

간도는
우리 땅일까?

우리 땅이란 무엇인가?

　인터넷상에 보면 간도를 '잃어버린 우리 땅'이라며 회복해야 한다고 하는 주장을 흔히 볼 수 있다. 그런데 이런 주장을 하는 사람들은 간도가 어디인지도 잘 모르는 경우가 많다. 인터넷상에서 간도를 찾아보면, 사람들이 저마다 다른 간도(북간도, 서간도, 동간도)를 그려놓은 것을 볼 수 있다. 만주(중국의 동북삼성)의 남쪽 절반쯤을 간도라고 부르기도 한다. 그러면 "그거 다 우리 땅이긴 했잖아"라고 말할 수 있긴 하겠다. 그러니까 그 영역이 고구려 땅이었다는 주장이다. 고구려는 668년에 망했다. 발해가 뒤를 이었다. 발해는 926년에 망했다. 그 후 조선의 세종이 1446년에 영토를 압록강과 두만강까지 확장하기 전까지 그 땅은 우리 것이 아니었다. 그러니까 한 5백 년은 우리 땅이 아니었다. 엄밀히 말하면 세종이 개척한 이후에도 압록강 상류 쪽 사군은 폐지하여 오랫동안 조선 사람은 살지 않는 땅이었다.

　한때 우리나라 땅이었다고 그 영토가 지금도 우리나라 땅이라고 주장할 수는 없다. 만일 이탈리아가 고대 로마의 땅이 모두 이탈리아 땅이라고 주장하고 '고토 회복'을 외치면 어떻게 될까?

중국이 동북공정(현재 중국 영토에 있었던 나라의 역사는 모두 중국사라는 주장)이랍시고 고구려 역사가 자기네 역사라고 말하는 것과 별반 다를 게 없는 일이다.

압록강과 두만강으로 국경을 확실히 정한 것은 조선 숙종 때였다. 이 무렵 청나라는 러시아의 남진을 막기 위해 네르친스크 조약(1689)을 맺어서 북쪽 국경을 확정지었다. 청나라는 1712년에 조선으로도 사신을 보내서 양국 간 국경을 확정했다. 이때 조선은 필사적으로 노력해서 백두산을 자국 경계 안으로 집어넣었다. 양국 국경은 압록강과 두만강으로 하고 두 강의 시작점이라고 여긴 곳에 비석을 세웠다. 이 비석을 '백두산정계비白頭山定界碑'라고 부르는데, 그 유명한 〈대동여지도〉에도 표시되어 있다. 그런데 그 위치를 보면 백두산 천지보다 남쪽에 있다. 〈대동여지도〉에는 강이 나뉘는 분수령, 경계를 표시했다는 뜻의 분계강 등의 말도 나오고 당시 경계를 확실히 하기 위해 세운 석퇴와 목책 등도 다 표시되어 있다.

1962년에 북한과 중국이 국경을 정하는 회담을 했다. '조중변계조약朝中邊界條約'이라는 이 조약을 통해서 백두산 천지를 경계로 하는 국경을 정했다. 이렇게 해서 조선 때보다 조금 북쪽으로 올라간 국경을 만들게 되었다. 우리나라 사람들은 관념적으로 백두산 천지를 우리 땅이라고 생각했기 때문에 이 조약이 알려지자 "김일성이 백두산을 팔아먹었다"라는 유언비어가 돌기도 했다.

'간도는 우리 땅'이라는 주장은 일본제국이 청나라와 간도협약(1909)을 맺어서 간도를 팔아먹었다는 이야기에서 튀어나온 것이다. 고구려나 조선이 나올 필요도 없는 근대에 벌어진 이야기다. 하지만 간도 문제를

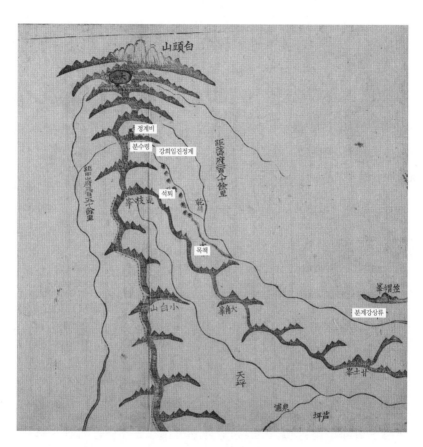

대동여지도

(이미지 출처: 국립중앙박물관)

이야기하려면 숙종 때 청나라와 국경을 정한 문제부터 이야기를 할 필요가 있다.

청나라 사신 목극등과 백두산정계비

숙종 37년(1711년)에 조선 사람이 압록강을 건너가 청나라 사람을 살해하는 일이 있었다. 이에 청나라에서는 사건의 진상을 조사하고 아울러 국경도 확실히 정하라는 명을 내렸다. 그러자 조선 조정은 국경을 정할 때 백두산이 청나라 영토로 들어가게 될 것을 걱정했다. 백두산 인근에는 조선 사람이 살지 않기 때문에 사람이 사는 곳을 경계로 삼는다고 하면 청나라 영토가 조선 내륙으로 들어오게 된다. 당연히 경계할 일이었다.

조선 조정은 압록강과 두만강이 경계였으므로 이 두 강의 남쪽은 다 조선 땅이어야 마땅하다는 주장을 확립했고 그에 입각해서 협정을 맺고자 했다.

다음 해에 청의 오라총관 목극등穆克登이 국경을 정하기 위해 찾아왔고, 조선에서는 접반사接伴使로 한성부우윤 박권朴權을 내보냈다.

목극등은 강이 정말 백두산에서 발원하는지 확인하기 위해 압록강 중류에서 출발하여 백두산을 올랐다. 당시 쉰네 살로 노쇠했던 박권은 백두산을 오르지 못해 조선 측에선 수행원들만 목극등을 따라갔다.

목극등은 역관 김지남金指南에게 두 나라 국경에 대해서 질문했다. 김지남은 이 내용을 『북정록北征錄』에 자세히 써놓았다.

"그대는 양국의 경계를 명확히 알고 있는가?"

목극등이 묻자 김지남이 대답했다.

"저희는 비록 직접 보지는 못하였으나, 장백산(백두산) 꼭대기에는 큰 호수가 하나 있습니다. 동쪽으로 흐르는 것은 두만강이 되고 서쪽으로 흐르는 것은 압록강이 되었으니, 그 호수의 남쪽이 곧 우리나라 영토입니다. 그러므로 작년에 황제께서 창춘원暢春園에서 사신을 불러 물어보았을 때 두만 압록 두 강으로 경계를 삼는다고 대답하였던 것입니다."

"그것을 증빙할 어떤 문서라도 있느냐?"

"상고 시대를 지나 나라를 세운 후에는 이로써 경계를 삼아왔으니, 지금에 와서는 어린아이라도 모르는 사람이 없습니다. 어찌 문서가 있어야만 증명이 되겠습니까?"

이렇게 이미 국경은 명확했다. 하지만 청나라가 어디까지 요구할지가 걱정이었다. 목극등은 대충 말을 듣고 끝낼 생각이 없었다. 그는 백두산을 올라가 직접 눈으로 모든 것을 확인하고자 했다.

험한 산속에서 강이 시작되는 지점을 찾는 것은 쉬운 일이 아니었다. 백두산 정상 부근에서 솟아나온 물은 얼마 가지 않아 땅속으로 사라져버렸다. 목극등은 동쪽으로 이동하면서 물줄기가 다시 나오는 곳을 찾았다.

목극등이 백두산 정상에 오른 날은 5월 11일이었다. 목극등은 정상에서 좀 떨어진 아래쪽에서 두만강 상류를 찾아낸 뒤 두만강을 따라 해안에 이르기까지 전체 흐름을 꼼꼼히 확인했다. 그러고는 두만강을 따라서 하류로 향했다. 300여 리를 내려와 무산에 도착한 뒤 배를 타고 두만강을 따라갔다. 두만강 하구 경흥부에 도착한 것은 5월 30일이었다. 목극등은 경흥부사를 불러놓고 말했다.

"두만강이 바다로 들어가는 곳이 여기에서 몇 리나 떨어져 있는가?"

"강물이 바다로 들어가는 곳은 서수라보 앞에 있는데 가서 보고자 하면 길이 구불구불하고 멀어 거의 80~90리에 이를 정도입니다. 만약 멀리서 보아도 무방하다면 여기에서 20리 되는 곳에 두리산이 있는데 산꼭대기에 올라보면 바다로 들어가는 모습을 굽어볼 수 있습니다."

목극등은 보이기만 하면 된다고 말하고 다음날 산에 올라 두만강이 바다로 들어가는 모습을 지도에 그려 넣었다. 목극등은 두만강의 섬에 농사 짓는 것을 금해 절대 월경하지 말라는 지시를 남기고 이틀 후 경원으로 돌아가 두만강을 건너 청나라 후춘厚春으로 돌아갔다.

만일 백두산정계비에 적은 토문강이 송화강의 지류라고 한다면, 목극등은 그 지류를 따라 이동하며 국경선 지도를 완성했을 것이다. 목극등이 두만강을 따라 이동하며 국경을 확인한 사실은 목극등을 수행한 여러 사람의 글에 명명백백하게 나타나 있어 의심의 여지가 없는 것이다. 대개 토문강이 송화강 지류라고 주장하는 사람들은 이런 기록을 찾아보지 않는 것인지, 알고도 무시하는 것인지 거론하는 법이 없다.

이때 조선 측은 백두산이 조선 것이라는 점, 즉 백두산 남쪽으로 청나라가 들어오지 않게 하는 데 집중했다. 김지남은 목극등에게 지도를 그려달라고 요청하면서 백두산도 넣어서 그려달라고 했다. 지도에 백두산이 나오면 조선 것이라는 게 확인되기 때문에 요청한 것이다. 이에 목극등이 쾌히 허락했습니다.

"대국의 산천은 그림으로 그려줄 수 없지만, 백두산은 이미 그대들 나라 땅이니 그림 한 폭 그려주는 것이 어찌 어렵겠는가?"

"만약에 그것이 대국의 산이라면 어찌 감히 부탁할 마음이 생겼겠습니까?"

"잘 알았네."

이렇게 해서 그려준 지도는 지금도 전해지고 있다. 그런데 앞서 말한 바와 같이 조선의 목적은 백두산 남쪽으로 청나라가 들어오지 못하게 하는 것이므로 백두산 전체를 자기 땅이라고 주장한 것은 아니었다. 김지남은 목극등에게 이렇게 말했다.

"장백산 꼭대기 큰 호수 남쪽이 바로 우리나라 경계입니다."

사실 백두산이 조선 것인지는 이때까지 분명하지 않았다. 광해군 때 사람 유몽인柳夢寅이 쓴 『어우야담於于野譚』에는 이런 글이 있다.

> 내가 일찍이 삼수군 소농보에서 노닐다가 장경령에 올라서 바라보니 백두산이 호胡(오랑캐) 땅 안에 있었는데, 우리나라 경계와 거리가 겨우 며칠 길이었다.

유몽인은 백두산이 조선 땅이라는 생각을 하지 않았던 것이다. 그러니 조선에서는 이번 기회에 백두산을 확실히 조선 것으로 만들어놓는 것이 참으로 중요했다. 목극등의 백두산 탐사와 그의 선언으로 백두산은 확실히 조선 것이라고 인정되었다. 그리고 경계를 확실히 하기 위해 백두산 정계비를 세웠다.

목극등은 물이 땅속으로 들어가 보이지 않는 영역에는 경계표지물을 따로 만들라고 주문했다. 그런데 경계표지물인 석퇴와 목책 등을 만들러 간 사람들은 그걸 세우다가 목극등이 실수한 것을 발견했다. 목극등이 지목한 강은 두만강으로 가지 않고 송화강으로 흘러가는 물이었던 것이다. 조선은 슬그머니 목책을 두만강 상류로 연결해버렸고 이 사실을 함구했다. 공연히 목극등의 잘못을 지적해서 일을 크게 만들고 싶지 않았던 것이다. 어차피 사람도 안 사는 백두산 산속에 세워진 목책이 좀 달라졌을 뿐이었다.

영·정조 시대 유학자 정동유는 『주영편』이라는 책에서 백두산정계비에 대해 이렇게 썼다.

> 그들이 토문이라고 한 것은 바로 두만이다. 여진어로 만萬을 두만이라고 하는데, 여러 물이 합류하기 때문에 붙여진 명칭이다. 두만과 토문은 음이 같아서 우리나라 사람은 두만이라 부르고, 저들은 토문이라고 부른다.

정동유는 이어서 우리나라 관리는 올라가지도 않고 청나라 목극등이 말하는 대로 다 해버려서 몇백 리 땅을 잃은 셈이라고 한탄한다. 정동유는 두만강 북쪽 700리 되는 백두산 동북쪽 소하강 변에 공험진이 있고 이곳 선춘령에 윤관이 세운 비석이 있다는 말을 하면서 국경을 정한 문제에 아쉬움을 표한다.

> 소하강은 백두산 동북쪽에 있어 목극등이 말한 토문강 상류가 복류하는 바깥쪽이다. 이곳만은 경계로 삼을 강이 없기 때문에 서로 드나들기 쉽다. 두 나라가 국경을 정하는 것은 그 얼마나 중대한 일인가? 저들은 수륙 천리 길에 굳은살 박이는 고생을 꺼리지 않은 반면 우리나라 사람은 편안히 한곳에 앉아서 저들이 하는 말을 그대로 따르기만 했다.

즉, 정동유는 이때 국경을 두만강 이북의 어느 정도까지 주장했으면 좋았을 것이라며 아쉬워하고 있다.

결론적으로 백두산에서 북쪽으로 흐르는 소하강(지금 이름은 이도백하二道白河)이 토문이 아니라는 건 당대인도 잘 알고 있었다는 이야기다.

간도 문제가 일어나다

청나라는 압록강과 두만강 너머 일정 구간을 공터로 비워두고 사람들이 살지 못하게 했다. 이것을 '봉금령封禁令'이라고 한다. 그렇게 해서 조선과 불필요한 충돌이 일어나지 않게 한 것이다. 하지만 완벽하게 지켜지지는 않았고, 조선 사람들이 종종 땔감을 구하러 넘어가곤 하다 그곳에 정착한 청나라 사람과 충돌하기도 했다. 그런데 두만강 쪽은 청나라에서도 아주 변경이어서 그랬는지 청나라 사람들이 거의 없었던 것 같다. 조선 말의 어지러운 상황을 피해 두만강을 넘어가는 유민이 있었다. 이들은 청과 조선의 국경 사이 빈 공간, 즉 간도에 정착했다. 일반적으로 말하는 간도란 이렇게 두만강 북쪽 일부 지역이다. 지금 중국 옌볜조선족자치주의 투먼시와 룽징시 일부다.

일본이 근대에 들어와 만든 조선 지도를 보면 압록강과 두만강 북쪽약간을 조선의 영토로 그린 지도가 있다. 바로 그 지역이 봉금령으로 사람들이 들어가지 못하게 한 곳이다. 일본은 그 땅을 청나라가 영토로 간주하지 않은 땅으로 생각해서 조선의 영토로 잡았다. 이런 사고 방식은 후일 간도 문제에 영향을 주었다.

청나라는 공식적으로 1880년(고종 17년)에 봉금령을 해제했는데, 그제야 두만강 너머에 수많은 조선인이 넘어와 농사를 지으며 살고 있다는 것을 알게 되었다. 청나라는 조선 조정에 이를 항의했다. 이런 문제는 쉽게 생각해볼 수 있다. 조선은 울릉도를 비워두는 공도空島 정책을 썼는데, 그렇다고 울릉도를 영토가 아니라고 생각한 것은 아니었다. 이곳을 정기적으로 순시하며 일본인이 들어오지 못하게 방비했다. 앞서 말한 바와 같이 조선인은 압록강과 두만강을 건너가면 안 되었다. 그것은 압록강과 두만강이 국경이었기 때문이다.

하지만 이미 두만강 너머에 조선인이 다수 넘어가 땅을 개간하고 있다는 (그래서 이 지역을 개간한 땅이라는 뜻으로 '간도'라고 부른다는 주장도 있다) 사실을 청나라가 알았기 때문에 국경 문제를 정리하기 위해 회담을 열게 되었다.

이 회담은 1885년(고종 22년)과 1887년(고종 24년)에 두 번 열렸다. 1차 회담 때 조선 측 대표 이중하李重夏는 청나라가 깜짝 놀랄 주장을 했다. 백두산정계비의 '토문강'은 두만강이 아니라 송화강 지류 이름이라고 한 것이다. 이중하는 어떻게든지 이미 조선인이 개척한 간도를 유지하고 싶어서 무리수를 둔 것이었다. 청나라가 터무니없는 주장이라고 반발하여 1차 회담은 종결되었다. 2차 회담 때 이중하는 토문강이 송화강 지류라는 주장은 포기했다. 이중하는 1차 회담 후 직접 백두산에 올라가 답사를 해보았고, 그 결과 이런 주장이 통할 수 없음을 알았던 것 같다. 이때 청나라 측은 백두산에서 발원하는 두만강 지류 중 가장 남쪽에 있는 지류를 국경선으로 잡고자 했고, 이중하는 가장 북쪽에 있는 지류를 잡고자 했다. 이 회담에서 이중하는 비분강개하여 말했다.

"내 머리는 잘라갈지언정 우리 강역은 축소할 수 없다."

이 말은 간도를 내놓지 못하겠다는 뜻이 아니라 북쪽 경계를 양보할 수 없다는 뜻이었다. 유사역사가 중에는 이 주장을 교묘하게 1차 회담과 연결해서 간도 전체를 내놓을 수 없다는 주장으로 이용하는데, 이는 사실과 맞지 않는 억지 주장이다.

청나라도 양보할 생각이 없었기 때문에 2차 회담도 결렬되고 간도 문제는 어정쩡하게 그냥 남아버렸다.

대한제국은 1903년 이범윤李範允을 간도관리사로 파견하여 간도의 영토화를 적극적으로 꾀했다. 이때부터는 다시 토문강이 송화강 지류라는 주장을 펼쳤다. 청나라는 강하게 반발했다. 청나라 압력이 거세지자 정부는 이범윤에게 돌아오라고 했는데, 이범윤은 말을 따르지 않고 간도를 지키다가 러시아로 넘어가 독립운동을 하였다.

일제와 간도 문제

대한제국은 을사조약(1905년)으로 외교권을 일본제국에 빼앗기고 말았다. 일제도 간도를 대한제국 땅으로 하는 게 유리했기 때문에 적극적으로 간도 영토화를 꾀했다. 일제의 논리는 청나라와 조선 사이에 있던 국경지대는 주인이 없던 땅인데 압록강 너머는 이미 청나라가 차지했으니 두만강 너머는 조선이 차지하는 것이 맞다는 것이었다. 앞서 일본인이 만든 지도가 이미 강 북안을 모두 조선 땅으로 인식했다고 말했는데, 바로 그런 인식이 여기에도 적용된 것이다.

일제는 조선을 강제 점령했다. 조선의 영토가 크면 클수록 자신들에게 유리했다. 유사역사가들은 흔히 일제가 커다란 조선 영토를 줄이려고 애썼다고 주장하는데, 일제 입장에서 그럴 필요가 전혀 없다. 고대 영토는 축소할 수도 있다고? 강력한 상대를 발 아래 꿇렸다면 더욱 자랑스러워지는 것이 인간의 기본적인 심리다. 상대가 허약해서 볼 것도 없이 제압했다면 그건 당연한 일에 불과하다.

일제는 1907년 8월에 간도 룽징촌에 통감부 파출소를 설치했다. 이로 인해 청나라와 일촉즉발의 위험한 상황까지 갔다. 그런데 1909년 9월 4일 돌연 간도협약이 체결되면서 일본은 간도를 청나라에 넘기고 대신 만주에 철도를 부설하는 권리를 챙겼다. 일본 안에서도 이 점을 안타깝게 생각한 사람들이 많았지만, 일제가 1931년 만주사변을 일으키고 이듬해에 만주국을 건설해버려서 자연스럽게 간도는 만주국 영토가 되었기 때문에 이런 불만도 사라져버렸다.

만일 토문강이 정말 송화강 지류였다면, 일제도 그걸 가지고 청나라와 물고 늘어졌을 것이며, 이중하도 그랬을 것이다. 또한 숙종 때 경계표지물을 세울 때 걱정하지도 않았을 것이고, 목극등이 두만강을 따라 바다에 이를 때까지 살펴보지도 않았을 것이다. 역사학에서는 증거를 따라가 논지를 펼쳐야 한다. 그 증거가 오늘날의 현실에 불리한 점이 있다고 해도, 현실에 맞춰 왜곡해서는 안 된다.

두만강 북쪽 간도 지방은 조선 말에 우리나라 사람들이 건너가 개척한 땅이다. 그러나 과거부터 조선 영토는 아니었다. 만일 대한제국이 외교권을 가지고 있었고, 이중하 같은 뛰어난 협상가, 이범윤 같은 뚝심 있는 행정가를 내세워 청나라와 협상을 거듭했다면 간도를 수중에 넣을 수 있었을지도 모른다. 하지만 역사란 원래 만약이라는 가정을 좋아하지 않는다. 지나간 일은 돌이킬 수 없다. 과거에서 앞으로 일어나는 일에 대한 교훈을 찾을 수는 있겠지만.

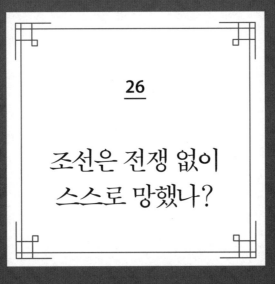

26

조선은 전쟁 없이
스스로 망했나?

일본군, 경복궁을 점령하다

일본은 언제 조선을 점령하겠다는 야욕을 드러냈을까? 그것은 1894년
이었다. 일본군이 조선 국왕이 정무를 보는 경복궁을 점령한 그때라 할
수 있다.

1894년 3월 28일 일본 정계를 격동시킨 사건이 발생했다.

상해에서 김옥균金玉均이 암살 당한 것이다. 일본의 보호 아래 있던 망
명객 김옥균이 조선 정부에서 보낸 자객에 의해 암살 당하고 그 시체 인
도 요청마저 거부당했다. 조선 정부는 김옥균의 머리를 잘라 한강변에
전시했고 그의 시체를 조각 내 팔도로 보냈다.

후쿠자와 유키치福澤諭吉는 "일본인의 감정은 도저히 평온할 수 없다"
라고 말했다. 사실 일본 정계는 김옥균을 좋아하지 않았다. 계륵같은 존
재였다고 할까. 하지만 그의 죽음은 이제 위험하지 않은 인물의 선물이
되어버렸다.

극우단체 겐요샤玄洋社(이들은 을미사변의 주역이다)는 외상 무쓰 무네미
쓰陸奧宗光를 만나 청일전쟁을 건의했다. 무쓰는 일단 아직은 때가 아니

라고 돌려보냈는데, 때는 곧 다가왔다. 불과 몇 달 후.

조선에서 동학농민전쟁이 발발했다. 무능한 조선 조정은 손을 쓰지 못하고 있다가 전주가 함락되는 일이 벌어졌다. 전주는 조선 왕가의 발상지였으므로 문제가 심각했다. 조선 조정은 결국 청나라에 원군을 요청했다.

그런데 임오군란 당시 청일 간 맺은 조약에 의해서 청군이 출동하면 일본군도 출동할 수 있었다. 청의 책임자 원세개袁世凱가 이 점을 두고 고심할 때 일본공사관은 공관 보호를 위해 일본군 100명만 파병하겠다고 사기를 쳤다. 원세개는 그 말을 믿었다.

하지만 일본은 이미 청과 일전을 할 생각이었다. 그들은 청군의 규모가 5천 명일 것이라 예상하고 그들을 압도할 7천 명을 보냈다.

제물포에 상륙한 일본 공사 오토리 게이스케大鳥圭介에게 조선 정부는 군을 대동하고 입경할 수 없다고 통보했지만, 오토리는 조선 정부의 통보 따위에는 아랑곳없이 해군 육전대 430명의 호위를 받으며 한양으로 들어왔다.

다음날 동학농민군은 전주화약을 맺고 휴전했다. 이로써 평화가 찾아왔다. 오토리 공사 역시 한가로운 한양을 목도했다.

이제 출병 구실은 사라지고 철병해야 할 상황이었다. 청일 양군은 사실 순조롭게 철병을 의논하고 철병 조치가 거의 마무리되고 있었다.

하지만 일본 내각은 돌연 철병을 거부했다. 수상 이토 히로부미伊藤博文는 청일 양국이 조선 개혁을 지휘해야 한다는 제안을 꺼내들고 철병을 거부했다. 당연히 청군은 이런 제안을 거부했다.

당시 영국, 러시아 등도 일본의 어이없는 행태에 철병을 종용했지만 일본은 다 거절하고 더 강경한 태도를 취했다. 일본은 청과의 전쟁을 피할 수 없다고 보았다. 오토리 공사는 개전 구실을 찾아야 한다며 이를 위해 조선 조정에 단독으로 개혁안을 제출했다.

조선 조정은 당연히 거부했다. 완벽한 내정간섭이었기 때문이다.

동시에 일본 또한 조선에게 더욱 노골적인 제안을 했고, 조선 조정은 다시 거부했다.

4일 후 새벽, 일본군은 조선 조정이 청나라 편에 서는 것을 막기 위해 경복궁을 공격했다.

1894년 7월 23일 새벽.

일본군이 영추문 앞으로 집결하여 영추문을 열고 침입하고자 했다. 그러나 문이 잠겨 있어 들어갈 수 없자 사다리를 놓고 담장을 뛰어넘었다.

동소문 쪽으로도 진입하여 문을 불태우고 궁으로 침입했다. 이들은 즉시 고종이 있는 궁을 포위했다. 이때 궁 수비를 위해 평양에서 와 있던 수비병이 이들을 향해 발포했다. 궁 안에서 안경수安馹壽가 나와 사격을 중지시켰다. 이때가 새벽 4시 50분 무렵.

영추문에서는 이미 4시 40분쯤 일본군 5중대와 영추문 번병(평양병) 간에 전투가 벌어졌다. 일본군은 친위군인 장위영병을 5시 10분 무렵 몰아냈고 이들과 교전이 벌어졌다. 그 후 통위영 군사들과 다시 교전이 있었다.

하지만 이미 고종이 일본군 손에 들어 있었다. 고종의 명이 병사들에게 전달되었다. 더 싸우면 대역죄로 다스리겠다는 것이다. 이에 병사들은 눈물을 삼키며 후퇴했다.

경복궁을 중심으로 5차례 교전이 있었는데 결국은 체포된 고종의 명에 의해 전투는 멈추고 말았다.

일본은 선전포고도 없이 새벽에 기습하여 왕궁을 점령했다. 임진왜란 이후 다시 한 번 일본군이 경복궁을 점령한 것이다. 체포된 왕이 내린 명령을 믿어야 하겠는가?

일본의 무력 행동에 어떤 정당성이 있었는가?

그들은 싸우고 있었다

대한제국 정부는 확실히 선전포고 같은 것 없이 넘어갔다.

하지만 일본제국과 목숨을 걸고 싸운 사람들이 있다. 그들을 '의병義兵'이라고 부른다. 의병은 현재 일반적으로 3단계로 분류한다.

> 전기 의병: 1894~1896. 일본군의 경복궁 점령에 반발하여 봉기. 일본 낭인의 왕비 살해, 단발령으로 대표되는 개혁책에 반발하여 전국적으로 발생했다. 주로 양반에 의해 주도되었다.
>
> 중기 의병: 1904~1907. 한일협약 등 일제 침략이 노골화되자 근왕의 기치로 일어났다. 전기 의병운동 및 동학농민전쟁에 참여한 농민 중 일부는 무장 농민으로 세력화했는데 이들이 수행한 게릴라전이 밑바탕이 되었다. 을사늑약 체결로 의병은 더욱 확대되었다. 신돌석申乭石 등 평민 의병장이 등장했다.
>
> 후기 의병: 1907~1909. 고종 퇴위와 군대 해산으로 인한 군대 봉기로 촉발되었다. 1909년 남한대토벌을 거쳐 의병은 만주로 이동한다. 이후 활동까지 의병운동에 포함하는 연구자도 있고 독립운동으로 따로 떼어서 보는 연구자도 있다.

1907년 7월 20일 고종이 강제 퇴위되고, 7월 25일 정미7조약(제2차 한일협약)이 맺어지면서 통감 정치가 실시되었다. 8월 1일 시위대 제1연대 제1대대장 박승환朴昇煥의 자결로 폭발된 군대 봉기는 8월 5일 원주 진위대 제5대대의 봉기로 이어지고, 각지 진위대가 합류하기 시작했다.

9월 2일 원주 의병은 전 의병장 이인영李麟榮을 추대하여 관동창의군을 만들고 각지 의병장에게 연합부대 결성을 촉구했다.

12월 초 1만여 의병은 13도 창의대를 결성했다. 각지를 대표하는 의병장은 다음과 같았다.

> 전라도 — 문태수文泰洙
> 충청도 — 이강년李康秊
> 경상도 — 신돌석
> 경기와 황해도 — 허위許蔿
> 강원도 — 민긍호閔肯鎬(민 씨이나 척족은 아님)
> 평안도 — 방인관方仁寬
> 함경도 — 정봉준鄭鳳俊

이들은 한양 수복을 위해 진군했는데 1908년 1월 15일, 허위의 선봉대가 동대문 앞에서 일본군과 교전해서 패배했다.

대책을 논의하던 중에, 1월 28일 총대장 이인영은 부친의 부음을 듣고 문경으로 돌아갔다. 그는 돌아가면서 진격작전을 중지하라는 명을 내렸다. 이로써 13도 창의군은 중심을 잃고 무너져버렸다.

이인영은 1909년 6월 7일 체포되어 9월 20일에 사형을 당했다. 그가 진격을 앞두고 아버지의 죽음으로 모든 것을 포기한 것을 일본 쪽 조사관도 이해하지 못했다. 이인영은 "충과 효는 동일한 것인데 효를 버리는 금수가 되면 어찌 충을 다할 수 있겠는가"라는 지극히 유교적인 발언을 했다. 이것이 조선 유교의 한계다. 유교라는 종교의 세례를 받아 성장한 사람이 가지는 한계. 마치 안식일에는 싸우지 않는다고 하여 적이 쳐들어오는데도 싸우지 않았던 이스라엘과도 같다.

13도 창의군은 무너졌지만 의병 투쟁이 끝난 것은 아니었다. 전국 각지에서 의병 투쟁이 벌어졌고 일제는 여러 가지 방법으로 대처했다.

선무, 회유는 물론 자위단이라는 일종의 민방위 부대 조직, 한국군으로 이루어진 한국순사대 조직(한국순사대는 의병장 252명을 살해하는 '업적'을 세운다), 헌병대 증원(1907년 2천 명이던 헌병대는 1908년 6천 명으로 늘어났다), 헌병 보조원 채용(4천여 명) 여기에 경찰 5천 명까지 동원되었다.

그러나 여전히 의병을 잠재우지 못한 일제는 1909년 5월 2개 연대(3,442명)를 한국으로 불러들였다. 이 2개 연대와 위에 말한 여러 조직이 힘을 합해 9월 1일부터 2개월 간 '남한대토벌'을 시행한다. 의병활동이 가장 활발했던 호남 의병을 초토화하는 것이 목적이었다.

그리고 10월 30일 종료된 남한대토벌로 420명을 죽이고 1,687명을 체포했다. 의병장 61명이 체포되고 그중 23명은 죽임을 당했다. 일본군은 의병 투쟁을 지원하는 민간을 철저히 탄압하여 의병과 민간 간의 연결고리를 깨뜨렸다. 이로써 결국 호남 지역에서 의병의 뿌리가 뽑혔다.

일본 기록에 의하면, 1907년부터 1911년까지 의병 17,968명이 죽임을 당했고, 3,648명이 부상을 당했으며, 1,994명이 체포되었다.

포로가 된 숫자가 적다는 건 결국 죽이는 게 목표였다고 보아야 할 것 같다. 이들은 포로로 잡힌 의병을 배에 태우고 불을 질러 죽이기도 했다. 일본 측이 작성한 이 통계는 정확한 것이 아니다. 몇몇 조사에 의하면 상당한 숫자의 전사자가 누락되어 있다.

또한 일본군은 비전투원인 주민 학살 역시 심심찮게 저질렀다. 일본군은 전국에 걸쳐 민가 6,681호와 사찰 36개를 불태우는 등 무자비한 진압을 자행했다.

남한대토벌로 의병 투쟁의 중심은 황해도로 옮겨갔다. 그리고 점차 북으로 올라가 무력 투쟁 세력은 만주와 연해주로 옮겨지게 된다.

전기 의병의 경우 얼마나 전사했는지조차 확실하지 않다. 단편적인 기록만 남아 있기 때문이다.

중기 의병 시기에 일본은 한국에 한국주차군을 주둔시켰다. 1904년 4월에 1개 연대 4개 대대 2개 중대 4,272명이었다. 1905년 10월 제13사단(보병 2개 연대와 1개 대대, 함흥 주둔)과 제15사단(평양 주둔)이 들어왔다. 그리고 보병 제30여단, 기병 제19연대, 야전포병 제21연대를 남부수비대로 두었다.

1907년 7월에 정예군인 보병 제12여단 3,449명을 또 한국으로 보냈다. 군대 해산 후 일어날 봉기를 대비해서였다. 하지만 의병 투쟁이 치열하게 전개되자 임시파견기병대 4개 중대 544명을 증파했다. 이 부대는 기동력을 바탕으로 남한대토벌작전에서도 주력부대로 활동했다.

1908년 5월 보병 2개 연대를 또 지원 요청하여 원신과 마산에 들였다. 이렇게 병력을 계속 증파한 것은 의병의 저항이 만만치 않았기 때문이다.

우리 선조는 이렇게 싸웠다. 정부의 지원도 없이 외세 침략에 대항했다. 싸우지도 않고 황제와 대신이 나라를 팔아먹는 걸 그저 지켜보고만 있던 것은 아니었다.

죽음보다 욕된 삶이 있으며 삶보다 영예로운 죽음이 있다

의병 전쟁에 나섰던 한 인물의 삶을 살펴보자.

이항로李恒老의 제자로 유인석柳麟錫이라는 이가 있었다. 그는 을미사변 이후 단발령이 내리자 1895년 12월 24일(54세) 봉기했다. 유인석은 충북 제천에서 강원도 원주 일대까지 세력을 떨쳤다. 그의 휘하에 3천 의병이 있었다. 관군의 공격으로 몰리게 되자 압록강을 넘어 후일을 도모코자 했다. 그러나 청나라에 의해 무장해제 당하고 요동과 조선을 오가며 항일의식을 고취했다.

고종의 퇴위와 정미7조약이 맺어지자 유인석은 더는 싸우기 어렵다고 보고 1908년(67세) 블라디보스토크로 망명하여 이상설李相卨, 이범윤과 함께 항일운동을 이어갔다. 그는 1910년(69세) 6월 연해주 의병 세력을 통합해 13도의군을 결성했고 도총재 자리에 올랐다. 그러나 8월에 한일 강제병합이 일어났다. 합병반대 서명운동을 벌였는데 8,624명이 서명했다. 그러나 일제가 러시아에 압력을 넣어 13도의군은 해산되고 말았다.

유인석은 간도에서 다시 군사를 모아야 한다고 주장하고 자신도 간도로 들어갔으나 뜻을 이루지 못하고 1915년 1월, 74세로 사망했다.

유인석이 1895년 제천에서 봉기했을 때 쓴 격문 「격고내외백관檄告內外百官」의 한 대목을 소개한다. 임금이 명하든 명하지 않든 의리를 위해 싸워야 한다는 것.

아! 오늘 이 세상이 어떤 때인가? 비록 반벙어리와 절름발이라도 이를 갈고 소매를 걷어붙이지 않는 이가 없는데 국록을 먹고 지위를 차지한 자들만은 잠잠하고 조용히 못 본 척 못 들은 척하여, 담대한 기운이 전혀 없으니 이는 어쩌면 흉악한 역적과 서로 배짱이 맞아서 그러한가?

진실로 의리에 어둡지 않다면 이는 필시 화복에 움직이기 때문이리라. 의리에 어두운 자라면 필시 임금의 명령이 없음을 난처하게 여기며, 화복에 움직이는 자는 필시 적의 기세를 두려워하여 염려할 것이다. 그러나 이는 모두 전혀 그렇지 않으니 한번 밝혀서 말해보겠다.

임금의 명령이 없기 때문에 그렇다고 한다면 오늘날의 제반 명령이 과연 임금에게서 나오는가? 과연 흉악한 역적으로부터 나오는가? 오직 역적이 하려는 바는 비록 폐비와 삭발 같은 큰 변고라도 임금의 명령이 있으니 부지런히 행해야 한다고 하며, 오직 역적이 꺼리는 바는 비록 복수와 보형保形의 의거라도 임금의 명령이 없다고 눌러 꺾어 버린다면 또한 참혹하지 않은가?

(중략)

의리는 절로 바른 길이 있으니, 이런 까닭에 죽음보다 욕된 삶이 있으며 삶보다 영예로운 죽음이 있다. 화와 복은 절로 정해진 분수가 있으니, 이런 까닭에 죽음을 고수하는 이라 해서 반드시 다 죽지는 않으며 삶을 도모하는 자라 해서 반드시 다 살지는 못한다.

자결로 항의한 사람들

흔히 하는 말 중에 유교 국가 조선은 나라가 망했는데 죽은 선비라고 매천 황현黃玹밖에 더 있느냐 같은 것이 있다. 을사늑약 후 자결한 사람이 24명, 한일강제합병 후 자결한 사람이 46명이고 고종이 죽은 뒤 자결한 사람이 10명이다. 이 숫자는 지금까지 조사된 수가 그렇다는 것이다. 자결 방법은 단식, 음독, 투신, 기타 등으로 나누어진다. 일부 사례를 나열해본다.

잘 알려진 바와 같이 내부대신을 역임한 민영환閔泳煥은 을사늑약 때 칼로 자해하여 자결했다. 충청도 선비 송병선宋秉璿은 을사늑약이 체결되자 을사오적을 처형하라는 유서를 남기고 독약을 마시고 자결했다. 송병선의 동생 송병순宋秉珣은 나라가 망하자 투신 자살하려 했으나 제자의 만류로 실패하고, 그 후 일제가 경학원에 모시겠다고 회유하자 거절한 뒤 독약을 먹고 자결했다.

안동 선비 유도발柳道發은 나라가 망했다는 소식을 듣자 일가친척을 불러 작별을 고하고 북쪽을 향해 네 번 절한 뒤 단식하여 자결했다. 나라를 찾을 때까지 제사를 지내지말라는 유언을 남겼다. 괴산 선비 안숙安潚이 자결하려 하자 주위에서 말리며 말하길, "그대는 관직도 없는데 무엇을 지키려고 죽는다고 하는가?" 하였다. 그러자 안숙이 말했다.

"국가가 선비를 기르길 오백 년을 했는데 선비는 홀로 국가를 위해 죽을 수 없다는 것인가? 또한 공경 가운데 죽는 자가 없으니, 선비라도 어찌 죽지 않겠는가?"라고 말한 뒤 투신 자결했다.

성균관 박사를 지낸 김근배金根培는 경술국치 후 일제가 은사금을 보내자 거절하고 우물에 투신하여 자결했다. 공조참의를 지낸 이만도李晚燾는 경술국치 후 24일간 단식으로 자결했다. 고성 선비 최우순崔宇淳은 경술국치 후 은거하며 지내다가 일제가 은사금을 강제로 주려고 하자 거절하고 궁궐을 향해 재배한 후 음독 자결했다. 의리를 저버리면 개돼지만도 못한 것이라는 편지를 일제 관리에게 전했다.

사헌부 감찰을 지낸 이승칠李承七은 경술국치 때 독약을 먹고 자결을 시도했으나 실패했다. 이후 1912년에 메이지 천황이 죽고 상복 착용을 강요하자 거절한 뒤 절벽에서 뛰어내려 자결했다. 논산 선비 김지수金志洙도 은사금을 거부하고 목을 매어 자결했다. 의병장 출신 이근주李根周는 경술국치 소식에 바로 자결하려 했으나 큰형의 회갑일이 9월 13일이어서 회갑연을 치른 뒤 자결했다. 이 결심을 이야기하자 형이 만류했다.

"대신이 자결하는 것은 명예로운 일이지만 너는 미천한 선비인데 죽더라도 알아주는 이가 없을 것이다. 그렇다면 죽음이 부질없지 않느냐?"

이근주가 답했다.

"예로부터 절개를 세우고자 하는 이는 죽을 만한 의리를 생각할 뿐이며, 어찌 이름을 알아주고 알아주지 않는 것을 따져 생사를 결정하겠습니까?"

의병을 여러 차례 일으킨 김도현金道鉉은 경술국치 때 자결하려 했으나 연로한 아버지 때문에 결행치 못하다가 1914년 부친이 별세하자 망국을 개탄하는 시를 쓰고 바닷속으로 걸어들어가 자결했다. 충청도 의병 박세화朴世和는 경술국치 소식을 듣고 23일간 단식한 끝에 자결했다. 전라도 선비 오강표吳剛杓는 을사늑약 때 아편을 먹고 자결을 시도했으나 실패했다. 경술국치를 당한 뒤 절명시를 쓰고 공주 향교에서 목을 매어 자결했다.

이렇게 목숨을 버려가며 자신의 뜻을 지켜야 하는 시절은 다행히 지나 갔다. 자결은 정말 절망밖에 없을 때 사용하는 극단적인 저항의 방법이다. 살아서 싸웠어야 한다는 말을 쉽게 하지만 어떤 어둠 앞에서는 지조를 지키기 위해 스스로 목숨을 포기할 수밖에 없기도 하다. 물론 앞으로는 이런 날이 결코 오지 않기를 바란다.

일제 말기에도 끝까지 싸운 사람들

흔히 하는 말 중 또 하나를 들면, 일제강점기 말이 되면 식민지 조선 안에서는 항일독립운동이 절멸했다는 것이다.

그러나 변은진 교수의 연구에 따르면, 1941년 태평양전쟁 이후 비밀결사는 노동자, 농민, 회사원 등 여러 계급과 계층으로 확대되었고 1943년 중반 무렵부터는 일제가 우려할 정도로 노동자층의 저항 빈도와 조직적 참여가 격증했다는 것이다. 이런 움직임은 조선과 일본을 비롯해서 강제징용된 이들을 중심으로 발생했다는 것.

일제의 탄압도 심해서 이런 움직임을 전국 단위로 묶어내지는 못했지만, 조선인이 쥐죽은듯이 전시체제에 협력하며 저항을 포기하지는 않았다는 것이다. 국내와 일본에서 200여 개 이상의 소규모 비밀결사가 조직되었고 태평양전쟁에서 일제가 밀리고 있다는 것이 알려지면서 점점 더 활기를 띠었다는 것이 변은진 교수의 주장이다.

조선총독부에서는 1944년 말에 이르렀을 때, 조선에서는 언제 폭동이 일어나도 이상하지 않을 정도라고 생각하게 되었다. 그리고 1943년 8월 조선민족해방연맹, 1944년 8월 조선건국동맹, 1944년 11월 공산주의자협의회 등 사회주의 운동 세력에 의해서 여러 조직이 결성되기도 했다.

1940년 제76회 제국의회 설명자료에는 이런 말이 나온다.

> 반도는 천여 년의 장구한 특수한 역사 전통을 가지고 있고 그 속에서 배양되
> 어 온 인습적 사회·문화권을 갖는다. 이는 단지 내선일체라는 관념에 의해
> 말살되지 않음은 물론이다.

내선일체론이 극성을 부릴수록 그에 대항하는 유언비어도 늘어났다. 내선구별을 위한 유언비어는 1944~1945년 무렵 더욱 늘어나는 현상을 보였다.

변은진 교수는 1937년 중일전쟁에서 1945년 일제 패망에 이르기까지 국내 비밀결사만 199건이 확인된다고 했다. 이 수치는 일제에 의해 검거된 것이므로 이보다 더 많은 비밀결사가 있었다고 보아야 한다. 한반도뿐 아니라 일본으로까지 확대해서 살펴보면 169건이 더 보태진다.

흔히 생각하는 것과 달리, 식민지 조선인은 외부 정세를 모르고 있지 않았다. 조선인은 일제의 패망이 다가오고 있음을 알고 있었고 그에 따라 독립을 준비하고 일제에 저항했다.

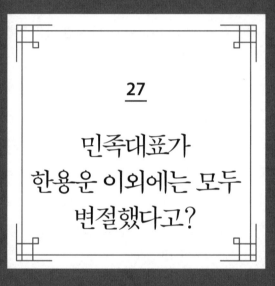

27

민족대표가
한용운 이외에는 모두
변절했다고?

민족대표의 고난

1919년 3월 1일에 식민지 조선의 독립을 요구하는 만세 운동이 벌어졌다. 우리나라 사람이라면 누구나 아는 '삼일운동'이다.

이때 독립선언서가 만들어졌고 여기에는 민족대표 33인이 서명을 했다. 그런데 이 민족대표 33인을 비판하는 글이 심심찮게 눈에 띈다. 비판의 골자는 민족대표가 원래 예정한 파고다공원에 나타나지 않고 태화관이라는 음식점에 모여서 자기들끼리 밥 먹고 총독부에 전화해서 잡아가라고 했다는 데 있다.

오늘날의 관점에서 보면 이런 행동은 충분히 이상하게 보일 수 있다. 그러나 그 당시 분위기를 상상하며 다시 생각해보자. 일제의 무단통치 시기에 전화해서 잡아가라고 했다고 일제 헌병이 이들을 신사적으로 대접이라도 했을까?

당시 58세이던 민족대표 양한묵梁漢默은 감옥에서 신문 받다가 옥사했다. 59세의 천도교 교주 손병희孫秉熙는 복역 중 건강이 악화되자 병보석으로 풀려났는데 곧 사망했다. 31세였던 이갑성李甲成은 일제의 신문 중에 이런 말을 했다.

"나는 감옥에서 짐승 같은 대우를 받고 있다. 감옥은 지옥 이상의 지옥이라는 것을 처음 알게 되었다."

이때가 양한묵이 신문 중 옥사한 지 열흘이 지난 후였다.

민족대표는 자신들이 붙잡혀 가면 어떤 대접을 받을지 몰랐을까? 그럴 리 없다. 이들은 자신들이 어떻게 될지 알고 있었고 그것을 묵묵히 감내한 것이다.

삼일운동을 계획하고 무책임하게 잡혀가면 그 뒤는 어떻게 되는 것이냐는 비판도 있다. 당연하다. 그 때문에 민족대표는 그 뒤를 이어갈 백업 요원을 선발해두었다. 이들을 합해서 민족대표 48인(혹은 49인)이라고 부른다. 이중에는 훗날 민족지도자로 성장하는 고하 송진우宋鎭禹 같은 사람도 포함되어 있다. 이들 백업 요원도 대부분 체포되었고 그중 안세환安世桓 같은 분은 고문으로 인해 정신이상이 되어 평생 의식을 찾지 못한 채 죽음을 맞이했다.

그런데 민족대표를 향한 비판 중 가장 어이없고 몰상식한 비판이 바로 변절했다는 비판이다. 정말 많은 사람들이 민족대표 33인이 모두 변절하고 오직 만해 한용운韓龍雲만이 변절하지 않았다고 말한다. 유명인이 쓴 책에도 이런 내용이 들어 있는데, 정말 나쁜 중상모략이다.

33인의 민족대표 중에 변절한 사람이 있기는 하다. 오직 3명 있다. 그것뿐이다. 다른 사람들은 출옥 후에 독립운동을 이어가다가 이역만리에서 광복을 보지 못하고 숨을 거두기도 했고 고문 후유증으로 고생하다가 운명을 달리하기도 했다.

민족대표 중 가장 어렸던 31세의 김창준金昌俊은 출옥 후 미국 유학을 떠나 미국 내 독립운동 단체들의 화합을 위해 노력했다. 귀국 후에는 사회주의를 따르게 되었다. 1939년 만주로 건너가 활동했다. 김창준은 해방 후 월북하여 북한최고인민회의 상임위원이 되는 바람에 건국훈장도 받지 못했다. 민족대표 중에는 오산학교를 세워 민족교육에 앞장 선 남강 이승훈도 있다. 민족대표 33인이 한용운만 빼고 다 변절했다는 이야기는 이승훈도 변절했다는 이야기가 된다. 정말 그러한가.

민족대표 중 한 사람으로 독립선언서를 인쇄했던 보성인쇄사 사장 이종일李鍾一은 2년 6개월의 옥고를 치르는 동안 아들이 콜레라로 사망했는데 손을 쓸 수 없었으며, 출옥 후 독립운동에 매진하다가 영양실조로 1925년 사망했다. 동학혁명에도 가담했던 최고령 민족대표 이종훈李鍾勳은 만주에서 고려혁명당에 가입하여 독립운동을 이어가다가 1931년 병사했다. 이종훈의 아들 이관영李寬永은 손병희의 맏사위였는데 1907년 의병 활동을 하던 중 일본군과 싸우다 전사했다. 이종훈의 손자도 삼일운동에 참여했다.

목사 이필주李弼柱는 의열단원 김상옥金相玉이 국내에 잠입했을 때 숨겨주었다. 김상옥은 이필주의 보호 아래서 종로경찰서 폭탄 투척에 성공했다. 천도교의 홍병기洪秉箕는 출옥 후 만주로 가 고려혁명당 고문으로 독립운동을 이어가다가 신의주에서 체포되어 또 옥고를 치렀는데 그 손자는 닭튀김 장사를 하다가 실패하고 아내가 동사무소 공공근로를 하며 생계를 유지했다. 목사 김병조金秉祚는 상해로 망명하여 임시정부에 가담하였고 1924년부터는 만주에서 『한국독립운동사략韓國獨立運動史略』, 『대동역사大同歷史』, 『독립혈사獨立血史』 등의 역사책을 쓰며 후진 양성에 힘을 기울였다. 해방 후에는 고당 조만식曺晩植 선생과 함께 조선민주당을 결성하고 공산 치하에서 비밀결사를 조직하여 지하운동을 펼치다가 소련군에 체포되어 시베리아에서 유명을 달리하고 말았다.

양전백梁甸伯은 데라우치 마사타케寺內正毅 총독을 암살하려 했다는 날조로 만들어진 105인 사건에 걸려들어 재판을 받은 적이 있었다. 이때 혹독한 고문으로 거짓 자백을 하였고, 이를 양심고백하기도 했다. 일제가 얼마나 무도한지 잘 알고 있으면서도 망설임 없이 민족대표가 되었다. 출옥 후에도 신간회의 간사로 활동하는 등 독립을 향한 의지를 계속 보여주었다.

일제의 신문 때 대다수 민족대표는 독립운동을 앞으로도 계속하겠다고 말했으며 그 약속을 지켰다. 권동진權東鎭은 "독립이 될 때까지는 어떻게든지 할 것이다"라고 말했고, 이승훈은 "그렇다. 될 수 있는 수단이 있다면 어디까지든지 하려고 한다"라고 말했다. 물론 일제의 압박은 견디기 어려운 것이었으니 마음 약한 소리를 하는 사람도 없진 않았다. 하지만 눈앞의 매를 피하고자 한 발언이라는 것은 그 후의 행적이 증명한다.

이미 말한 바와 같이 민족대표 33인 중 변절한 사람은 딱 3명이다. 박희도朴熙道, 정춘수鄭春洙, 최린崔麟. 박희도는 황해도 해주 출신으로 1년 6개월 복역했다. 1922년에 필화로 체포되어 2년 6개월 형을 받기도 하고 1927년에는 신간회에 참여하기도 했다. 1934년부터 변절하여 내선일체와 징병에 적극 앞장서게 되었다. 1949년에 반민특위에 체포되었으나 지병을 이유로 불구속되었다. 정춘수는 목사로 민족대표가 되었고 1년 6개월 형을 받았다. 1938년에 흥업구락부 사건으로 체포된 뒤에 전향서를 쓰고 나왔고 이후 친일행위를 하였다. 해방 후 반민특위에 체포되었다가 기소유예로 풀려났다. 최린은 독립운동으로 3년간 복역했다. 천도교 도령까지 지낸 그는 1934년에 중추원 참의가 되었고 이후 적극적인 친일활동을 했다. 최린 때문에 천도교 안에도 친일파가 발생했으나 민족대표 오세창吳世昌은 천도교의 원로로 끝까지 친일에 가담하지 않고 민족지도자로 남아, 반민특위 현판에 '민족정기'라는 네 글자를 적었다. 반민특위에 체포된 최린은 그 현판을 어떻게 바라보았을까.

백업요원 중에는 두 사람이 변절했다. 독립선언서를 쓴 최남선과 중앙고보 교사로 삼일운동에 참여한 현상윤玄相允이다.

평생 친일파 문제를 연구한 선구자인 임종국 선생의 책『실록 친일파』에는 민족대표에 이렇게 말한 바 있다.

> 기미년 민족대표 33인 중에서는 최린, 정춘수, 박희도 3명이 변절하였다. 독립선언서를 쓴 최남선을 포함해도 그 수효는 4명이다. 나머지 30명이 절개를 온전히 지켰다는 것이 우리에게 얼마나 다행한 일이었는지 모른다. 그 30명마저 변절했다면 우리는 어디 가서 3.1의 자랑을 말하겠는가?

대체 누가 이 비정한 시대를 치열하게 살아간 분들에게 돌을 던지는가. 우리의 감사를 바쳐도 부족한 이 분들에게.

민족대표의 목표

삼일운동은 우리나라 역사에 있어 엄청나게 중요한 사건이다. 한민족은 어쩌면 이 사건으로 등장하게 되었는지도 모른다.

전국 각계각층이 단일하게 뭉친 사건이 바로 삼일운동이기 때문이다. 수천 년을 왕조의 지배밖에 모르던 나라가 이 사건이 벌어지고 나서 공화정을 만들었다.

삼일운동을 두고 여러 가지로 조명하지만, 나는 오랫동안 민족대표에게 가해진 부당한 폄하를 주제로 글을 써왔다. 이제는 그런 주장이 많이 사라진 것 같아서 참으로 다행이라 생각한다.

삼일운동은 종교단체가 주도한 것이다. 천도교와 기독교 세력이 주요 주체였다. 종교 조직이 아니었다면 전국 확산은 불가능했을 것이다. 큰 몫을 한 청년들도 종교 조직 소속이었다.

따라서 이 거사를 준비한 민족대표가 아니었다면 이 운동은 쉽지 않았을 것이다. 그런데 이를 두고 기생집에서 술 파티를 벌이고 얌전히 잡혀갔다는 폄하의 시각은 너무나 가슴 서늘한 이야기였다. 민중의 위대함을 강조하기 위해 지도자를 깎아내리는 이분법적 사고가 그 안에 보인다. 영웅을 만들기 위해 악당을 만들어야 직성이 풀리는 저열함이다.

민족대표의 목표는 세 가지.

첫째는 독립 선언.
둘째는 일본, 미국, 파리강화회의에 독립의견서 제출.
셋째는 만세 시위.

독립선언서와 독립의견서는 모두 최남선이 썼다. 흔히 알려진 바와 달리 공약 3장 역시 최남선이 썼다. 한용운은 이걸 쓸 시간이 없었다는 것이 박찬승 교수의 꼼꼼한 검토로 밝혀졌다.

독립선언서는 천도교 인쇄소인 보성사에서 27일 밤 인쇄되었고 지방으로까지 전달되었다. 28일 밤 천도교주 손병희 집에서 모임이 있었고, 학생들은 파고다공원(탑골공원)에 모이기로 했다는 전달이 있었다. 학생들 앞에서 민족대표가 체포되면 학생들의 반발로 유혈사태가 벌어질 수 있다는 점을 우려하여 민족대표 모임은 태화관으로 변경되었다.

총칼은 일제가 쥐고 있는데 유혈사태를 피하려면 비폭력운동으로 나가야 한다고 생각하고 있었다. 그래야 우리 의사를 명확히 전달할 수 있다고 본 것이다. 2017년 박근혜 탄핵집회에서도 폭력 시위를 바란 사람들이 없지는 않았겠지만 끈질기게 집회를 이어나갈 수 있었던 것은 비폭력주의가 받아들여졌기 때문이라는 점을 생각해보면 좋겠다. 그러나 일제는 이 비폭력운동을 폭력으로 진압하고자 했다.

3월 1일에 천도교도 임규林圭가 도쿄로 가서 일본 중의원과 참의원에 독립의견서를 전달했고, 경성의전 학생 서영수는 조선총독부에 의견서를 전달했다. 민족대표는 의견서가 전달되면 경찰이 체포하러 오리라 생각했으나 경찰은 이들이 어디에 있는지를 몰랐기 때문에 체포하러 올 수가 없었다.

그래서 최린이 종로경찰서에 독립선언서를 보냈다. 종로경찰서는 그제야 태화관에 전화를 걸어서 민족대표가 그곳에 있는지 확인했다. 태화관 주인은 답변하지 못하고 손병희와 최린에게 어떻게 할 것인지 물었고 그에 다시 종로경찰서에 전화하여 이곳에 있다는 말을 전했다.

종로경찰서에서 경찰이 인력거를 가지고 체포하러 오자, 자동차를 대령하라고 말했고 이에 자동차가 와서 민족대표를 실어날랐다. 민족대표가 인력거에 실려가는 모습을 보일 수는 없다는 이야기였다.

민주화된 오늘날, 시국선언문에 이름 하나 올리는 것과는 차원이 다른 이야기다. 일제에 체포되면 죽을 수 있다는 것을 누구나 알고 있던, 그런 시대의 이야기다. 실제로 죽기도 하고, 미치기도 하고, 폐인이 되기도 했다. 그럼에도 3명의 변절자를 제외하고는 독립운동을 이어나간 경우가 대부분이라는 점을 기억해야 한다.

앞장선다는 것은 희생을 각오하는 일이다. 역사가 되어버린 뒤, 더 좋은 선택, 더 좋은 결정이 이러저러했다는 말을 하는 것은 쉬운 일이다. 하지만 그런 평가를 위해 이들이 못났다, 엉터리다 이런 이야기를 해서는 안 된다.

삼일운동 이후 임시정부가 우후죽순으로 생겨났다. 삼일운동 결과로 조선 사람들이 나라를 되찾을 희망을 가지게 된 것이다. 이들 임시정부는 이합집산을 거듭하는데, 그중 가장 유명하고 끝까지 저항한 정부가 바로 김구金九 주석이 이끈 대한민국 임시정부였다. 대한제국이 망한 지 불과 9년 만에 사람들은 공화국을 선택했다.

임시정부는 장제스蔣介石의 중화민국과 친교를 유지했고(여기에는 윤봉길尹奉吉 의사의 의거가 큰 몫을 했다), 이 친교는 후일 카이로 회담에서 장제스가 한국 독립을 주장하게 되는 기반이 되었다.

삼일운동과 유림

유림이 민족대표에 없는 이유를 두고, 삼일운동은 상놈들이 계획한 거라 고고하신 양반님들이 참예치 아니하였노라고 하면서 유림을 비판하는 글을 종종 본다.

대체 왜 이런 식으로 이해하는지 알 수가 없다.

천도교 측에서 삼일운동 기획의 중추였던 권동진은 3월 1일 잡혀가서 본적, 주소, 출생지, 신분, 직업, 성명, 연령 질문을 받는다. 그는 신분을 양반이라고 답변했다.

기독교 장로계파를 대표한 길선주吉善宙도 양반. 그 외에 기독교계에서 양반이라 답한 이는 양전백이 있다. 천도교계에서 양반이라 답변한 사람은 권동진 이외에 나인협羅仁協, 박준승朴準承, 이종일, 이종훈이다.

나머지 사람들은 상민이라고 답하거나 신분에 대해서는 답변하지 않았다. 그러니까 33인 중 스스로를 양반 신분이라 말한 이가 일곱 명이 있는 것이다. 4분의 1 정도다.

유림의 움직임에 대해서는 심산 김창숙金昌淑의 자서전에 이렇게 나온다.

기미년 2월 벽서장 성태영成泰英이 서울서 보낸 편지를 받았는데 사연은 이러했다.

> "광무황제의 인산을 삼월 초이틀에 거행하는데 그때 국내 인사들이 모종의 일을 일으키려 한다. 기운이 이미 성숙했으니 자네도 바로 상경하여 혹시 시기를 놓치고 후회하는 일이 없도록 하라."
> 나는 마침 친환(부모의 병환)이 계셔서 떠나지 못하다가 그믐께서야 서울로 올라가니 벽서장이 나를 보고 말하였다.
> "자네 왜 이제 오는가. 3월 1일에 조선 독립선언서를 발표할 참인데 자네는 서명할 기회를 벌써 놓쳤으니 안타깝네."

김창숙이 유림이 참여치 못하게 된 것을 한탄하고 통곡하자 유림 해사 김정호金丁鎬가 김창숙에게 이 치욕을 씻을 길을 도모하자고 말하였다. 그말에 김창숙은 이렇게 말한다.

"지금 서울에 모인 유교인이 거의 수십만 명이다. 자네와 내가 함께 이들을 단결하도록 공작할 수 없을까? 참으로 단결만 한다면 유교의 부진함을 걱정할 것이 전혀 없다. 지금 손병희 등이 선언문을 발표해 국민을 고취시켰는데 국제적인 운동이 있다는 말을 듣지 못했다. 손병희 등과 서로 호응해서 파리평화회의에 대표를 파견하여 열국 대표들에게 호소해서 국제 여론을 확대시켜 우리의 독립을 인정받도록 한다면 우리 유림도 광복운동의 선구가 됨에 부끄러움이 없을 것이다."

사실 이것은 삼일운동의 입안자들이 다 염두에 둔 것이었으나 비밀이 잘 지켜진 탓에 김창숙이 알지 못했던 것이다. 이미 상해와 일본으로 문건이 넘어간 뒤였다.

김창숙은 즉시 유림의 거물들을 만나 이 문제를 논의하기 시작했다. 거절한 사람도 있었지만 팔도에 각각 파견할 인사를 선발하고 15일에 다시 서울에서 만나기로 한다. 이 일을 수행하다가 해사 김정호는 노상 강도를 만나 살해되기도 했다. 이때 유림에서 김창숙과는 별개로 역시 파리평화회의에 보낼 문서를 만든 이들이 있었다.

의병장 출신 지산 김복한金福漢이 주도자였는데, 김창숙과 만나 서로 명단을 합치기로 한다. 김창숙은 면우 곽종석郭鍾錫의 글을 받았고, 이에 양측 명단을 합치니 총 137명 명단이 만들어졌다. 김창숙은 우여곡절 끝에 상해에 도착하는데, 그곳에서 신채호 등을 만나니, 이미 김규식金奎植을 대표로 해서 파리에 파견하였다는 말을 듣고 파리행은 단념하고 우편으로 문건을 보내게 된다. 이것을 '파리장서巴里長書'라고 부른다. 면우 곽종석은 이 일로 체포되어 2년형을 선고 받았는데, 옥중에서 겪은 노고로 병보석으로 나오게 되었으나 곧 사망하고 말았다.

그런데 이때 간재 전우田愚의 딴지가 있었다. 이것이 결국은 위에 나온 이상한 말의 단초가 되었다고 생각한다.

간재 전우는 나라가 망하자 정통 유학을 보존하여 나라를 되찾겠다고 말하고 섬에 들어가 나오지 않은 유학자다. 그는 김창숙이 벌이는 일을 듣고 집요하게 반대를 표명했다. 그 이유는 이러했다.

"선비가 도를 위해 죽는 의리는 실로 머리 깎은 자들이 벌이는 복국운동과는 아무 상관이 없다. 파리장서는 이적을 물리치기 위해 이적을 불러들이는 것으로 이는 척화를 하기 위해 또 다른 외세의 간섭을 자초하는 일이니 열강의 세력을 빌려 이들에게 호소하는 일은 하지 않겠다."

그러니까 사실은 '양반이 아니어서'라는 이유는 아니고, 유교만 정통으로 보는 근본주의자가 하는 말인 셈이다. 이런 딴지가 있었다는 것이 유림 전체를 싸잡아서 욕 먹이게 하는 일로 발전한 것 같다.

삼일운동의 여파로 등장한 파리장서 사건. 여기에 참여한 유림도 자랑스러운 독립운동가들이다. 앞서 말한 바와 같이 이 문건을 작성한 유림 대표 면우 곽종석은 병석에 있는 몸이었지만 몸을 사리지 않았고, 그 결과 목숨을 잃었다.

면우 곽종석은 김창숙이 찾아왔을 때 이렇게 말했다 한다.

"이 늙은이는 망국대부로서 늘 죽을 자리를 못 얻어 한하였는데 방금 전국 유림을 이끌고 천하 만국에 대의를 소리치게 되니 나도 죽을 자리를 얻게 되었다."

28

안창호의 약속

어느 날 라디오에서 이런 이야기를 들었다. 약속의 중요함이라는 이야기였다. 독립운동가 도산 안창호安昌浩의 일화라며 다음 이야기가 소개되었다.

> 도산 안창호는 한 아이에게 생일선물을 주기로 약속했는데, 그날 윤봉길 의사의 훙커우 공원 의거가 있었다. 일제의 검거 열풍이 불어서 사람들이 안창호에게 어서 피하라고 말했는데, 안창호는 아이와의 약속을 어겨서는 안 된다고 말하고 약속 장소로 나갔다가 그만 일제 경찰에게 체포되고 말았다. 안창호는 이렇게 약속을 중시하는 사람이었다.

이야기는 여러 가지다. 생일선물이기도 하고 소년단 단비이기도 하고 친척 딸이기도 하고. 왜 이렇게 다양할까? 과연 이 이야기는 사실일까?

안창호는 독립운동가 중에서도 으뜸인 사람이었다. 그런 사람이 아이와의 약속을 지키겠다는 마음으로 무리한 행보를 했다가 체포되었단 말인가? 약속을 지키는 방법이야 많을 텐데 이렇게 가벼운 행동을 독립운동의 중책을 맡은 사람이 했다는 것은 믿기 어렵지 않은가?

안창호의 체포 경위를 살펴보자. 안창호가 윤봉길 의사의 의거 여파로 체포된 것은 맞다. 하지만 체포 경위는 일화와는 다르다.

윤봉길 의사 의거는 철저하게 극비로 진행되어 안창호조차 이 일을 몰랐다. 백범 김구는 윤봉길이 홍커우 공원으로 출발하자마자 즉시 안창호에게 편지 한 통을 썼다.

> 오늘 오전 10시경부터 댁에 계시지 마세요. 무슨 큰 사건이 일어날 듯합니다.

안창호는 마침 집에 없었다. 때문에 이 중대한 전갈을 받지 못했다. 윤봉길 의사는 의거 후에 체포되어 심문을 받았는데, 수류탄을 어디서 받았느냐는 질문에 이춘산李春山에게 받았다고 말했다. 이춘산은 상해교민단장 이유필李裕弼의 가명이었다.

일본 헌병대는 이유필을 체포하라는 명령을 내렸고, 이에 따라 일본영사관 경찰이 이유필의 체포영장을 발부 받아 이유필이 있는 프랑스 조계지로 들어왔다. 프랑스 측은 체포 영장 집행을 허락했고 그쪽 형사와 함께 이유필의 집으로 갔다.

이유필 역시 의거가 감행되면 자신에게 위험이 처해질 것을 당연히 알고 있었고, 안창호에게도 그 사실을 알리려 했다. 이유필은 한국소년동맹회 부위원장 배준철에게 안창호를 찾아가 피신하라고 전하게 했다. 그런데 배준철도 안창호를 만나지 못했다. 배준철은 이유필의 집으로 들어가는 마을 입구에서 안창호를 기다렸다. 그러나 안창호는 하필이면 다른 길을 택해 이유필의 집으로 갔다.

안창호가 이유필의 집에 간 것은 이유필의 아들 이만영과 한 약속 때문이었다. 이만영은 한국소년동맹회 회장이었다. 소년동맹회에서는 매년 5월 첫 번째 일요일을 어린이날로 정하고 체육대회를 열었다. 안창호는 이 대회 경비 5원을 주겠다고 약속했다.

안창호가 소년과 한 약속 때문에 이유필의 집에 간 것은 사실이다. 하지만 그가 경고를 받는데 무시하고 간 것은 아니다. 그는 아무 연락을 받지 못했다. 프랑스 조계지는 일본으로부터 상대적으로 안전한 지역이었기에 안심하고 있었던 것이다.

정말 안타깝게 여겨지는 것은 김구가 안창호에게 피신을 당부하는 편지를 쓴 곳이 흥사단 간부 조상섭趙尙燮의 상점이었고 그곳 점원을 통해 전달하게 한 것이었는데, 안창호가 이유필이 보낸 배준철을 못 만난 것은 바로 이 조상섭의 집에 들렀기 때문이었다. 이처럼 안창호는 끝내 위험을 경고 받지 못하고 운명의 장난으로 체포에 이르고 말았다.

체포된 안창호는 프랑스 조계 경찰에 끌려갔고 그곳에서 자신은 이유필이 아니라고 말했다. 엄밀히 말하면 일본 경찰은 이유필의 체포영장만 가지고 있어서 안창호를 프랑스 조계에서 체포할 수는 없었다. 일본 측은 부랴부랴 안창호 체포 영장을 만들어서 제시했다.

사태가 이렇게 진행되었는데 왜 안창호가 아이와 한 약속을 지키려 하다가 체포되었다는 싸구려 미담이 생겨났을까?

그 원인은 춘원 이광수에게 있다. 이광수는 해방 후인 1946년에 『도산 안창호』라는 책을 냈다. 바로 이 책에 이런 내용이 들어 있었다.

도산이 상해에서 일본 관헌 손에 체포된 것은 우정 때문의 희생이었다. 4월 29일 윤봉길 의사의 의거일이 바로 도산의 어떤 친지의 아들인가 딸의 생일

이어서 이날 생일 선물을 주마고 도산이 그 아이에게 약속한 일이 있었다. 그래서 경계가 엄중한 이날인 줄 알면서도 어린 사람과의 언약을 어길 수 없다 하여 선물을 가지고 그 집에 갔던 것이다. 도산은 이 집에서 체포된 것이었다. 도산은 이것이 언약을 지키다가 된 일이라고 하여서 조금도 후회하지 아니하였다.

이광수는 수양동우회 사건으로 안창호와 함께 체포되었을 때 전향을 하였고 이후 적극적인 친일파의 삶을 살았다. 안창호가 참으로 아꼈던 사람이었는데 안창호의 기대를 저버렸던 그가 안창호의 전기를 썼다는 것 자체가 비극적인 일이다. 그리고 워싱턴의 벚나무 일화처럼 지어낸 이야기가 사실처럼 소비되는 현실은 더 비극적이다.

이런 엉터리 이야기가 혹시나 어린이 책에서 무분별하게 재생산되는 것이 아닌가 하여 가까운 도서관에서 안창호에 대해서 쓴 어린이 책을 살펴보았다. 단 한 권만 빼고 모두 정확한 사실에 기초한 내용으로 작성되어 있었다. 어린이 책 작가들이 올바른 사실을 알리고자 노력하고 있다는 점을 알 수 있어서 다행스러웠다.

도산 안창호는 이상한 이야기로 굳이 금칠을 하지 않아도 큰 업적을 남긴 분이다. 위인을 기리는 방법은 그가 한 일을 정확히 아는 것에서 시작한다.

29

사라지지 않는
쇠말뚝 괴담

일제강점기에 일제가 우리나라 명산대천에 혈침, 즉 쇠말뚝을 박아서 지기地氣를 끊는 풍수 침략을 했다는 이야기가 있다. 그리고 이에 따라 산속 깊은 곳에 박힌 쇠말뚝을 찾아내고 제거하는 일이 진행되었다.

    쇠말뚝을 땅에 박아서 인재의 맥을 끊을 수 있다는 말 자체가 황당무계한 이야기다. 우주와 생명의 비밀을 과학이 헤쳐 나가고 있는 21세기에, 지표면에 말뚝을 박아 인간사에 영향을 미친다는 발상을 진지하게 믿는 것 자체에 문제가 있다. 풍수 중에서도 용맥이 인간의 운명에 영향을 준다는 것은 아무 짝에도 쓸 수 없는 미신이지만 지금도 여전히 사람들을 현혹시키고 있는 것 역시 사실이라 매우 서글프다.

    흔히 일제가 이런 일을 했다고 주장하는 사람들은 바로 이 점에 주목한다. 그렇게 당시 사람들이 믿었기 때문에 식민지 조선인에게 패배감을 주기 위해서 일제가 이런 일을 했다고 말하는 것이다.

    패배감을 주기 위해서는 면전에서 그 일을 행해야 한다. 우리가 너희를 이렇게 능욕하고 있다고 보여주어야 하는 것인데, 일제는 쇠말뚝을 아무도 모르게 박았다. 우리가 너희 산천의 정기를 이렇게 끊었다고 자랑한 사례가 하나도 없다. 아무도 모르게 모욕감을 준다는 것이 대체 어떻게 가능할까?

일제 관리들이 풍수를 믿었다면 가능할 수도 있다. 저기에 혈침으로 쇠말뚝을 박으면 이 지역에 인재가 나오지 않는다는 것을 믿으면 그런 일을 할 수도 있을 것이다. 그럼 그들이 이런 것을 믿었다는 증거는 있는가? 없다.

냉정히 생각해보면, 우리나라 사람들이 이런 미신을 믿어서 그 때문에 패배의식에 사로잡혔다는 말 자체가 스스로를 극심히 비하하는 것이다. 미신에 사로잡혀서 제대로 된 사리판단을 할 줄 몰랐다는 말인 것이니까.

쇠말뚝 문제를 가장 자세하게 다룬 보도는 『월간조선』 1995년 10월호에 실린 김용삼 기자의 「김영삼 정부는 '풍수정권'인가?」이다. 아래 내용은 그 기사를 기본으로 해서 추가 조사한 내용을 덧붙인 것이다.

쇠말뚝 뽑기의 역사

쇠말뚝을 뽑고 다닌 민간단체가 있었다. 산악동호회에서 출발한 '우리를 생각하는 모임'이라는 곳에서 1985년 4월에 북한산 백운대에서 쇠말뚝 27개를 뽑아 15개를 독립기념관에 기증했다(기사에 따라서는 16개로 나오기도 하지만 15개가 맞는 것 같다). 그리고 이때부터 경제학을 전공한 서길수 박사가 풍수 침략을 조사한다고 나섰다.

'우리를 생각하는 모임'에서 뽑은 쇠말뚝은 일제강점기 때 박힌 것은 맞다. 그 사실은 『조선신문』 1927년 8월 20일자 보도에서 확인할 수 있다. 「백운대등白雲臺登—도로 기부 모집」이라는 1단 기사에 내용이 나온다. 기사는 백운대 등산로 보수에 750원이 필요해서 일본인 다섯 사람이 기부에 나선 것을 다루고 있다. 북한산 최고봉 백운대는 경기 최고의 명소로 백제 온조왕溫祚王(재위 기원전 18~기원후 28)이 이곳에 북한산성을 쌓은 바 있다는 등 역사적 사실을 말한 뒤 최근 이곳을 찾는 사람이 많으나 도로가 험준하여 등산에 위험이 있어서 도로를 보수하고 지도표, 등산안내판, 쇠로 만든 난간과 계단 등을 만들기로 했다고 기사에서 전했다.

이어 1927년 10월 1일자에는 9월 25일에 보수가 완공되어 관광객 600명이 방문하였으며, 이 명승지가 널리 알려지기를 바란다는 내용이 실렸다.

1927년 11월 12일 『매일신보』에서는 유지들의 힘으로 백운대 오르는 길에 쇠줄을 둘러놓아 아기네도 능히 오를 수 있게 되었다며, 그것을 기념해 이날부터 백운대 화보를 연재하기 시작했다.

이러한 내용 어디에도 풍수 침략의 흔적을 볼 수 없다. 이 일은 공공연히 벌어진 것이며, 백운대에서 바라보는 절경을 안전하게 감상하라고 기부를 받아서 행한 일이었다. 그런데 1984년에 '오르내림 산우회'라는 등산모임에서 백운대에 박혀 있는 쇠말뚝을 보고는 일본인이 박은 쇠말뚝을 제거해야 한다고 생각했다. 그들은 북한산 인근에 살던 82세 할머니의 말을 듣고 결심했다. 이 할머니는 왜인들이 백운대에 올라가 쇠말뚝을 박았다는 말을 시아버지에게서 들었다고 말했다. 16세에 시집왔다고 하니 1920년 무렵이므로 연도가 맞지 않지만 이런 기억은 보통 왜곡되기 때문에 그 자체는 문제가 아니다. 다만 이 증언은 그저 일본인이 쇠말뚝을 박았다는 사실일 뿐이라는 게 문제다.

일본이 유화정책으로 백운대 공사를 시행했다는 것 자체는 서길수 교수도 인정하는 바다. 쇠말뚝 제거를 하던 당시 한국산악회 고문이던 김정태는 백운대 정상의 쇠말뚝은 난간과 함께 방위측정용으로 세운 것으로 이런 일은 훗날 웃음거리가 될 수 있으므로 확실히 알고 난 뒤에 뽑아도 늦지 않다고 반대했다.

서길수 교수는 "일인들은 민족정기 말살을 위해 백운대 정상에 쇠말뚝을 박아놓고 방위표시 목적이라고 유포한 것이 확실합니다"라고 주장했다. 아무 근거 없는 일방적인 주장이다.

1993년 7월 4일 '우리를 생각하는 모임'의 구윤서 회장은 속리산 문장대에 쇠말뚝이 있다는 제보를 받고 그곳을 방문했다. 구윤서는 문장대 아래 감로천 부근에서 쇠말뚝 8개를 발견했다. 그중 하나를 뽑아 백운대 쇠말뚝과 비교해보고 일제가 꽂은 것이라 판단하여 9월 11일, 12일 양일에 걸쳐 쇠말뚝 제거 작업을 시행했다. 이때 『한겨레신문』 보도에 재미있는 발언이 들어 있다.

> 비지땀을 흘리며 쇠말뚝을 뽑아낸 한 회원은 "이 쇠말뚝이 일제의 단혈철주라고 못박아 말하기는 어려울지 모르나, 이 작업을 통해 우리 마음 속에 박혀 있는 일제의 철주를 제거하고 민족혼을 회복하는 것은 뜻있는 일"이라며 흐뭇한 표정을 지었다. (『한겨레신문』 1993년 9월 13일)

위 증언을 보면 작업을 한 사람조차도 일제가 박은 것이라는 확신이 없었던 것이다. 『월간조선』 기사에서는 구윤서 회장이 그 쇠말뚝을 박은 사람의 증언을 들었다는 내용이 나온다. 쇠말뚝은 감로천의 물을 길어서 팔던 김중배라는 사람이 감로천에 접근하기 쉽게 1958년 무렵에 박은 것이었다. 구윤서는 김중배가 "그중 두 개는 일제가 박았다는 말을 들었다"고 증언했다고 첨언했다. 8개 중 2개는 일제 소행이라는 것이다. 하지만 김용삼 기자는 송병구(70세)로부터 문장대 쇠말뚝은 해방 전에 본 적이 없고 6.25 이후 여러 개가 박힌 것을 본 기억이 있다는 증언을 받았다. 송병구는 그 이야기를 다른 기자들에게도 했지만 아무도 자신의 말을 믿어주지 않고 일제의 쇠말뚝이라는 기사만 썼다는 이야기도 전했다.

민간단체는 백운대(15개)와 마산 무학산(1개), 속리산 문장대(8개), 북한산 노적봉(1개)에서 쇠말뚝을 제거했다.

이런 일들이 일어나면서 쇠말뚝 공포가 시민사회에 전파되기 시작했다. 1994년 6월에 한국이동통신이 금오산 정상에 건립하던 대형 중계탑 공사가 중단될 위기에 처하기도 했다. 금오산 정상에 중계탑이 세워지면 혈맥이 끊긴다고 시민단체가 반대에 나서고 여기에 박세직 국회의원과 지역유지까지 참여하여 진정서를 내기 시작한 것이다. 다행히 철거에 이르지는 않았으나 당시 〈연합뉴스〉는 철거가 결정되었다고 오보를 내기도 했다.

쇠말뚝 뽑기를 정권차원에서 한 김영삼 정부

이런 쇠말뚝 문제를 키운 것은 김영삼 정부였다. 김영삼 정부는 1995년 광복 50주년 행사의 일환으로 쇠말뚝 제거를 내세웠다. 이는 1995년 2월 15일 국무회의에서 의결되었다. 당시 이 일을 관할한 내무부 지방기획과 박승주 과장의 인터뷰를 보자.

"지금도 일반 국민은 일제가 국토의 혈맥 차단을 위해 쇳물을 녹여 부었다, 명당의 혈을 질렀다, 지맥을 절단했다는 소문을 믿고 있습니다. 그것은 일종의 정신적 피해의식이죠. 광복 50주년 되는 해에 정부가 쇠말뚝 제거에 나선 이유는 국민의 막연한 대일 피해의식을 불식시키기 위해섭니다." (김용삼, 「김영삼 정부는 '풍수정권'인가?」, 『월간조선』 1995년 10월호)

이 사업은 원래 경상북도 기념사업이었다. 그것을 정부가 받아서 전국으로 확대한 것이다. 경상북도에서 사업을 시작한다고 했을 때, 학예사와 공무원 일부가 반대했지만 막무가내로 밀고나가 사업화했다. 경상북도는 군까지 동원해서 쇠말뚝을 찾아 나섰고 이것을 안 김용태 내무부장관이 훌륭한 아이디어라고 칭찬하면서 전국으로 확대되기에 이르렀다.

그러나 쇠말뚝을 일제가 박았다는 확증이 없는 상태였기 때문에 관계 공무원은 기자들에게 "일제가 박은 것으로 추측되는"이라고 써달라고 애걸복걸했다. 단양군 장군소 바위에서 제거된 쇠말뚝은 1893~1894년 무렵 일제가 박았다고 주장했지만 이 쇠말뚝에는 정교한 볼트가 채워져 있어서 도저히 19세기 물건으로 볼 수 없었다. 이와 관련해 공무원들은 답변을 회피했다. 심지어 단양군 영춘면장을 지낸 적 있는 우계홍은 그 쇠말뚝을 자기가 박은 것이라고 증언하기도 했다. 뱃줄을 묶어놓기 위해서였던 것으로, 우계홍은 그 사실을 군청에 이야기했지만 군청이 무시했다.

이 기념사업 결과 전국에서 439건의 신고가 들어왔고 8월말까지 13개 지역에서 쇠말뚝 18개를 제거했다. 강원도가 제일 많아서 6개 지역(8개), 경북 4개 지역(4개), 충북 2개 지역(4개), 전북 1개 지역(1개) 순이었다.

그러니까 439건 중에 불과 십여 건만 인정되었던 것이다. 그리고 그 인정된 것조차 김용삼 기자의 확인 취재 결과 엉터리였거나 근거 없는 것이었다.

특히 일제강점기 때 산림보호국 임시직원으로 화천, 양구 일대에서 측량업무를 도왔던 이봉득의 증언이 다음과 같이 나오기도 했다.

> "스물한 살 때 조선총독부 임정과에서 나온 고가주우켄高賀忠賢과 장길복이란 사람을 따라 화천 양구 일대를 누비고 다녔어요. (중략) 측량을 위해 박아놓은 대삼각점을 일제가 혈을 지르기 위해 박은 쇠말뚝으로 오해했어요. (중략) 그런데 나라 뺏긴 설움이 좀 컸나. 조선 사람들은 전국의 산꼭대기마다 들어서는 이상한 쇠막대기를 보고는 '왜인들이 조선에 인물이 나오지 못하도록 혈을 지르고 다닌다'라는 소문이 파다하게 퍼졌다고 하더군요."

더욱 확산되는 쇠말뚝 괴담

그러나 이런 기사가 나왔음에도 쇠말뚝 열풍은 잠들지 않았다. 1995년 국감에서 창경궁 바위에 쇠말뚝이 발견되었으니 철저히 조사하라는 주장이 나왔고, 전북 김제에서는 성산에 전망대를 세우겠다는 계획을 두고 민족정기를 끊는다는 이유로 시민단체가 반대하고 나섰다.

1997년에도 울산 대왕암 공원에 쇠말뚝이 있다는 주장이 나온 이후 1998년 3월 인천방송에서 일제의 풍수침략으로 다루는 등 계속 문제를 제기해 2000년에 제거하기도 했다. 이런 일에 고무받은 것인지 2010년에는 울산 대왕암에 나무뜸 혈침이 꽂혀 있다는 기사가 나왔다.

당시 보도사진을 보아도 쇠말뚝이 아님을 알 수 있다. 뭐든 박혀 있는 것만 발견하면 민족정기를 훼손하는 물건으로 둔갑하는 것이다. 이와 관련해 소윤하 민족정기선양위원회 위원장에게 자문을 한 결과 "일제가 용으로 상징되는 우리나라의 기를 꺾기 위해 혈침을 놓은 것으로 추정된다"는 답변을 받았다. 그리고 그 결과 제거 작업을 벌였다. 그러나 울산 대왕암 나무틈 혈침은 사실 목재 전신주였다. 1960년대에 군사지역에 세웠던 것인데 세월이 지나 혈침으로 둔갑한 것이다.

1999년에는 이회창 한나라당 총재와 이순신 장군 부모 묘에서 쇠말뚝이 발견되어 화제가 되었다. 무속인이 아들의 병이 나을 것이라 생각하고 저지른 일로 일제와는 아무 관련이 없었으나 쇠말뚝을 꽂아서 정기를 훼손한다는 미신이 회자되는 결과를 낳았다. 범인은 신라 왕릉에도 쇠말뚝을 박았고 이 때문에 전국 각지 문중에서 무덤을 확인하는 소동이 벌어지기도 했다. 1999년에 동해시는 보상금 30만 원을 지급하면서 쇠말뚝 찾기에 나섰으나 발견하지 못했다. 계룡산 정상 통신용 철탑이 쇠말뚝으로 정기를 끊는 것이라는 주장 때문에 이전되기도 했다.

이런 현상을 비판하는 책이 1999년 6월에 나왔다. 역사학자 이이화李離和의 『이이화의 역사풍속기행』(역사비평)이다. 여기서 이이화는 일제의 풍수침략이라는 쇠말뚝은 측량에 사용된 것일 뿐이라고 비판했다.

일제 침략과 쇠말뚝 괴담

일제가 측량 사업으로 박아놓은 표석을 훼손하는 일은 일제강점기에 이미 일어났다. 1914년 일본 헌병대 보고서를 보면 전국에 걸쳐 162개 측량 점표와 표석이 파손되었다. 그중에는 자연현상인 낙뢰 등으로 파손된 경우도 있지만 미신에 의한 인위적인 훼손도 적지 않다고 되어 있다.

일본은 이미 청일전쟁 때 정확한 측량의 필요성을 느끼고 비밀리에 임시측도부라는 조직을 만들어서 측량 작업을 진행했다. 한국인을 만나면 도망치도록 하고, 위장을 위해 한복을 입어도 된다고까지 했을 정도로 극비리에 진행되었다. 그러나 이렇게 소수 일본인이 인적이 드문 곳을 다니면 의병에게는 좋은 표적이 되는 셈이었고, 이로 인한 피해도 적지 않았다. 하지만 일본은 측량 작업을 포기하지 않았다. 측량 작업은 러일전쟁 때도 있었고 한일강제병합 이후에 본격화했다.

1899년 1월 옥구(지금의 군산)에 해일이 있었는데 이를 두고 일본인이 근처 산에 올라가 명태어를 묻고 걸어서 저주를 걸었기 때문이라는 소문이 일었다. 이 때문에 함평군에 있던 측도반원들이 격한 항의를 받고 구타를 당했다. 일본인이 산으로 들어가 땅에 무슨 짓인가를 하는 것을 본 사람들에 의해 이런 소문이 퍼져 나갔을 것이다. 그리고 이런 소문은 일본인이 맥을 끊고 다닌다는 단맥설로 발전했을 것이다.

쇠말뚝을 박은 사람은 야마시타 육군대장?

1999년 『신동아』 8월호에서 소윤하는 쇠말뚝은 일제의 사령관이던 야마시타 도모유키山下奉文가 박은 것이며, 그의 통역관이던 신세우의 아들 신동식에게서 들었다는 주장을 했다. 신세우가 전범재판에서 야마시타의 변론을 잘해줘서 총살형이 교수형으로 감형되자 조선 산천에 쇠말뚝을 박았다는 것을 털어놓았다는 것이다. 이에 대해서는 2005년 월간 『말』 김재중 기자가 기사를 통해 반박한 바 있다.

2001년 피카디리극장 재건축 현장에서 발견된 쇠말뚝 7개가 민족정기를 말살하고자 일제가 박은 것으로 보도되었다. 아무 근거도 없지만 극장 부지에까지 쇠말뚝을 박은 일제의 만행이 되었다. 북한산에서 또 쇠말뚝 3개를 뽑았다는 기사도 나왔다.

2004년 쇠말뚝을 제거하는 단체에서 강화도 마니산의 쇠말뚝을 조사했다. 하지만 당시 관리사무실 직원은 1978년 계단 공사를 할 때 박은 것으로 알고 있다고 말했으나 그 증언은 인정받지 못했다. 쇠말뚝의 내력을 이야기해도 믿지 않으면 그만인 것이다.

2005년 5월 13일 『한겨레신문』에서는 길윤형 기자가 「쇠꼬챙이에 흥분하지 맙시다」라는 칼럼을 실어서 비이성적인 쇠말뚝 소동을 비판했다. 정약용 묘에서 쇠꼬챙이가 10개 나왔는데 이것을 일제의 쇠말뚝이라고 호들갑을 떠는 언론 때문이었다. 종친회에서 무속인 소행으로 보는데도 언론이 더 난리를 부렸던 것이다. 이순신 장군 부모 묘 사건 때는 일제가 했다는 말이 나오지 않았는데 이때는 더욱 광범위하게 쇠말뚝 이야기가 퍼졌다는 증거가 되는 셈이다.

2005년 10월 25일에는 SBS 뉴스에서, 28일에는 KBS 뉴스에서 남한산성에서 발견된 쇠말뚝 이야기를 했다. KBS 앵커는 쇠말뚝을 들고 나와 일제의 만행을 규탄하기에 이르렀다. 급기야는 '쇠말뚝 제거의 날'을 만들자는 독자투고가 『세계일보』에 실리기도 했다.

2005년 12월 월간 『말』 김재중 기자가 「발굴/일제가 박은 쇠말뚝은 없다—이성을 마비시킨 집단 최면의 주술, 쇠말뚝」이라는 기사를 실었다. 『월간조선』 기사 후 10년 만에, 이번에는 진보 진영 쪽 매체에서 쇠말뚝 문제를 다룬 것이다. 여기서 소윤하가 주장한 야마시타 육군대장 건이 논파되었는데, 야마시타의 통역관은 하마모토라는 일본인이었으며 총살형 이야기도 엉터리였다.

야마시타는 1936년 2.26 쿠데타 때 동정적이었다고 해서 조선 용산에 주둔하던 40여단장으로 좌천되었다. 그리고 1937년 중일전쟁이 일어나자 출전하였다. 즉 좌천되어서 온 야마시타가 1년여 사이에 365 군데에 혈침을 박는 대작업을 완료하였다는 얼토당토한 이야기인 것이다.

소윤하는 쇠말뚝의 탄소연대측정 결과 3만 년으로 나왔으며 이것은 석탄을 사용한 증거로 일제강점기에 우리나라는 숯을 사용했지만 일본은 석탄을 사용해서 쇠를 제련했으므로 일본인이 쇠말뚝을 박았다는 것이 증명되었다고도 주장했다. 김재중 기자는 이 주장을 검증하기 위해 서울대 AMS 연구실 윤민영 박사와 인터뷰를 가졌다. 윤민영 박사는 이렇게 말했다.

"2001년쯤에 그런 의뢰를 받은 적이 있는데 연대측정을 할 수 없었습니다. 탄소를 추출해 연대를 측정하려고 했는데, 당시의 쇠말뚝은 연철로 탄소량이 극히 적었기 때문입니다. 사실 최근 공업적으로 제강된 철, 즉 화석연료를 통해 만들어진 철은 탄소연대 측정이 거의 불가능하죠. (중략) 현재까지 알려진 방법으로 쇠말뚝이 일제시대에 만들어진 것인지 그 이후에 만들어진 것인지 구별해낼 수 있는 가능성은 희박합니다."

김재중 기자는 남한산성 쇠말뚝에 대해서도 현장 취재를 했다. 옛날에 그런 이야기를 들은 적이 있다는 말에서 이 소동이 시작되었다. 동네 주민들 다수는 그런 일을 알지 못했다.

그러나 이 이후에도 쇠말뚝을 뽑아서 일제를 단죄하는 행위는 멈추지 않았다. 여수에서, 원주 치악산에서, 봉화 청량산에서, 서산 도비산에서 쇠말뚝을 뽑았다는 기사가 끊임없이 올라온다. 미신을 이렇게 적극적으로 보도하고 있는 것이다.

쇠말뚝 괴담의 원조 이야기

쇠말뚝 괴담의 원조 격 이야기를 『조선왕조실록』 「태종실록」 6년 7월 16일자 기사에서 찾을 수 있다.

나주에 불상을 받으러 가던 황엄黃儼이 전라도 진원현(지금의 전남 장성군)을 지나가다가 그곳의 신령스러운 나무 백지수百枝樹에 구리못을 박았다. 수행하던 관원이 그것을 눈치 채고 구리못을 뽑은 후 조정에 이 사실을 알렸다. 이처럼 쇠말뚝 이야기와 같은 이야기가 이미 기록되어 있다. 나무에 구리못을 박았다는 이야기가 후대로 내려오면서는 벼랑에 구멍을 팠다는 이야기로 과장되어 『동국여지승람』에 실려 있다.

쇠말뚝 괴담은 임진왜란 때 이야기에도 등장한다. 1934년에 선산에서 채록된 이야기를 보자.

임진왜란 때, 왜군이 경상도 선산까지 쳐들어와서 잠시 그곳에 머물러 있었는데 그때 왜군 중에 한 지사地師가 있어 그곳 산맥을 살펴보니, 많은 인재가 속출하고 국가는 나날이 흥기할 것 같이 보였다. 그래서 왜군 지사는 이 산맥의 활기를 죽여버릴 양으로 군사들을 시켜 선산읍 뒤에 이어 있는 산맥에다 불을 성하게 이루어 숯을 구은 뒤 그곳에다 커다란 쇠말뚝을 박아 그 산맥의 활기를 죽였다고 한다. 그런 뒤로는 이상하게도 선산에는 인재가 나오지 아니하였다고 하며, 그 산맥이 근방 고을에까지 통하여 있었으므로 역시 근방 고을에서도 인재가 나오지를 아니하였다고 한다. - 선산군 선산면 박생원 담談 (최상수, 『한국민간전설』, 통문관, 291~292쪽)

이뿐이 아니다. 조선의 개혁군주라고 불리는 정조도 이런 말을 한 적이 있다. 1797년, 정조와 우의정 이병모李秉模와 나눈 대화다.

"요즘 인재가 점점 옛날만 못해지고 있소. 명나라 초에 도사 서사호徐師昊가 우리나라에 와서 산천을 구경했는데, 단천(함경남도) 현덕산에 이르러 천자의 기운이 있다고 쇠말뚝 다섯 개를 박아놓고 떠났으니 북쪽에 인재가 없는 것은 여기서부터 비롯된 것이오."

정조의 말에 등장하는 서사호는 공민왕恭愍王(재위 1351~1374) 때 명에서 온 사신이다. 공민왕은 서사호가 자신에게 압승술壓勝術을 쓸까 두려워 마중을 나가지 않았다. 즉 서사호는 이미 압승술로 유명한 도사였던 것이다. 서사호는 쇠말뚝 대신 고려의 안녕과 번영을 비는 비석을 세우는 일밖에 하지 않았다. 그러니 정조는 그를 모함한 셈이긴 하지만, 서사호가 비석을 세우고 22년 만에 고려가 망한 것을 보면 서사호의 신통력이라는 게 사실 별 볼 일 없던 것으로, 피장파장이라 하겠다.

정조는 뒤이어 또 황당한 이야기를 한다.

> "서울에 내려온 맥은 삼각산이 주장이 되는데, 과인이 듣기로 수십 년 전에
> 북한산성 아래에 소금을 쌓고 그 위를 덮은 뒤 태워서 소금산을 만들어 맥을
> 멈추게 하였으니 서울에 인재가 없는 이유가 이것이 아니라 할 수 있소?"

신하들이 얼른 찬동을 하고 나서서 정조는 정말 소금산을 태워버리려
했다. 하지만 있어야 태울 것이 아닌가? 이것 역시 괴담에 지나지 않았
다. 아무도 소금산을 본 이가 없었다.

결국 우리나라의 전해져오는 이와 같은 전설이 일제 식민지 시기와 맞
물리면서 쇠말뚝 괴담으로 부활한 것이다.

인재가 없는 이유는 인재를 양성하지 못하는 사회 탓이다. 쇠말뚝에
미뤄놓으면 속이야 편할지 모르겠지만. 일제가 박았다고 믿고, 그것이
민족정기를 훼손한다고 믿는 그 어리석음이야말로 비웃음 받을 일이다.
만약 정말로 일제가 그런 짓을 했다고 한다면 우리는 "그러니까 망하지"
라고 대폭소를 하면 그만이다. 그런 것을 뽑는다고 돈 한 푼 쓸 필요가
없는 것이다.

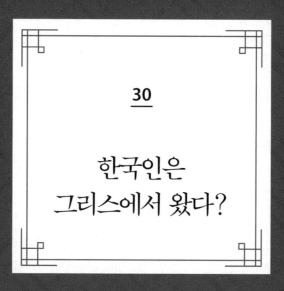

<u>30</u>

한국인은
그리스에서 왔다?

1978년부터 유사역사가들은 당시 국정교과서 『국사』를 식민사관 교과서라고 공격하기 시작했다. 사회 명망가들이 포함된 이들의 공격으로 인해 결국 1981년 국회에서 국사교과서 공청회가 열렸다. 이 공청회 때 나온 재미있는 이야기 하나를 해볼까 한다.

역사학을 옹호하는 입장으로 나온 서강대학교 전해종全海宗 교수가 이런 말을 했다.

"두 번째의 문제는 역사를 하는 사람들로서는 매우 기초적인 상식으로 되어 있는 것입니다. 사료라든가 어떤 증거가 있을 경우 하나의 증거를 가지고서는 그것을 증거라고 제시하기 어렵습니다. 그 증거가 정설로서, 정해진 학설로서 성립하기 위해서는 몇 개의 방증이 있어야 합니다. 하나의 증거를 '고증孤證'이라고 하지요. 시간이 아깝습니다마는 잡담 비슷한 극단적인 예를 하나 들겠습니다."

전해종 교수는 책 하나를 소개했다.

"한 20년 전에 외국 사람이 쓴 책이 있었습니다. 『코리언즈 아 화이트』라는 책입니다. 제목이 하도 이상해서 뒤져봤습니다. '매케비치'인가 하는 미국 사람이 쓴 것입니다. 중점이 무엇인가 하면 이 사람이 한국 전쟁에 참가했는데 아마 희랍계통 사람이었던 모양이지요. 미국에 돌아가서 '그릭오스톡스처치'에 갔습니다."

이 내용은 국회 공청회에서 말한 것을 녹취한 녹취록에 나오는 것이라 발음이나 내용에 사소한 오류가 있다. 그에 대해서는 후술하기로 한다. 위에 나온 '그릭오스톡스처치'의 영문 표기는 Greek Orthodox Church 다. 그리스 정교회를 말한다.

"거기에 갔더니 '아멘' 대신 한국에서 늘 듣던 '예예' 소리를 한단 말이지요. 여기서 인스피레션을 얻었어요. 야, 이상하다. 한국에서도 '예'라고 하고 그릭오스톡스에서도 '예'라고 한다. 그래서 말구를 찾기 시작했습니다. 한 100 페이지 되는 책을 냈습니다. 우리나라에도 들어와 있습니다. 거기에 이 사람이 한국말 '예'뿐 아니라 중국말 '스是'까지 알았다면 '예스', 즉 『코리언즈 앤드 차이니즈 아 화이트』라는 책을 냈었을 것입니다. 그런데 유감스럽게도 『코리언즈 아 화이트』라는 책만 내었습니다."

전해종 교수는 이런 단편적인 사실을 가지고 역사를 평가하는 것이 얼마나 문제인지 설명한다.

"그것은 증거의 반증이 있는 것을 생각하지 않았기 때문입니다. 10개의 증거가 있다고 하더라도 거기에 하나의 반증이 있다고 하면 그 반증을 철저히 봉쇄할 수 있는, 또는 제거할 수 있는 방안을 생각해야 됩니다. 하나의 자기에게 필요한 어떤 증거가 있다고 해서 '야, 이것 되었구나' 하며 하나의 증거를 찾고 만족하신 분은 그때그때 희열을 느끼셨을 것입니다. 그러나 저희 사학하는 사람들은 그렇지 않습니다. 하나의 증거가 나오면 이것이 무슨 반증이 없겠는가, 그것을 찾느라고 늘 애를 먹습니다. 쉽게 만족하지 않습니다."

전해종 교수는 공청회에 나온 유사역사가들의 주장이 『코리언즈 아 화이트』와 같은 말도 안 되는 이야기라 지적한 것이다. 그럼 여기에 나온 이 황당무계한 책은 대체 무엇일까?

이 책의 내용은 J. 스콧 버거슨의 『발칙한 한국학』(이끌리오, 2002)에서 찾을 수 있었다. 블라디미르 미케위치Wladimir W. Mitkewich가 1956년에 쓴 "Koreans are White"는 총 44쪽의 얄팍한 책이다.

전해종 교수는 기억에 의거해 이야기해서 선후가 뒤바뀌었다. 책에는 위 이야기가 이렇게 나온다.

> 내가 버지니아 호프웰에 있는 화학공장에서 일하던 때는 1942년이었다. 거기에서 살 때 나는 정기적으로 그리스정교회에 나갔다. 일요일 예배가 끝난 후 사제는 교회 앞 잔디밭에 사람들을 모았다. 여기저기서 들리는 말들은 "네, 네, 네"였다. 몇 년이 흘러 1947년, 나는 서울에서 미군을 위해 엔지니어로 일했다. 한국에서 나는 사람들이 똑같은 말을 하는 것을 들었다. 여기저기서 들리는 말이 "네, 네, 네"였다.

미케위치는 긍정을 뜻하는 단어가 같다는데 착상을 해서 기원전 9세기 고전 그리스어와 현대 한국어 8천 단어를 비교해서 비슷한 단어 29개를 제시했다. 그런데 그 비슷한 단어에는 이런 것들이 들어 있다.

불(pul) — pur
울다(ulda) — ulao
팔(pal) — pous

길(kil) — keleutha

바다(pada) — pontos

(무게를) 달다(talda) — talanta

갈대(kaldae) — kalame

몫(mok) — moria

얼마간(olmagan) — oligon

전혀 비슷해 보이지 않는 것도 한두 음만 가지고 막 우겨넣은 것이다. 고전 그리스어에서는 찾을 수 없는 단어는 현대 그리스어를 제시하기도 했다.

단단히(tandanhi) — tentono

팔다(palda) — polos

사실 이런 정도의 유사성은 어떤 언어에서나 찾을 수 있다. 영어 단어 외우는 방법으로 비슷한 발음을 찾아서 외웠던 사람들이라면 누구나 짐작할 수 있을 것이다. 유사역사학에서는 이런 주장을 과학적인 것처럼 내놓곤 한다. 이집트가 '이 집의 터'라든가, 네바다 호수가 '네 개의 바다'라는 뜻이라고 한다든가.

이렇게 '과학적인' 근거 아래 미케위치는 한국이 과거 그리스의 식민지였다고 주장한다. 아마도 터키 해안에 그리스인이 이주하여 세운 식민지처럼 한국에도 그리스인이 이주하여 식민지를 건설한 것이라고 믿은 것 같다.

미케위치는 한국인을 칭송하는데, 그 이유는 한국인이 백인이기 때문이다. 그는 이렇게 말하고 있다.

> 한국인은 사기와 거짓을 일삼는 아시아인과 같지 않다. 그들은 속으로는 백인이다. 유럽인과 미국인이여, 한국인을 그대의 형제자매로 동등하게 받아들일 지어다.

다시 말하자면 백인이 아니면 칭송받을 가치가 없다는 것과 같다. 이것은 결국 인종차별 이야기에 지나지 않는다. 그런데 이런 이상한 글도 한 번 나오면 잘 사라지지 않는다. 이런 책으로부터 사실은 그리스와 로마를 건설한 것이 한국인이었다는 등의 엉터리 이야기가 나오곤 한다.

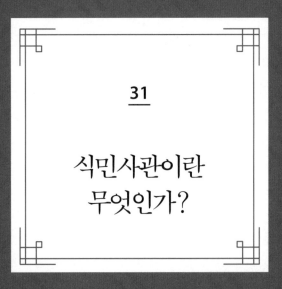

31

식민사관이란
무엇인가?

사관이란 무엇인가?

유사역사학에서는 우리나라 역사학계를 가리켜 식민사관을 따르는 식민사학이라 부르는 것을 즐겨한다. 그런데 정작 식민사관이 무엇이냐 물으면 별다른 답변이 없다. 이들은 대개 낙랑군이 한반도에 있다고 말하는 것이 식민사관이다, 임나일본부가 실존했다고 주장하는 것이 식민사관이다, 『삼국사기』 초기 기록을 불신하면 식민사관이다, 『환단고기』가 위서라고 말하면 식민사관이라고 말한다. 이런 것은 유사역사학이 역사학이 아니라는 증거 중 하나가 된다. 이들은 '사관史觀'이라는 것이 뭔지조차 이해하지 못하고 있기 때문이다.

대체 '사관'이란 무엇인가? 차하순車河淳 교수는 사관이라는 말은 다른 대부분의 근대용어와 마찬가지로 일본 학계에서 건너온 것이라고 말한다. 독일 역사학자 에른스트 베른하임Ernst Bernheim의 저작을 번역하면서 '역사관Geschichtsanschauung'이란 말이 사용되기 시작했으며, '유물사관materialistische Geschichtsanschauung'이란 개념이 사용되면서부터 본격적으로 사관이란 말이 학술용어로 사용되었다고 말한다(『사관이란 무엇인가』, 청람, 1980).

차하순 교수는 사관이란 역사 인식, 또는 역사철학이나 역사 해석 태도 등을 내포하는 신축성 있는 개념으로 경우에 따라서는 막연히 '역사를 보는 눈', '역사에 대한 식견' 혹은 '역사의식'이라는 광범위한 개념으로 사용한다고 말한다.

말하자면 사관이란 역사를 해석하는 가치관의 문제인데, 낙랑의 위치나 임나일본부의 실존, 『삼국사기』와 『환단고기』의 사료 비판 문제는 해석의 문제가 아니라 사실의 문제에 불과하다. 이를 가지고 사관을 논하는 것 자체가 유사역사학이라는 것이 역사학의 껍데기를 빌려 위장하고 있음을 증명하는 것이다.

식민사관의 정의

흔히 식민사관이라고 이야기하지만, 이 말은 '식민주의사관'의 줄임말로 보아야 한다. 그리고 식민주의사관이란 "일본제국의 식민 정책을 정당화하기 위해 생각해낸 왜곡된 한국사관"(이기백, 「반도적 성격론 비판」, 『한국사 시민강좌』 제1집)이다. 사관이 역사를 보는 눈이라고 할 때, 식민사관이란 일제의 시각으로 역사를 보는 눈이라고 할 수 있다. 해방이 된 지 70년도 훌쩍 넘었는데 역사학계가 일제의 시각으로 역사를 해석하고 있다는 말이다. 역사가들이 일제의 시각을 따를 아무런 이유가 없는데 이런 주장을 하려다 보니까 스승의 주장을 제자들이 그대로 되풀이하고 있기 때문에 그렇게 된다는 말을 한다. 불가능한 이야기다. 역사학계에는 끊임없이 과거의 해석에 도전하는 새로운 주장이 올라온다.

유사역사학에서는 자신들 기준에 따라 한국사를 폄하한다는 판단이 내려지면 그것을 식민사학이라 부른다. 그에 따라 고대국가의 영광을 두고 의문을 표하면 식민사학이 되고, 한국사에서 침략받은 이야기를 하면 식민사학이 되어버린다. 한국사는 일체의 과오가 없는 순수하고 아름다운 역사가 되어야 한다는 점에 매몰되다 보면, 결국 한국의 역사는 한반도가 아니라 중국 땅에서 전개되었다는 망상 수준에까지 도달하고 만다.

반면에 역사학계는 현재 식민사관의 문제는 근대역사학의 문제이며 근대역사학을 비판하고 극복하는 방법으로 식민사관을 넘어서야 한다고 이야기하고 있다. 즉 민족주의적 시각을 벗어나 근본적인 방식으로 역사 인식 체계 전반을 바꿔 나가야 한다고 말하는 중이다. 문제는 유아적인 시각의 유사역사학적 부르짖음과 고차원적인 새로운 역사학 사이의 간극을 메우려는 노력이 지금껏 보이지 않는다는 데 있다. 역사학계는 너무 앞서 있다.

'일제강점기 일본 역사학자가 왜곡한 한국사'를 지칭하는 용어로 '식민주의 역사학'이라 불러야 한다는 주장이 있다. 또한 식민지사관(학), 식민주의사관(학)이라는 말도 사용되는 경우가 있다. 이런 용어 정의는 인문학에서 매우 중요하다. 하지만 보통 사람들에게는 매우 지루하고 무슨 의미가 있는지 혼란스러운 것이기도 하다. 역사를 해석하는 관점의 문제라는 의미에서 본 글에서는 '식민사관'을 사용할 것이다.

그리고 그에 맞춰 일제 식민사학자들이 한국사를 왜곡하기 위해 사용한 관점, 즉 식민사관이 무엇인지 알아보는 데에서 시작하려 한다.

식민사관 정의의 발전

1961년 이기백 교수는 『국사신론國史新論』 서문에서 처음으로 탈식민주의 선언을 내놓았다. 이기백 교수는 여기서 식민사관의 다섯 가지 유형을 말했다. 반도적 성격론(지리적 결정론), 사대주의론, 당파성론, 문화 독창성 결여론, 정체성론이다.

이후 역사학자 김용섭金容燮, 이만열李萬烈, 조동걸 등에 의해 식민사관의 요소가 좀더 구체화되어 갔다. 이기백의 유형에 타율성론, 만선사관, 일선동조론, 임나일본부설 등이 추가되었다. 이들을 더 큰 카테고리로 분류하기도 했다.

식민사관은 일사불란한 하나의 체계가 아니다. 일본 역시 이 시기에 근대역사학을 막 받아들이고 있었으며 그것을 배워 나가기에 정신없는 상태였다. 역사학이 제국의 이익에 봉사하고 식민지배에 유용하게끔 사용되어야 하는 때였다. 그런데 손에 익숙하지 않은 도구에 낯선 남의 나라 역사를 다뤄야 했으므로 일사불란했으면 그게 더 이상한 일이었을 것이다. 특히 일본 역사가들 입장에서 '국사'는 일본사를 가리키는 것이므로 '일본사' 안에서 '조선사'를 어떻게 가르쳐야 하는지는 매우 심각한 문제이기도 했다. 누군가는 일본사 안에 조선사를 넣으려 했고, 누군가는 중국과의 관련하에서 조선사를 설명하려 했다.

식민사관 중 일선동조론은 일본 국학의 전통에서 나온 것으로 외무성, 육군, 도쿄제대 국사학출신이 주도했다. 반면 만선사관은 시라토리 구라키치白鳥庫吉로 대표되는 동양사학 쪽에서 주도했다. 식민사관 중 타율성론은 조선이 독립국가가 될 수 없음을 설명하기 위해 생겨난 것으로 사대주의론, 국민성론, 지리적 결정론 등이 여기에 속한다. 한마디로 조선인은 홀로 생존이 불가능하기 때문에 일본제국의 지도 아래 통합되어야 한다는 논리다.

본 글에서는 일선동조론, 타율성론과 만선사관, 정체성론, 당파성론, 사대주의론을 살펴보고 오늘날 역사학계에 이와 같은 주장이 살아남아 있는지도 알아보기로 한다.

일선동조론

일본과 조선의 조상이 같다는 것이 바로 일선동조론이다. 그들은 일본이 본가이고 한국이 분가이므로 일본이 한국을 합병한 것은 당연하다는 주장을 내놓았다.

일선동조론은 1974년 이만열 교수에 의해 국내에 소개되었는데 이때만 해도 식민사관 중 하나로 여겨지지 않았다. 1979년 이만열 교수는 일선동조론을 식민사관의 하나로 주장했고 이후 역사학계는 그 견해를 받아들였다.

일선동조론은 원래 일본이 제국의 야망을 드러내기 전부터 일본 안에서 제기되던 가설이었다. 이때 일본과 조선이 원래 혈연과 문화로 이어져 있다는 '사실'과 그러므로 조선이 일본에 흡수되어야 한다는 '당위'는 구분되어야 한다. 전자에는 가치판단이 들어가 있지 않지만 후자는 해석에 속하는 것이다.

일제가 만들려다 실패한 『조선반도사』라는 책이 있다. 이 책의 편찬

원칙은 식민사관 이해에 큰 도움이 된다.

> 1. 일본인과 조선인이 동족인 사실을 밝힐 것.
> 2. 상고에서 조선에 이르기까지 군웅의 흥망기복과 역대 역성혁명으로 인해 민중이 점차 피폐해지고 빈약에 빠진 실황을 서술하여 금대에 이르러 성세의 혜택으로 비로소 인간의 행복을 다할 수 있다는 사실을 상세히 서술할 것.

한국사 편찬의 제1원칙이 일선동조론이었다. 제2원칙은 정체성론이다. 일본의 일선동조론은 내선일체라는 구호로 표현되었다. 둘은 동족이므로 일본은 조선을 침략한 것이 아니라는 논리다. 그러나 이들은 그렇다고 조선인을 일본인처럼 대우하려 하지는 않았다. 따라서 일본 안에서도 좋아하는 주장이 아니었다. 식민지 조선인은 이등신민으로 남아야 하는데 내선일체라고 하면 같은 권리를 주어야 하기 때문이다. 식민사가마다 입장도 달랐다. 쓰다 소키치는 일선동조론에 반대했다. 그는 순수한 일본인 피에 조선인 피가 섞이는 것을 원하지 않았다. 조선사로 박사 학위를 최초로 받은 미시나 쇼에이三品彰英도 일선동조론을 부정했다.

이런 태도는 조선총독부에도 존재했다. 조선총독부는 교과서 안에서 일본과 조선의 차이를 인정하고 있었다. 『조선반도사』 편찬요지에서는 "강역이 서로 인접해 있고 인종이 서로 같으며……"라고 써서 동족 개념을 같은 인종이라는 것으로 바꿔놓고 있다. 조선총독부는 일선동조론을 적당한 수준에서 이용하고만 있었던 것이다.

타율성론과 만선사관

경성제국대학 교수였던 도리야마 기치鳥山喜一는 『동아시아의 역사적 대국에서 본 조선반도東アジアの歴史的大局より観たる朝鮮半島』(1935)에서 한반도는 중국, 만주, 일본의 영향을 받아왔다고 주장했다. 교토대학 미시나 쇼에이는 『조선사개설朝鮮史概説』(1940)에서 '조선사의 타율성'이라는 항목 아래 이렇게 기술했다.

> 아시아 대륙의 중심부에 가까이 부착된 이 반도는 정치적으로도 문화적으로도 반드시 대륙에서 일어난 변동의 여파를 받음과 동시에, 또 주변 위치 때문에 항상 그 본류로부터 벗어나 있었다. 여기에 조선사의 두드러진 특징인 부수성이 말미암는 바가 이해될 것이다.

이기백 교수는 이런 사고를 '지리적 결정론'이라고 불렀다. 일제 식민사가들은 한반도에 있는 조선이라는 나라의 역사는 그 주변 세력에 의해서 영향을 받았다는 것이다. 이런 주장은 필연적으로 만주와 조선의 역사는 하나라는 만선사관과 연결된다.

만선사관은 시라토리 구라키치와 이나바 이와키치로 대표된다. 이들은 고구려가 강국이 된 이유는 요동과 압록강 하류 지방을 지배한 데 있다고 설명한다. 따라서 일본도 요동반도를 확고하게 지켜야 한반도를 경영할 수 있다고 말했다. 이런 일제 식민사가들의 주장을 반박한 사람이 중국의 푸스녠傅斯年인데 그는 만주 지방이 원래 중국 것이라고 강력하게 말했다. 우리나라의 유사역사가는 푸스녠의 주장을 좋아하는데, 이는 그가 무슨 주장을 한 것인지도 이해하지 못하는 코미디다. 일본 주장을 반박했다고 해서 우리나라 입장을 대변하는 것이 아니다. 그는 철저하게 중화적 입장에서 자기 주장을 하고 있을 뿐이다. 그러다 보니 푸스녠의 주장을 오히려 일본의 야노 진이치矢野仁一가 만주 지방에는 부여, 고구려 등이 있어서 중국 땅이 아니었다고 반박을 하고 나서는 해프닝도 벌어졌다.

고구려가 야만적인 말갈족을 개화시켜 발해가 만들어진 것처럼 일본은 만주국을 개화시켜 운용해야 한다는 주장이 만선사관 안에 들어 있었다(박찬흥, 「'만선사'에서의 고대 만주 역사에 대한 인식」, 『한국고대사연구』 76집).

만선사 안에서 조선과 만주는 동등한 형태가 아니라 만주가 중심이고 조선은 종속된 것으로 파악된다. 조선은 주체적일 수 없는 위치에 놓인 타율적 존재로 자신만의 역사를 간직하지 못한 존재로 취급되었다.

타율적 존재로서 한반도 남부는 임나일본부에 의해 일본의 지배를 받았다는 주장이 나온다. 이 주장의 근거는 『일본서기』에 따른 것이며 『일본서기』는 위조된 내용이 많아서 인용에 극히 주의를 해야 하는 사서라는데 한일 역사가의 견해가 일치한다. 임나일본부를 『일본서기』에 기록된 대로 믿는 역사학자는 한 명도 없으나 유사역사학에서는 역사학계가 임나일본부를 그대로 믿고 있다는 거짓 선동을 하고 있다.

유사역사학에서는 만주를 차지해야 한다며 고토 회복을 주장하는 경우가 많다. 그것은 일제가 내놓은 지리적 결정론에 사로잡혀 있기 때문이다. 만주를 차지해야 민족사의 영광이 되돌아온다고 생각해서 자꾸 그런 주장을 하는 것이다.

식민사학 초기에 하야시 다이스케林泰輔라는 인물이 있는데 이 사람이
『조선사朝鮮史』라는 것을 썼고 후대에 상당한 영향을 끼쳤다. 유사역사가
들 상당수는 하야시의 『조선사』와 조선사편수회朝鮮史編修會가 낸 『조선
사朝鮮史』를 구분할 줄 모른다.

하야시는 이 책에서 김수로와 허왕후가 인도인으로 인도에서 바다를
건너 조선 남부에 도착했기에 가야는 인도인이 개척했다고 주장했다. 그
는 조선의 북쪽은 중국, 남쪽은 인도가 지배했다는 식으로 식민사관이
주장하는 타율성론을 전개하고자 했던 것이다. 이런 하야시의 주장을 반
박한 이는 역시 식민사학자로 이름 높은 시라토리 구라키치다. 세상은
요지경이라고나 할까.

아무튼 일본학자가 주장한 것과 같은 이야기를 하면 식민사학자라고
몰아붙이는 유사역사학의 주장대로 하자면 하야시의 허황옥 인도인 설
을 따라하는 유사역사가는 식민사학 옹호자가 되는 셈이다. 물론 이런
내용 자체를 그들은 알지 못하고 있다.

정체성론

경제학자 후쿠다 도쿠조福田德三는 『한국의 경제 조직과 경제 단위韓国
の経済組織と経済単位』(1904)에서 조선의 사회 경제 상태는 일본의 10세
기 때에 불과하다고 말했다. 즉 일본보다 천 년을 뒤진 상태라고 한 것이
다. 그리고 이 낙후한 조선을 근대화시킬 책무가 일본에 있다고 주장했
다. 조선 침략을 정당화하기 위해 조선이 정체되어 있다고 주장한 것이

다. 후쿠다는 조선이 정체되어 있는 이유가 봉건제도가 없었기 때문이라고 분석했다. 서양과 일본의 봉건제는 근본적으로 다른 것임에도 그것을 조선에 적용하려고 한 것이다.

경성제국대학의 시카타 히로시四方博 교수는 『조선에 있어서의 근대자본주의 성립과정朝鮮に於ける近代資本主義の成立過程』(1933)에서 조선의 근대자본주의는 일본의 자본과 기술력으로 이루어진 타율적인 것이며 그것은 물론 조선이 낙후 정체 되어 있었기 때문이라고 주장했다. 그는 조선왕조 5백 년 동안 조선은 아무런 발전이 없었다고 주장했다. 또한 조선 사람의 특징은 파벌을 짓는 파벌성에 있다는 말도 했다.

일제의 식민사관에서는 조선의 후진적인 측면만을 찾아내고 강조하여 조선이라는 사회를 죽은 것처럼 정체되어 있는 사회로 묘사했다.

오늘날 유사역사학에서는 조선을 극히 혐오하는 경우가 대다수다. 이것은 일제가 뿌려놓은 식민사관의 영향 때문이다. 그런 사람들에게 오항녕 교수의 『조선의 힘』 같은 책을 읽어보기를 권한다.

당파성론

아직도 많은 사람들이 조선을 당쟁 때문에 망했다고 말하는 경우가 많다. 일제 식민사관이 뿌려놓은 해독이다. 또한 유사역사학의 조선 폄하에서도 흔히 이용하는 레퍼토리에 속한다.

1900년에 학정참여관으로 한국에 온 시데하라 다이라는 『한국정쟁지』(1907)라는 책을 낸다. 그는 조선의 정파는 주의주장을 가지고 대립하는 공당이 아니어서 이해를 가지고 서로를 배척하며 사적으로 다툰다고 이야기했다. 그 대립이 바로 '당쟁'이라고 말한 것이다.

조선의 붕당은 선조 때 발생해서 세도정치 때 그 힘을 잃어버리는 것인데, 일본인은 이것을 조선 전반에 걸친 문제로 확대하고 심지어는 조선 사람에게는 특이한 검푸른 피가 있어서 정쟁이 여러 대에 걸쳐 지속된 것으로 결코 고칠 수 없다는 황당한 주장까지 나왔다.

이 식민사관은 조선의 멸망이라는 책임 문제와 함께 식민지 조선인에게도 설득력이 있었다. 이광수는 『민족개조론民族改造論』(1922)에서 이런 관점을 수용했고, 심지어는 일본인보다 한 술 더 떠서 당쟁의 기원을 고려 초로 잡는 사람까지 등장하기도 했다. 이런 식의 전파 때문에 해방 후에도 우리나라 사람들은 단합이 안 된다는 비하적 발언을 쉽게 하게 된 것이다.

조선이 말기에 와서 국가를 유지하는 각종 시스템이 망가진 것은 사실이다. 그런데 그것은 붕당 때문이 아니라 국가 권력을 한 가문이 전유하는 세도정치 때문이었다.

원인과 결과를 뒤섞고 그것을 민족성으로 환원해서 원래 못난이로 만들어버리는 것이 식민사관이 원하는 것이었다.

사대주의론

일선동조론에 따라 한국인은 일본인과 같은 종족이었다. 그런데 왜 근대에 와서 이렇게 달라졌을까? 이것을 설명하는 이론 중 하나가 사대주의론이다. 일본과의 친화성은 고려, 조선을 거치면서 완전히 박탈되는데, 그것은 중국을 사대하면서 고유성, 즉 일본적인 문화를 잃어버린 것이라고 설명한다.

'사대事大'라는 것은 사대교린事大交鄰 정책으로 주변 나라와 평화를 유지하는 외교 정책을 의미한다. 조선은 건국 이후 중국을 지배하던 명나라와 전쟁 없이 지냈다. 이것은 조선의 사대 외교의 성공이다. 사대를 요구했던 청을 거부하자 전쟁이 일어났다. 교린 정책에 따라 일본과도 오랫동안 평화를 유지할 수 있었다. 일본에서 도요토미 히데요시라는 상정할 수 없는 변수가 등장한 뒤에 전쟁이 발발했다.

이런 외교 정책에 '주의主義'를 붙여서 강한 쪽에 빌붙는다는 부정적요소를 덮어씌운 것이 '사대주의'라는 용어다. 불행히도 오늘날까지도상당히 자주 등장하는 용어라 할 수 있다. 식민잔재 청산은 바로 이런 용어를 버리는 데 의의가 있을 것이다.

유사역사학에서 말하는 식민사관

유사역사학에서는 우리나라 주류 역사학계가 식민사관을 따르고 있다고 주장한다. 그런데 그 증거를 제출하라고 하면 바로 말이 바뀐다.

주류 역사학계는 명시적으로 식민사관을 표방하지 않는다고 말한다. 심지어 역사학계는 늘 식민사학 극복을 이야기한다고 말한다. 쉽게 말해 유사역사학에서는 주류 역사학자들이 거짓말을 하고 있다고 주장한다.

거짓말이라는 증거는 어디 있는가? 그러면 개별적 사안을 들고 와서 그것이 자기들 주장과 맞지 않으므로 식민사학이라고 한다. '단군신화'라는 말을 하면 단군을 부정한다고 과대해석해서 선전선동한다. 삼국사기 초기 기록의 사료 비판을 하면 『삼국사기』 초기 기록을 부정한다고 선전선동한다. 『환단고기』 사료 비판을 하면 민족의 지보를 폄하한다고 선전선동한다. 임나일본부가 나오는 『일본서기』를 분석하면 『일본서기』를 인정한다고 선전선동한다. 낙랑군 위치를 고증하면 민족주체성을 훼손한다고 선전선동한다.

낙랑군이 어디에 위치했다는 것은 '사실'의 영역에 속한다. 그런데 유사역사학은 낙랑군이 '평양'에 있다고 말하면 식민사학이라고 매도한다. 심지어 정말 그렇다면 덮어버려야 한다는 주장까지 하는 실정이다. 낙랑군이 평양에 있었다는 주장은 한국사가 식민지에서 출발한다는 주장이기 때문에 식민사학이라고 그들은 말한다.

이 주장 자체가 언어도단이다. 낙랑군은 고조선을 멸망시키고 한나라가 설립한 군의 이름이다. 다시 말해, 낙랑군 이전에 '나라'가 있었던 것이다. 그런데 왜 한국사가 그들이 말하는 '식민지'에서 출발하게 된다는 걸까? 이쯤되면 고조선을 지우려는 사람들이 누군지 명백해진다. 한국사 교과서는 고조선에서 시작하지 낙랑군에서 시작하지 않는다.

유사역사학자들과 토론을 하며 자세히 사료 비판 결과를 들려주면 "그런 건 중요하지 않고요"라고 일축하고 지엽말단적인 이야기만 한다고 폄하한다. 그리고 시간이 좀 지나면 주류학계는 토론에 응하지 않는다고 선전선동한다. 박근혜 정부 시절 여러 차례 토론이 벌어졌다.

유사역사학에서는 일선동조론도 따라한다. 그들은 일본의 천황가가 한반도에서 갈라져 나갔으므로 한국과 일본은 같은 민족이라는 주장을 강하게 한다. 이런 주장의 결과가 한일합방을 옹호하게 되느냐 하면, 그건 또 아니라고 펄쩍 뛴다. 그들의 주장은 한국이 본가이고 일본은 분가이기 때문에 한국이 일본을 합병할 수는 있지만 그 반대는 성립하지 않는다는 것이다. 양국이 동족 국가라는 건 기정사실이고 다만 누가 본가인가를 놓고 다투는 형국이다. 이런 주장은 결국 양국의 병합을 '우리의 소원은 통일'급으로 격상시키게 된다.

박찬흥 교수는 일본 식민사학자 이케우치 히로시池內宏를 분석한 바 있다. 만선사관을 지녔던 이케우치는 단군을 부정하고 기자와 위만만 인정한다. 그래서 고조선은 철저히 중국 한족이 건설한 국가라고 말한다. 지배층만 한족이라는 것이 아니라 백성까지 모두 한족이었다고 보는 것이다. 현재 어느 한국인 역사학자가 고조선을 이런 식으로 보는지 말할 수 있는가? 이케우치는 낙랑군은 평안남북도, 황해도, 경기도의 4개 도였으며 진번군은 충청남도와 전라북도에 있었다고 주장했다. 어느 한국인 역사학자가 이렇게 이야기하는가?

일제강점기 때 학교에서는 단군을 가르치지 않고 '중국에서 온 기자'부터 이야기를 시작했다. 그런데 오늘날 우리나라 역사학계는 단군부터 이야기하며 기자는 아예 빼버린 상태다. 유사역사학에서는 걸핏하면 역사학계가 조선총독부 사관을 따라한다고 말하지만 벌써 여기서부터 아무런 접점이 없는 상태다.

다시 말하지만 사관이란 역사를 해석하는 관점을 의미한다. 해석은 기본 사실을 두고 이루어지는 것이다. 유사역사학은 기본 사실을 왜곡한다. 자신들의 왜곡에 따르지 않으면 식민사관이라고 비난한다. 자신들의 판단에 따라 우리나라에 불리한 사실이라면 덮어버려야 한다고 주장한다.

식민사관을 넘어서

일본의 식민사학이라는 것은 일본제국 입장에서 보면 자신들의 근대 역사학을 만들어가는 과정이었다. 일본 역사학은 독일 역사가 레오폴트 폰 랑케Leopold von Ranke의 영향 아래서 성립했고, 우리나라의 실증사학 또한 그 영향 아래 성립했다. 정준영 교수는 유사역사학이 바로 이 점을 파고들어서 대중의 지지를 얻고 있다고 분석한다.

일제 식민사가들은 근대역사학의 방법론을 한국사에 먼저 적용시켜 나갔다. 고전적인 비유를 들어서 말하자면 이렇다. 같은 물을 마시고 소는 우유를 만들고 뱀은 독을 만든다. 우리는 근대학문을 일제강점기에 습득했다. 그런데 식민철학도 없고 식민수학도 없는데 식민사학만 존재한다. 이것은 참 이상하지 않은가?

현재 우리나라 역사가 중에 식민사관을 가지고 있는 사람은 없다. 식민사관이란 식민지 치하에 있어야 성립한다. 유사역사학의 선전선동이 있을 뿐이다. 우리나라는 해방된 지 80년 가까이 되어간다. 역사학계를 식민사학으로 모는 프레임은 1960년대 등장해서 50여 년이나 써먹고 있는 중이다. 아무리 역사학에 대해서 아는 게 없는 동네라 해도 이젠 좀 새로운 걸 보여주면 좋겠다.

유사역사학의 기본적인 논리 중 하나는 위대한 한민족의 고대사를 일제 식민사가들이 감춰왔다는 것이고 그것을 우리나라 역사학자도 답습한다는 것이다. 일제의 식민사가들은 그럴 이유가 있었다고 이해해줄 수도 있지만 우리나라 역사학자는 뭐하러 그러겠는가? 그리고 일제 식민사가들도 그런 식으로 생각하지 않았다.

일본 고문서학의 체계를 세웠다는 구로이타 가쓰미黑板勝美는 식민지 조선에서는 『조선사』 편찬과 조선의 고적과 유적을 조사, 보존하는 일에 전념했다. 조선사편수회에서 16년간 지속된 『조선사』 편찬 사업에서 구로이타는 봄, 여름의 휴가와 연말연시에 조선으로 건너와 편수 기획을 지도하고 사업을 독려했다. 그는 1916년 발족한 고적조사위원회의 중심 인물이었고 1931년 총독부에서 예산을 삭감하자 조선고적연구회를 설립하여 외부자금을 조달하여 고적조사 사업을 계속했다.

대체 구로이타는 왜 이렇게 열정적으로 조선의 고적을 조사하고 보존하려고 했던가? 잘 알려진 바와 같이, 조선사편수회에서 『조선사』를 만든 것은 식민지 지배의 정당화를 꾀하기 위한 것이었다. 구로이타는 바로 그 계획을 수립하고 실행했다. 그런데 그런 그가 조선의 고적은 또 왜 보존하고자 노력했을까? 심지어 고적 보존 유지에 대한 법안은 일본보다도 3년이나 앞서서 시행되었는데 이런 법안 제정에 앞장선 것도 구로이타였다.

구로이타는 1908년부터 1910년까지 2년 동안 유럽과 이집트 등지를 방문하여 발굴 조사 보존 사업 등을 살펴보았다. 그는 이 여행을 통해 서구 열강이 식민지의 유적을 어떻게 다루는지 학습했다. 그는 배워온 것을 조선에서 구현하고자 했다. 그럼 구로이타는 대체 뭘 배웠을까?

열강은, 식민지에 있는 유적 건설자는 위대했지만 그 후손은 몰락하여 과거 영광을 구현할 수 없는 처지로 떨어져버렸다는 것을 알려주기 위해서 유적을 보존했다. 너희는 이제 이런 위대하고 찬란한 문명을 모두 잃어버린 패배자라는 것을 뼈에 새겨주고 싶어 한 것이다. 따라서 위대한 과거 유적은 바로 식민지인이 있는 그 자리에 보존되어야 했다.

만일 일제가 위대한 환국의 흔적을 발견했다면 그들은 그것을 보존하기 위해 애썼을 것이다. 그것이 바로 제국주의의 논리다. 유사역사가들은 짐작도 하지 못할.

32

역사학과
유사역사학

『환단고기』라는 위서

오늘날 '환빠'는 단순히 『환단고기』를 추종하는 사람만을 가리키지 않는다. 삼국이 중국 땅에 있었다고 주장하거나 역사학자가 임나일본부를 추종한다고 주장하거나 압록강이 두 개라고 주장하는 등의 허황된 주장을 하는 사람들을 가리키는 통칭으로 사용되고 있다. 이 때문에 "나는 『환단고기』를 믿지 않는데 왜 나를 '환빠'라고 부르냐?"라고 항변하는 사람이 등장하기도 한다. 유사역사학 추종자를 가리키는 말로 '환빠'가 사용된다는 것을 몰라서 하는 말이다.

『환단고기』는 한민족의 고대사를 비밀리에 전해온 역사책이라고 주장하는 위서偽書다. '위서'는 가짜 역사책을 가리킨다. 즉 당대 역사를 전하는 책이 아니라 누군가가 거짓말로 작성한 책이라는 뜻이다. 이때 '거짓말'이 무엇인가가 문제가 된다. 전근대 역사책에는 오늘날 관점에서 보면 말도 안 되는 허황한 이야기가 적혀 있곤 한다. 가령 『삼국사기』를 보면 주몽은 태양의 빛을 받아 알에서 태어났다는 터무니없는 이야기가 적혀 있다. 그럼 『삼국사기』는 이런 터무니없는 이야기가 적혀 있으니 위서일까? 그렇지 않다. 주몽 이야기는 고대인이 건국에 대해 가지고 있던 관념을 전하는 것이다. 역사학자들은 왜 이런 이야기가 나왔는지 연구한다.

그렇다면 황당무계한 이야기가 적혀 있는 『환단고기』 역시 고대인의 관념을 전하는 황당한 이야기가 있는 것 아니냐고 반문할 수 있다. 그렇지 않다. 『환단고기』는 이유립이 현대에 만든 책이면서 그 지은이들을 고대 인물로 위장해 놓았다. 고대 인물이 고대 관념을 가지고 쓴 것처럼 날조한 책이기 때문에 그 책을 보면서 고대인의 관념을 연구할 수 없는 것이다. 바로 이런 것을 위서라고 한다.

이유립은 북한 출신으로 해방 후 빈 몸으로 남하했다. 그러니 집안에 비전의 책이 있었다 해도 그것을 가져올 방법이 없었다. 그런데 70년대가 되어서 갑자기 자신이 해방 전부터 가지고 있었다면서 『환단고기』를 꺼내들었으니 이것이 위서가 아닐 도리가 없다.

믿을 수 없는 이야기가 적혀 있다고 위서가 되는 것이 아닌 것처럼, 믿을 수 있는 이야기가 적혀 있다고 신뢰할 수 있는 사서가 되는 것도 아니다. 『환단고기』는 70년대까지 알려진 여러 가지 사료가 담겨 있다. 그리고 『환단고기』를 믿는 사람들은 『환단고기』에는 신뢰할 수 있는 역사 기록이 들어 있으므로 믿을 수 있는 사서라고 주장한다. 그러면서 그 안에 민족적 감성을 자극하는 내용을 양념처럼 뿌려놓는다. 우리 민족이 드넓은 영토를 소유하고 중국, 일본, 여진 등을 모두 지배했다는 망상을 집어넣은 것이다.

우리 역사는 왜 이렇게 못났는가라고, 중국과 일본한테 침략이나 당하고 결국은 식민지가 되어버린 못난 역사라고 생각하는 사람들일수록 이 웅장한 가짜 역사에 혹하게 된다. 그리하여 환단고기에 푹 빠진 추종자,

즉 '환빠'가 되는 것이다.

『환단고기』는 1979년에 한문본이 출판되었지만 당시에는 아무 반응을 일으키지 못했다. 『환단고기』가 대중적으로 알려진 것은 1986년에 『한단고기』라는 이름으로 한글 번역본이 처음 나왔을 때였다. 이 책을 번역한 사람은 임승국이라는 사람이었다. 임승국은 『환단고기』를 위조한 이유립과 함께 '국사찾기협의회'라는 단체에 속했던 사람이고 역시 월간 『자유』를 기반으로 활동하던 사람이다.

'국사찾기협의회'는 당시 국정교과서였던 『국사』 교과서가 식민사관 및 좌경화되어 있다고 공격하면서 국수주의적 역사관으로 『국사』 교과서를 다시 써야 한다고 주장한 단체다. 이들에 의해서 1981년에는 국회에서 공청회가 열리기도 했다. 이들 멤버는 국회 정치인을 동원할 수 있을 만큼 영향력 있는 사람들이기도 했다. 이들을 이끈 수장은 초대 문교부장관이었던 안호상安浩相이었다.

안호상은 이승만 독재철학인 일민주의一民主義를 만든 사람이고 학원의 병영화를 꾀해 학도호국단을 만든 장본인이었다. 임승국도 안호상과 마찬가지로 철저한 반공주의자이자 국수주의자였다. 이들은 극우적 성향을 가지고 있었고 그런 점을 별로 숨기지도 않았다. 임승국은 국회에서 히틀러의 발언으로 훈계를 늘어놓기도 했다. 그는 전두환全斗煥에게 아첨을 떨며 『국사』 교과서 개정을 꾀하기도 했다.

『환단고기』가 등장하기 전에도 국사찾기협의회 회원들은 위대한 한민족의 역사를 떠벌리고 있었다. 사실 『환단고기』는 이런 이야기를 집대성한 책일 뿐이다.

역사는 고증과 비판의 학문이다. 그러나 위대한 한민족의 역사를 부르

짓는 사람들은 가치와 신념에 의해 주장을 펼친다. 자신들의 가치와 신념에 맞는 증거만을 채택하고 그렇지 않은 증거는 기각한다. 그것은 잘못된 것이거나 음모에 의해 조작된 것이다. 그러면서 그들은 민족을 위해서 유리한 증거를 거론하는 것은 잘못된 일이 아니고 다른 나라도 다 하는 일이라고 주장한다. 빨간불에 횡단보도를 건너는 아이가 있으니 다른 아이도 건너도 된다고 할 수 있을까?

이러한 주장은 언뜻 역사 이야기처럼 들리지만 사실은 그렇지 않다. 자기 신념을 떠드는 사람을 가리켜 '유사역사가'라고 한다. 그리고 이들의 활동을 '유사역사학'이라고 말한다. 학자에 따라서는 '사이비역사학'이라는 말을 더 선호하기도 한다. 같은 뜻이다.

유사역사학은 영어 pseudohistory를 우리말로 옮긴 것이다. 우리 근대 학문이 다 그렇듯, 이러한 개념은 서구에서 발전해 들어온 것이다. '슈도히스토리'라고 말하는 것보다는 직관적으로 이해하기 쉬운 '유사역사학'이라고 하는 것뿐이다.

따라서 유사역사학이라는 말이 일제강점기의 유사종교라는 말에서 나왔다느니 하는 말은 아무 의미도 없는 트집잡기에 불과하다. pseudohistory는 '사이비역사학'이나 '의사역사학'으로 번역할 수 있다. 역시 이 경우에도 사이비라는 말의 어원을 따져가며 분석하는 것은 아무런 의미가 없다. 원래 그런 말에서 유래되어 사용되어온 말이 아니기 때문이다.

유사역사학 또는 사이비역사학에 대한 흔한 오해가 하나 있다. 유사역사학이 있으니 진짜 역사학이 있느냐, 그렇다면 무엇이 진짜 역사학이냐고 묻는 것이다. 가짜가 있으면 진짜가 있다는 이분법적 사고에서 나오는 의문이다. 이 질문 다음에는 역사에 진짜가 어디 있느냐고 묻는다. 역사는 해석에 따른 재구성이기 때문에 누구도 자신만의 재구성이 진짜라고 주장할 수 없다. 그렇다면 진짜가 없는데 가짜는 있겠느냐고 말하게 된다. 사실 이 문제는 포스트모더니즘 역사학이 등장하면서 역사학이 수없이 논의하는 화두라고 할 수 있다. 그런데 이렇게 역사학 안에서 논의되는 개념에다가 유사역사학을 집어넣어서 이야기하는 순간 잘못되어 버린다는 것을 분명히 알아야 한다.

pseudoscience라는 말이 있다. '유사과학' 또는 '사이비과학'이라고 번역한다. 흔히 쓰이는 단어인데, 이를 두고 유사과학이 있으면 진짜 과학이 따로 있냐고 묻는 사람은 없다. 유사과학에 '학'이라는 말이 붙어 있으니 불쾌하다고 말하는 사람도 없다. 이것은 그야말로 당연한 일이다. 눈사람이 사람이 아니고, 꼭두각시가 각시가 아닌 것과 마찬가지다.

유사역사학은 역사학이 아니다. 그것은 마치 역사학처럼 보이게 치장되어 있으나 역사학과는 다른 것이다. 유사역사학이 역사학의 일종이라고 말하는 것은 마치 인형에도 눈코입이 있고 팔다리가 있으니 사람이라고 하는 말이나 마찬가지의 이야기이고 암세포도 생명이라고 하는 말이나 마찬가지다.

이제 의문이 생길 때가 됐다. 그럼 유사역사학이란 무엇인가?

유사역사학이란 말의 유래

유사역사학은 근대에 생긴 말이다. 최초로 문헌에 사용된 것은 1815년

영국의 군인이자 저술가였던 찰스 엘턴Charles A. Elton이 쓴 『'헤라클레스의 방패'를 포함하여 아스크라인 헤시오도스가 남긴 것: 헤시오도스의 삶과 지역, 시와 신화에 대한 논문으로 보다The Remains Of Hesiod The Ascraean, Including The Shield Of Hercules: With A Dissertation On The Life And Aera, The Poems And Mythology Of Hesiod』이었다.

여기서 최초로 사용된 pseudohistory는 '가짜 역사', '조작된 역사'라는 의미로 사용되었는데, 지금 우리가 사용하는 유사역사학이라는 말과는 의미상에서 차이가 있다. 엘턴은 고대 그리스의 역사를 조사하면서 호메로스와 헤시오도스의 경연에 대한 전승이 가짜 역사라고 말하며 pseudohistory를 사용했다. 고대 전승에도 물론 날조되거나 오해와 무지로 인해 왜곡된 가짜 역사가 있게 마련이다. 하지만 오늘날에는 이런 전근대 전승과 관련해 유사역사학을 칭하지 않는다. 유사역사학이라는 말자체가 근대에 생겨난 것처럼 이 용어는 근대 이전에는 적용할 필요가 없다.

본래 역사학 자체가 옛 기록에서 찾아낸 것을 이해할 수 있도록 재구성해 나가는 작업이다. 따라서 고대 기록이 왜곡되거나 잘못된 것은 밝혀내면 된다. 옛 기록은 그 자체로 소중하다. 그것이 잘못된 것이라 해도 그 시대에 왜 그런 잘못된 기록을 남겼는가를 추적하는 것은 의미가 있다.

유사역사가들은 유사역사학이라는 말을 조선총독부에서 만들었다고까지 하는데 참으로 어처구니없는 이야기다. 영국 역사가 로빈 콜링우드Robin G. Collingwood가 1946년에 쓴 『서양사학사The Idea of History』(탐구당)에도 pseudo-history가 나온다. 콜링우드는 전근대의 믿기 어려운 이야기에 대해서는 quasi-history라고 써서 구분했다. 유사역사가들은 역사학 공부라고는 하지 않는 사람들이다.

우리나라 유사역사학에서 주장하는 이른바 사료라고 하는 것은 고대에 만들어진 것이 아니기 때문에 고대의 의미를 가지고 추적할 필요가 없다. 그것은 그것이 만들어진 시대에 왜 이런 것을 날조했는가를 추적할 때 의미를 지니게 된다. 『환단고기』는 1960년대에서 1970년대에 걸쳐서 위조된 책이다. 따라서 왜 그 시기에 이런 책을 위조했는가를 추적하는 것은 의미가 있지만, 이 책을 기초로 고대사를 재구성하는 것은 전혀 의미가 없는 일이다.

『사이비역사의 탄생Invented Knowledge: False History, Fake Science and Pseudo-religions』(이론과실천)을 쓴 로널드 프리츠Ronald Fritze는 "사이비역사와 사이비과학은 근대 이후에 나타나는 현상이다"라고 지적했다.

이런 현상은 왜 일어나게 된 것일까? 다양한 이유가 있고 다양한 결과물이 있다. 모든 유사역사학의 현상을 하나하나 짚어가는 것은 너무나 방대한 작업이 될 것이다. 그중 가장 대표적인 현상―민족국가와 관련된 부분으로부터 이야기를 풀어가는 것이 좋을 것 같다.

근대가 시작되고 민족국가가 형성되는 과정에서 국가의 구성원이 집결해야 하는 구심점이 필요해졌다. 이 때문에 위대한 과거가 창조되기 시작했다. 이런 현상은 전 세계적인 것이었다. 나치스 독일은 위대한 아리안족을 찾아 중앙아시아를 탐험했다. 러시아도 위대한 슬라브 민족의 과거를 찾아 위조 경전을 만들어냈다. 아시아 계통에서는 중앙아시아의 투란Turan이라는 환상적인 존재를 자신들의 조상으로 삼고자하는 투라니즘이 발생했고 터키와 일본, 그리고 식민지 조선도 이 영향을 받았다.

유사역사가들은 위대한 조상을 창조해서 민족의 구심점을 만들어내고 싶어했다. 일부는 고대 사서의 모호한 구절을 과대해석하는 방법을 사용했으나 더 대담한 이들은 날조된 역사책을 만들어냈다. 『환단고기』가 가장 유명하지만 이 책 하나만 만들어진 것이 아니다. 『환단고기』 이전에 이미 『규원사화揆園史話』, 『단기고사檀奇古史』 같은 책이 만들어졌고, 1970년대에 여러 사람들이 『환단고기』에 필적할 괴서를 만들었다. 다만 『환단고기』가 그 모든 것을 덮을 만큼 유명해졌을 뿐이다.

유사역사가들은 스스로를 '재야사학자', 또는 '민족사학자', 또는 '애국사학자'라고 부르면서 역사학자들을 '식민사학자', '이적사가', '용공사가', '매국사가', '친일파'라고 불러왔다. 이런 인식은 1960년대에 등장해서 1970년대에 확산되었다. 이들은 50년 동안 역사학계를 매도해왔다. 이들이 사용한 이분법 프레임은 자신들의 입지를 굳히고 상대를 악마화함으로써 자신들 편을 만들어내는 데도 이용할 수 있다. 이처럼 역사학자를 악마화하는 방법은 우리나라 유사역사학의 독특한 방법이다.

과거 유사역사학에서는 역사학자를 '강단사학자'라 부르고(이 용어는 원래 유사역사학이 자신들을 대학 밖에 있는 '재야'라 칭하면서 이분법으로 사용한 것이다) 식민사관을 추종한다고 말했다. 그러나 최근에는 역사학 박사학위를 가지고, 심지어는 대학 강단에 서면서 유사역사학의 논리를 가지고 말하는 사람들이 생겨나서 유사역사학 쪽에서도 강단사학자라는 말을 잘쓰지 않는 추세로 변하고 있다. 바로 이 지점에 역사학계의 우려가 있다.

유사역사학이라는 낙인찍기를 해서는 안 된다는 말이 나오는 것이다. 이것은 처음에 말한 바와 같이 '역사라는 것이 대체 어떻게 정의되는가'라는 문제와 맥을 같이 한다. 자기 마음에 들지 않는 이야기를 한다고 해서 '유사역사학'이라고 부르면 어떻게 되겠는가 하는 우려를 표하는 사람이 적지 않다.

금인지 아닌지 알아내는 돌이 있는데, 그것을 '시금석'이라 한다. 유사역사학에도 시금석이 있다. 로널드 프리츠는 유사역사학은 역사학적인 방법을 사용하지 않는다고 말했다. 역사학적인 방법은 무엇인가? 사료를 비판하고 증거를 통한 합리적인 추론을 해나가는 것이다. 유사역사학에서는 사료 비판을 하지 않는다. 자신들의 믿음과 일치하는 기록을 보면 사료 비판이라는 과정 없이 그대로 가져와서 사용한다. 이렇게 해서 시대와 공간을 뛰어넘으며 사료를 골라 먹으면서 자기만의 논리를 구성한다. 그리고 기존 학설은 식민사학이라고 비난한다.

『환단고기』를 취신하는 사람이라면 유사역사학 추종자로 보아도 무방하다. 그러나 『환단고기』만이 시금석의 전부는 아니다. 역사학자를 뭉뚱그려서 식민사학자라 부른다면 유사역사학 추종자로 보아도 무방하다. 이 말은 인신공격일 뿐이지 그 어떤 학문적 가치도 담고 있지 않다. 중국과 일본을 증오하게 만드는 것만을 주장한다면 유사역사학 추종자로 보아도 무방하다. 한민족이 고대 아시아를 지배했고 중국과 일본은 모두 한민족의 방계혈족이라고 주장하는 글을 본다면 유사역사학의 글이라 생각해도 무방하다.

기존의 역사학 성과를 조작된 것이라 이야기하고 기존의 사서를 일제가 조작한 것이라고 주장하는 이야기를 본다면 유사역사학이라 생각해도 무방하다. 이런 이야기를 볼 때마다 유사역사가들은 일본제국이 무소불위의 막강한 존재였다고 찬양하고 싶은 것은 아닌가 싶을 정도다.

우리나라의 유사역사학은 아니지만, 유사역사학이 역사학계를 어떻게 괴롭히고 어떤 식의 논리를 갖는지 알고 싶다면 영화 〈나는 부정한다〉(2016)를 보기 바란다. 홀로코스트 부정론자에게 명예훼손 혐의를 받은 역사학자가 어떻게 재판을 진행했는가를 보여주는 실화를 바탕으로 한 영화다. 영화에서 역사학자 립스타드는 유사역사가와 논쟁을 벌이는 일을 극구 사양한다. 그 이유는 역사학자가 이런 사이비와 논쟁을 벌이면 대중이 두 집단을 동등한 힘을 가진 집단으로 여기게 되기 때문이다. 사실 이런 점을 노리고 우리나라의 유사역사가들도 끊임없이 학자들과의 논쟁을 요구한다. 학문적 방법론으로 공부하지 않은 사람과 학문적 방법론으로 공부한 사람들 간에는 원래 논쟁이 성립할 수 없다.

역사학과 유사역사학이라는 두 대립항이 있는 것이 아니다. 역사학의 반대말이 유사역사학이 아니라는 말이다. 역사학 안에는 다양한 논의가 있고 실체적 진실을 찾아내기 위한 무수한 노력이 존재한다. 역사는 지나가버린 과거의 흔적이며 그것을 누구도 단 하나의 진실이라고 이야기할 수 없다. 단 하나의 진실로 모든 사람의 사고를 획일화시키고자 했던 것이 박근혜 정부가 추진했던 국정교과서였다.

유사역사학에서 주장하는 위대한 고대사 역시 크게 다르지 않다. 이들에게는 이미 정해진 목표가 있고 그 목표에서 위배되는 것은 배척해야 한다. 진실이 자신들이 생각하는 목표에 위배된다면 그것을 없애버려야 한다는 생각을 이들은 한다. 역사학이 민족과 국가에 유용한 도구여야 한다고 생각하고 그렇지 않다면 그것은 의미가 없는 것이며 심지어 유해한 것이라고 생각한다.

역사학은 인간이 살아온 과거를 살피면서 삶에 대한 성찰을 가져오는 학문이지 다른 국가와 민족의 우위에 서서 지배하고자 하는 학문이 아니다.

우리나라 유사역사학의 유래

5.16 쿠데타 후 한일수교 문제가 표면에 떠오르자 반대 시위가 거세었다. 이때 반일 열기에 힘입어 일제강점기의 수난사를 쓴 책이 등장했다. 이 책을 쓴 사람은 일제강점기 동안 군수직을 비롯해 고위 공무원을 지낸 문정창이었다. '빼박' 친일파인 그는 마치 고급 자료라도 가지고 있는 척하며 책을 펴냈는데, 이 책 안에서 역사학계가 친일이라 일제강점기 연구도 안 한다고 큰소리를 쳤다. 이때 역사학계를 친일파로 모는 프레임이 처음 등장했다. 다른 나라와 달리 우리나라에서는 역사학 전공자를 친일파 집단으로 몰아서 유사역사가가 도덕적 우위를 장악하는 해괴한 일이 벌어졌다.

한편, 1960년대에 이유립은 대전에서 대종교(단군을 신봉하는 종교)인으로 있다가 독립하여 자기 교를 이끌기 시작했다. 단단학회 교주로 올라선 이유립은 대종교를 극렬하게 비난하기 시작했고, 자신이 가진 비전의 역사서인 『환단고기』로 사람들을 끌어모으기 시작했다.

이유립은 자신의 망상을 담은 여러 책을 만들어 각계에 보내며 호응을 해줄 사람들을 찾아 나갔다. 그때 이유립과 손을 잡게 된 사람이 초대 문교부 장관을 지낸 안호상이었다. 이승만에게 일민주의(혈통에 기반한 극단적 민족주의 이념으로 이승만이 국시로 내세운 이데올로기)라는 파시즘 철학을 전수한 것에서 알 수 있듯이 그는 극우민족주의자였고 이유립과는 궁합이 찰떡처럼 맞을 수밖에 없었다. 문정창, 안호상, 이유립 등이 모이면서 이들은 점점 더 역사학계를 비난하는 데 열을 올렸다. 여기에 5.16 쿠데타에 참여했다가 물러나와 군에 납품하는 잡지 『자유』를 발행하던 박창암朴蒼巖이 합류했다. 박창암은 『자유』를 유사역사학의 기관지로 변모시켰다. 1975년 10월 국사찾기협의회라는 단체가 만들어졌고 『자유』는 1976년 1월호부터 유사역사학 주장을 전파했다. 전군에 이런 잡지가 납품되었으니 그 해악이 얼마나 컸을지는 명약관화한 일이다.

이들은 역사학계를 식민사학의 후예라고 공격했고, 집중 공격 타깃이 된 사람이 서울대 이병도 교수였다. 이병도는 일제강점기 때 조선사편수회의 수산관보와 촉탁으로 근무한 적이 있다. 높은 자리는 아니지만 식민지의 공공기관에 근무한 것으로 친일파 낙인을 찍기는 충분했다.

이유립은 조선총독부 기관지인 『조선』에 시를 투고하기도 할 정도로 독립운동에 대한 생각이라고는 찾아볼 수 없던 사람이었는데 이병도를 식민사학자로 몰면서 각광을 받았다. 1976년에 이병도는 『한국고대사연구』라는 책을 냈기 때문에 더더욱 공격받기 쉬운 위치에 있었다.

마침 1974년부터 한국사가 국정교과서로 바뀌었기 때문에 국사찾기협의회는 국사 교과서를 공격하는 데 집중했다. 국사 교과서에 자신들의 주장을 실을 수 있다면 전 국민을 손아귀에 넣을 수 있다고 본 것이다. 이들은 먼저 국사 교과서를 수정하라는 재판을 걸었다. 당연히 재판에서 지고 말았다. 그다음으로는 정치권을 동원해서 역사학계에 압력을 행사하기 시작했다.

그 결과 1981년에 국회에서 국사 교과서 공청회가 열리는 해프닝까지 벌어지고 말았다. 쌍방 토론이 벌어졌는데 이때 유사역사학 쪽에서는 이유립을 토론자에 끼워주지 않았다. 이에 반발한 이유립은 안호상을 매도하는 글을 썼고, 그 길로 『자유』에서도 퇴출되고 말았다.

이유립을 토론자에 넣어주지 않은 이유는 자명했다. 그는 이미 1979년에

『환단고기』라는 위서를 내놓았고, 토론에서 이걸 들고 떠드는 순간 개망신을 당할 거라고 생각한 안호상 등이 이유립을 배제하는 길을 택한 것이다.

그러나 세상일이 참 공교롭게도 『환단고기』는 일본의 극우 유사역사가인 가지마 노보루鹿島昇에게 전달되어 일역본이 나오게 되면서 역전의 길을 가게 된다. 1982년 일본에서 『환단고기』가 출간되었고, 이 일역본을 다시 번역한 『한단고기』가 1986년에 우리나라에서 출간되었다.

이 무렵 우리나라에는 국수주의 서적이 범람하고 있었다. 백두산 민족의 대운이 열린다는 식의 이야기가 내놓기만 하면 대박이 나는 상황이었고 『한단고기』는 여기에 결정타를 날렸다.

오늘날의 문제

유사역사학은 우리 민족이 고대에 광대한 영토와 찬란한 문명을 지니고 있었다는 마약 같은 주장으로 사람들을 현혹시킨다. 그리고 이런 찬란한 역사를 사람들이 모르는 것은 식민사학자들이 학문 권력을 장악해서 자기들끼리 다 해먹기 위해 은폐하고 있기 때문이라고 주장한다. 교수가 되려면 지도교수의 뜻을 거스를 수 없기 때문에 잘못된 것을 알아도 모른 척해야 한다는 것이다. 유사역사가들은 이렇게 한 나라의 학문 연구자 전체를 부도덕한 사람으로 만들고 있다. 너무나 비상식적인 주장임에도 이런 이야기를 믿는 사람들이 많다. 역사학계를 식민사학으로 몰아온 지가 무려 50년이 넘기 때문이기도 하다.

이런 인식이 퍼져서 정치권까지 움직이고 있기 때문에 수십억 원을 들여 만들고 있던 '동북아 역사지도' 사업이 완성 직전에 좌초되었다. 중국의 동북공정과 일본의 역사 왜곡에 대항할 좋은 무기 하나를 스스로 없앤 셈이다.

최근에는 가야고분군 유네스코 등재를 적극 방해하고, '전라도 천년사'를 폐기 처분시키려고 시도하고 있다. 『일본서기』에 나오는 지명을 적었다고 역사학자들을 친일파로 몰고 몇 년에 걸쳐 책을 저술한 노력을 붕괴시키고자 하는 것이다. 해방된 지가 무려 80년이 가까워지고 있는데, 역사학계가 그 긴 세월 동안 발전도 없고 식민사학을 신봉하고 있다는 게 대체 말이 될 수가 없다. 그런데도 이런 말이 사람들에게 먹힌다는 것은 무엇을 의미할까. 이렇게 될 때까지 역사학자는 역사 연구만 잘하면 된다고 생각한 학자들의 책임도 없다고 할 수는 없다. 역사란, 역사학자 E. H. 카E. H. Carr의 말처럼 '과거와 현재의 대화'일 뿐만 아니라 '학자와 대중의 대화'이기도 하기 때문이다.

역사를 공부하는 것은 그 대상을 사랑하는 일과 비슷하다. 그 나라 역사를 공부하면 그 나라를 사랑하게 되고, 한 시대 역사를 공부하면 한 시대를 사랑하게 된다. 유사역사학이 역사와 완전히 다른 지점도 거기에 있다. 유사역사학은 증오를 통해서 자기 존재를 확인한다. 타자가 존재하지 않으면 있을 수 없는 것이 유사역사학이다. 이들은 그저 비슷하게 흉내를 내고자할 뿐 그 안에 아무것도 담고 있지 못하다.

참고문헌

단행본

김지남 외, 이상태 외 역, 『조선시대 선비들의 백두산 답사기』, 혜안, 1998

문정창, 『군국일본 조선강점 36년사』 상·중·하, 박문당, 1965

시노다 지사쿠, 신영길 역, 『간도는 조선땅이다』, 지선당, 2005

신채호, 『주석 조선상고사』 상·하, 단재신채호기념사업회, 1983

안대회, 『정조의 비밀편지』, 문학동네, 2010

안정준, 『반전의 한국사』, 웅진, 2022

유원재, 『한국사』 6, 국사편찬위원회, 1995

이문영, 『유사역사학 비판』, 역사비평사, 2018

이성시, 박경희 역, 『투쟁의 장으로서의 고대사』, 삼인, 2019

젊은역사학자모임, 『한국 고대사와 사이비역사학』, 역사비평사, 2017

젊은역사학자모임, 『욕망 너머의 한국고대사』, 서해문집, 2018

정병설, 『권력과 인간』, 문학동네, 2012

정운현, 『3·1혁명을 이끈 민족대표 33인』, 역사인, 2019

차하순 외, 『사관이란 무엇인가』, 청람, 1980

최봉영, 『영조와 사도세자 이야기』, 한국학중앙연구원, 2013

J. 스콧 버거슨, 주윤정·최세희 역, 『발칙한 한국학』, 이끌리오, 2002

R. G. Collingwood, *The Idea of History*, Lume Books, 2018

논문

공석구, 「진 장성 동단인 낙랑군 수성현의 위치 문제」, 『한국고대사연구』 81, 한국
　　고대사학회, 2016

공석구, 「청천강 유역까지 연결된 한장성(漢長城) 동단(東端) 문제 고찰 – 『중국역사지도집(中國歷史地圖集)』의 사례를 중심으로」, 『동북아역사논총』 56, 동북아역사재단, 2017

곽정식, 「『신숙주부인전』의 역사 수용 양상과 소설사적 의의」, 『새국어교육』 83, 한국국어교육학회, 2009

권내현, 「조선후기 호적에 대한 이해」, 『한국사연구』 165, 한국사연구회, 2014

문경현, 「정몽주 순절처의 신고찰」, 『대구사학』 15·16, 대구사학회, 1978

민경진 외, 「Validation of 走肖爲王: Can insects write letters on leaves?」, 『Entomological Research』 48, 한국곤충학회, 2018

박종평, 「명량해전 철쇄설 연원에 관한 연구」, 『이순신연구논총』 18. 순천향대학교 이순신연구소, 2012

박찬흥, 「만선사에서의 고대 만주 역사에 대한 인식」, 『한국고대사연구』 76, 한국고대사학회, 2014

박찬흥, 「이케우치 히로시의 한국 고대사 시기구분과 고조선·한사군 연구」, 『제국 일본의 역사학과 '조선'』, 소명출판, 2018

박현규, 「광서백제허(廣西百濟墟) 지명 고찰」, 『중국학논총』 38. 한국중국문화학회, 2013

배현준, 「연진한 장성은 요동지역에 있었을까」, 『동북아역사리포트』 30, 2022

석영달, 「'세계 4대해전'의 근거에 대한 고찰」, 『군사』 101, 국방부군사편찬연구소, 2016

안대회, 「어찰(御札)의 정치학 – 정조와 심환지」, 『역사비평』 87, 역사문제연구소, 2009

안정준, 「백제의 대남조 외교 전략과 요서경략 기사」, 『한국고대사연구』 109, 2023

여호규, 「백제의 요서 진출설 재검토」, 『진단학보』 91, 진단학회, 2001

우성민, 「중국 역사학계의 새로운 해석에 대한 비판적 검토」, 『진단학보』 116, 2012

이근철, 「『천부경』과 정훈모의 단군교」, 『근대 단군 운동의 재발견』, 『아라』, 2016

이강원, 「임진정계시 '입지암류(入地暗流)'의 위치와 '토문강원(土門江源)'의 송화강 유입 여부」, 『대한지리학회지』 50, 대한지리학회, 2015

이강원, 「임진정계시 두만강 상류 수계 인식과 경계표지물의 종점」, 『대한지리학회

지』 52, 대한지리학회, 2017

이강원, 「'간도협약'에서 간도의 범위, 석을수 그리고 한·중 국경 – 부도의 검토」, 『대한지리학회지』 57, 대한지리학회, 2022

이기백, 「반도적 성격론 비판」, 『한국사 시민강좌』 제1집. 일조각, 1987

이명종, 「대한제국기 간도영토론의 등장과 종식」, 『동아시아문화연구』 54, 2013

이정철, 「기묘사화 전개과정과 중종의 역할」, 『국학연구』 34, 한국국학진흥원, 2017

이종수, 「요동지역 연진한 장성 조사현황 및 문제점 검토」, 『한국사학보』 43, 2011

이종수, 「중국의 '장성보호공정'과 고구려·발해장성 현황 및 대응방안 검토」, 『고구려발해연구』 44, 2012

장신, 「유교청년 이유립과 『환단고기』」, 『역사문제연구』 39, 역사문제연구소, 2018

전종한·이명희, 「중국의 역사지도 편찬에 관한 기초연구 – 역사지리학의 관점」, 『동북아역사논총』 56, 2017

정준영, 「이마니시 류의 조선사, 혹은 식민지 고대사에서 종속성 발견하기」, 『제국 일본의 역사학과 '조선'』, 소명출판, 2018

제장명, 「정유재란 초기 조선의 수군정책과 부산 근해 해전」, 『항도부산』, 부산광역시사편찬위원회, 2008

조경철, 「단군신화의 환인·환국 논쟁에 대한 판본 검토」, 『한국고대사탐구』 23, 한국고대사탐구학회, 2016

최성환, 「'정조 – 심환지 어찰'과 조선후기 정치사 연구의 전망」, 『역사와현실』 79, 한국역사연구회, 2011

최혜주, 「식민지 시기 재조일본인의 출판활동과 조선인식」, 『한국민족운동사연구』 95, 한국민족운동사학회, 2018

한시준, 「도산 안창호의 피체와 석방운동」, 『역사학보』 210, 역사학회, 2011

海野福壽, 이진호 역, 「韓測事業과 朝鮮民衆의 抵抗」, 『측량과 지적』 3, 대한지적사회, 2006

홍승현, 「중국과 일본 학계의 燕·秦·漢長城연구와 추이」, 『동북아역사논총』 35, 2012

홍승현, 「중국의 '장성보호공정(長城保護工程)'과 장성 연구의 새로운 경향」, 『동북아역사논총』 45, 2014

찾아보기

인명

(ㄱ)

가토 기요마사(加藤淸正, 1562~1611)
    177, 197
간 마사토모(菅政友, 1824~1897) 94
강수(强首) 90
강인구(姜仁求, 1937~2022) 105
강호보(姜浩溥, 1690~1778) 160-161
강홍립(姜弘立, 1560~1627) 178
건륭제(乾隆帝, 재위 1735~1795) 209
경덕왕(景德王, 신라 제35대 왕 재위
    742~765) 111, 117
계백(階伯, ?~660) 70
계연수(桂延壽, ?~1920) 26, 28-34
계월향(桂月香) 177-178
고경명(高敬命, 1533~1592) 197
고니시 유키나가(小西行長, ?~1600)
    176-177, 197
고선지(高仙芝, ?~755) 71
고유섭(高裕燮, 1905~1944) 129
고종(高宗, 조선 제26대 왕 재위
    1863~1907) 26, 112, 229,
    249-250, 257-259, 262, 264
공민왕(恭愍王, 고려 제31대 왕 재위
    1351~1374) 299
공석구 66

곽재우(郭再祐, 1552~1617) 195
곽종석(郭鍾錫, 1846~1919) 278-279
구로이타 가쓰미(黑板勝美, 1874~1946)
    324
구루시마 미치후사(来島通総, 1561~1597)
    185
구윤서 290
권덕규(權悳奎, 1890~1950) 27, 39
권동진(權東鎭, 1861~1947) 272, 277
권람(權擥, 1416~1465) 13
권우(權遇, 1363~1419) 127
권율(權慄, 1537~1599) 193, 195, 203
권질(權礩, 1483~1545) 159
근초고왕(近肖古王, 백제 제13대 왕 재위
    346~375) 87
긴메이 천황(欽明天皇, 재위 539~571)
    88
길선주(吉善宙, 1869~1935) 277
길윤형 296
김구(金九, 1876~1949) 276, 282-283
김규식(金奎植, 1881~1950) 278
김근배(金根培, 1847~1910) 264
김대성(金大城, 700~774) 117
김덕령(金德齡, 1568~1596) 183
김덕생(金德生, ?~?) 143-147
김도련(金道練) 136
김도현(金道鉉, 1852~1914) 265
김문집(金文輯, 1907~?) 20-22

김병조(金秉祚, 1877~1948) 271

김복한(金福漢, 1860~1924) 278

김상옥(金相玉, 1889~1923) 271

김석형(金錫亨) 97

김수(金晬, 1547~1615) 199

김영의(金永毅, 1887-1951) 27

김옥균(金玉均, 1851~1894) 255

김용기(金容起) 27

김용삼 288, 291-293

김용섭(金容燮, 1931~2020) 312

김용태 292

김응서(金應瑞, 1564~1624), 이후 김경
　　서(金景瑞) 177-178, 193-194

김익정(金益精, ?~1436) 135, 138

김인호 129

김재중 296-298

김정태 289-290

김정호(金丁鎬, 1871~1919) 278

김정호(金正浩, ?~?) 64, 235-239

김종수(金鍾秀, 1728~1799) 161, 228

김중배 290

김중태(金重泰, 1663~1735) 143

김지남(金指南, 1654~?) 244-247

김지수(金志洙, ?~1911) 265

김창숙(金昌淑, 1879~1962) 277-279

김창준(金昌俊, 1889~1959) 270-271

김춘추(金春秋, 태종무열왕太宗武烈王
　　신라 제29대 왕 재위 654~661)
　　96

김태식(金泰植, 1956~) 98

김택영(金澤榮, 1850~1927) 27

김현구(金鉉球, 1944~) 98

(ㄴ)

나인협(羅仁協, 1872~1951) 277

나철(羅喆, 1863~1916) 27

남곤(南袞, 1471~1527) 168-169

남구만(南九萬, 1629~1711) 13

남이공(南以恭, 1565~1640) 185

남효온(南孝溫, 1454~1492) 128, 153

넬슨, 허레이쇼(Horatio Nelson,
　　1758~1805) 205

노직(盧稙, 1536~1587) 201

누르하치(Nurhachi, 재위 1616~1626)
　　207

(ㄷ)

단군(檀君) 11, 18, 25-26, 28, 39, 41,
　　53-58, 320-322, 337

단종(端宗, 조선 제6대 왕 재위 1452~1455)
　　149-153, 165

담징(曇徵) 109

데라우치 마사타케(寺内正毅, 1852~1919)
　　272

도고 헤이하치로(東鄉平八郎, 1848~1943)
　　205

도리야마 기치(鳥山喜一, 1887~1959)
　　315

도요토미 히데요시(豊臣秀吉, 1536~1598)
　　186-187, 196, 320

도침(道琛, ?~661) 69

도쿠이 미치유키(得居通幸, 1557~1594)
　　185

두우(杜佑, 735~812) 64

두향(杜香) 160-161

(ㄹ)

랑케, 레오폴트 폰(Leopold von Ranke,
    1795~1886) 323

(ㅁ)

목극등(穆克登, 1664~1735) 244-248,
    252
무쓰 무네미쓰(陸奥宗光, 1844~1897)
    255
문정창(文定昌,1899~1980) 19-20, 337
문종(文宗, 조선 제5대 왕 재위 1450~1452)
    149, 151
문태수(文泰洙, 1880~1913) 259
미사흔(未斯欣, ?~433) 86-87, 89
미시나 쇼에이(三品彰英, 1902~1971)
    314
민긍호(閔肯鎬, 1865~1908) 259
민영환(閔泳煥, 1861~1905) 264

(ㅂ)

박권(朴權, 1658~1715) 244
박세화(朴世和, 1834~1910) 265
박승주 291
박승환(朴昇煥, 1869~1907) 259
박용(朴龍) 136-138
박은식(朴殷植, 1859~1925) 48
박종화(朴鍾和, 1901~1981) 154-156,
    176, 178

박준승(朴準承, 1865~1927) 277
박진(朴晉, 1560~1597) 194
박찬승 49, 274
박찬흥 316, 322
박창암(朴蒼巖, 1923~2003) 337-338
박팽년(朴彭年, 1417~1456) 150, 153
박포(朴苞) 140
박현규 72
박희도(朴熙道, 1889~1952) 272-273
방인관(方仁寬, ?~?) 259
배극렴(裵克廉, 1325~1392) 169
배설(裵楔, 1551~1599) 195-204
배준철 282-283
배현준 66
법민(法敏, 문무왕文武王 신라 제30대 왕
    재위 661~681) 69
베른하임, 에른스트(Ernst Bernheim,
    1850~1942) 309
변은진 266-267
복신(福信, ?~663) 69-70
부여풍(扶餘豐, ?~?) 69

(ㅅ)

사도세자(思悼世子, 1735~1762) 213-
    219, 228
서경덕(徐敬德, 1489~1546) 160
서길수 288-290
서사호(徐師昊) 299
서영수 275
석영달 188-191
석우로(昔于老, ?~249) 87, 89
선거이(宣居怡, 1545~1598) 195

선조(宣祖, 조선 제14대 왕 재위 1567~1608)
    13, 165, 168, 171, 175-176,
    193-199, 201-204, 210, 215,
    227, 319
설우(雪牛) 135-136, 138
성덕왕(聖德王, 신라 제33대 왕 재위
    702~737) 111
성삼문(成三問, 1418~1456) 141, 150-
    151, 153-154
성종(成宗, 조선 제8대 왕 재위 1469~1494)
    128, 131, 152, 166
성태영(成泰英) 277
성현(成俔, 1439~1504) 127
세종(世宗, 조선 제4대 왕 재위 1418~1450)
    128, 130, 138, 140, 144, 146-
    147, 150-151, 153, 241
세키노 다다시(關野貞, 1868~1935) 103
소윤하 294-295, 297
소자현(蕭子顯, 489~537) 79
소정방(蘇定方, 592~667) 69
손병희(孫秉熙, 1861~1922) 269, 271,
    275, 278
송거신(宋居信, 1369~1447) 145-146
송병구 291
송병선(宋秉璿, 1836~1905) 264
송병순(宋秉珣, 1839~1912) 264
송진우(宋鎭禹, 1887~1945) 270
송징은(宋徵殷, 1652~1720) 243
수양대군, 세조(世祖, 조선 제7대 왕 재위
    1455~1468) 149, 151-152
숙종(肅宗, 당나라 제7대 황제 재위
    711~762) 211
숙종(肅宗, 조선 제19대 왕 재위 1674~1720)

    13, 143, 147, 205, 215-216,
    231, 241, 244, 252
순조(純祖, 조선 제23대 왕 재위 1800~1834)
    229
스에마츠 야스카즈(末松保和, 1904~1992)
    94-97
스진 천황(崇神天皇) 87-89, 106
스투를루손, 스노리(Snorri Sturluson,
    1179~1241) 210
시데하라 다이라(幣原坦, 1870~1953)
    230, 318
시라토리 구라키치(白鳥庫吉, 1865~1942)
    312, 315, 317
시카타 히로시(四方博, 1900~1973) 318
신개(申槪, 1374~1446) 146
신경준(申景濬, 1712~1781) 238
신돌석(申乭石, 1878~1908) 258-259
신동식 295
신상옥(申相玉, 1926~2006) 120
신세우 295
신숙주(申叔舟, 1417~1475) 149-156
신영우 44
신채호(申采浩, 1880~1936) 18-19, 39-
    51, 124-145, 278
신헌(申櫶, 1810~1884) 239
심노숭(沈魯崇, 1762~1837) 233
심유경(沈惟敬, ?~1597) 196
심정(沈貞, 1471~1531) 169
심환지(沈煥之, 1730~1802) 227-228,
    231-232
쓰다 소키치(津田左右吉, 1873~1961)
    94, 314

(ㅇ)

아구다(阿骨打, 재위 1115~1123) 208-
209

아리미쓰 교이치(有光敎一, 1907~2011)
104

아불 하이르 칸(Abu'l-Khayr Khan, 재위
1428~1468) 53

아사녀 117-120

아사달 117-120

아신왕(阿莘王, 백제 제17대 왕 재위
392~405) 95

아오야기 쓰나타로(靑柳綱太郞, 1877~1932)
230

아이네이아스(Aeneias) 210

안경수(安駉壽, 1853~1900) 257

안세환(安世桓, 1892~1927) 270

안숙(安潚, 1863~1910) 264

안순환(安淳煥, 1871~1942) 27

안장왕(安臧王, 고구려 제22대 왕 재위
519~531) 124-125

안정복(安鼎福, 1712~1791) 15

안정준 82

안창호(安昌浩, 1878~1938) 281-284

안호상(安浩相, 1902~1999) 329, 337-
339

알렌, 호러스(Horace N. Allen, 1858~1932)
112

야노 진이치(矢野仁一, 1872~1970) 316

야마시타 도모유키(山下奉文, 1885~1946)
295-297

야쓰이 세이이치(谷井濟一, 1880~1959)
103-104

양전백(梁甸伯, 1869~1933) 272, 277

양한묵(梁漢默, 1862~1919) 269-270

언더우드, 호러스(Horace Horton
Underwood, 1890~1951) 190

에가미 나미오(江上波夫, 1906~2002)
106

엘턴, 찰스 A.(Charles Abraham Elton,
1778~1853) 332

여암餘巖 81

연산군(燕山君, 조선 제10대 왕 재위
1494~1506) 159

염근수(廉根守) 112

염상섭(廉想涉, 1897~1963) 155-156

영조(英祖, 조선 제21대 왕 재위
1724~1776) 213-219, 228

예양(豫讓) 129

예종(睿宗, 조선 제8대 왕 재위 1468~1469)
152

오강표(吳剛杓, 1843~1910) 265

오세창(吳世昌, 1864~1953) 273

오치선(吳致善) 145

오토리 게이스케(大鳥圭介, 1833~1911)
256-257

온조왕(溫祚王, 재위 기원전 18~기원후
28) 289

와키사카 사효에(脇坂左兵衛, ?~1592)
186

와키사카 야스하루(脇坂安治, 1554~1626)
186-187

와타나베 시치에몬(渡邊七右衛門, ?~1592)
186

왕귀량(王國良) 66

왕인(王仁) 109

요시라(要時羅) 177, 197, 201

우계흥 292

우성민 66

우수(禹壽) 200

우왕(禑王, 고려 제32대 왕 재위 1374~1388) 127

원균(元均, 1540~1597) 182-183, 185-186, 191-196, 198-204

원세개(袁世凱, 1859~1916) 256

유도발(柳道發, 1832~1910) 264

유랴쿠 천황(崇神天皇, 재위 456~479) 88

유몽인(柳夢寅, 1559~1623) 247

유성룡(柳成龍, 1542~1607) 192, 194, 202

유영경(柳永慶, 1550~1608) 185

유인궤(劉仁軌, 602~685) 69

유인석(柳麟錫, 1842~1915) 262

유희춘(柳希春, 1513~1577) 171

윤근수(尹根壽, 1537~1616) 196

윤두수(尹斗壽, 1533~1601) 194-195, 199

윤민영 297

윤봉길(尹奉吉, 1908~1932) 276, 281-283

윤지강 188

윤효정(尹孝定, 1858~1939) 26, 31

의자왕(義慈王, 백제 제31대 왕 재위 641~660) 69

이갑성(李甲成, 1886~1981) 269

이강년(李康秊, 1858~1908) 259

이개(李塏, 1417~1456) 150

이관영(李寬永, 1883~1907) 271

이관집(李觀楫) 29

이광수(李光洙, 1892~1950) 21, 154, 283-284, 319

이규준(李圭晙. 1855~1923) 27

이근주(李根周, 1860~1910) 265

이긍익(李肯翊, 1736~1806) 126

이기(李沂, 1848~1909) 32-33

이기백(李基白, 1924~2004) 50, 310, 312, 315

이나바 이와키치(稻葉岩吉, 1876~1940) 61-66, 315

이노 다다타카(伊能忠敬, 1745~1818) 238

이노우에 히데오(井上秀雄, 1924~2008) 98

이능화(李能和, 1869~1943) 18

이덕열(李德悅, 1534~1599) 199

이덕일(李德一, 1961~) 61-62, 64-66

이량(李亮) 176

이마니시 류(今西龍, 1875~1932) 15, 19

이만도(李晚燾, 1842~1910) 264

이만열(李萬烈, 1938~) 312-314

이만영 282-283

이명희 66

이방원(李芳遠, 1367~1422, 조선 태종 재위 1400~1418) 123-124, 126-128, 135-136, 138, 143-146, 169

이범윤(李範允, 1856~1940) 251-252, 262

이병도(李丙燾, 1896~1989) 51, 62-66, 338

이병모(李秉模, 1742~1806) 299

이봉득 293

이사부(異斯夫) 88

이산보(李山甫, 1539~1594) 13

이산해(李山海, 1539~1609) 192

이상설(李相卨, 1870~1917) 262

이상태 239

이색(李穡, 1328~1396) 127

이서구(李書九, 1754~1825) 233

이석영(李錫暎, 1920~1983) 30

이성계(李成桂, 1335~1408, 조선 태조 재위 1392~1398) 123, 126, 128, 144-145, 150, 169, 209

이순신(李舜臣, 1545~1598) 177, 181-183, 185-188, 190-205, 294-296

이승만(李承晚, 1875~1965) 329, 337

이승칠(李承七, 1850~1912) 265

이승훈(李昇薰, 1864~1930) 50, 271-272

이시영(李始榮, 1869~1953) 27

이억기(李億祺, 1561~1597) 185-186, 192

이용태(李容兌, 1890~1966) 27

이우형(李祐炯) 239

이원익(李元翼, 1547~1634) 185, 196

이유립(李裕岦, 1907~1986) 27, 29-31, 34, 328-329, 337-339

이유원(李裕元, 1814~1888) 64

이유필(李裕弼, 1885~1945) 282-283

이윤영(李胤永, 1714~1759) 161

이윤재(李允宰, 1888~1943) 45-46

이이화(李離和, 1937~2020) 294

이인상(李麟祥, 1710~1760) 161

이인석(李仁錫) 20

이인영(李麟榮, 1867~1909) 259-260

이인화 228

이정형(李廷馨, 1549~1607) 198-199

이제(李濟, ?~1398) 128

이종수 66

이종일(李鍾一, 1858~1925) 277

이종훈(李鍾勳, 1856~1931) 271, 277

이종휘(李鍾徽, 1731~1797) 14

이중하(李重夏, 1846~1917) 250, 252

이중환(李重煥, 1690~1756) 204

이케우치 히로시(池内宏, 1878~1952) 322

이토 히로부미(伊藤博文, 1841~1909) 256

이필주(李弼柱, 1869~1942) 271

이항로(李恒老, 1792~1868) 262

이항복(李恒福, 1556~1618) 202

이현종(李鉉淙, 1929~1984) 20

이호문(李好文) 139-141

이화(李和, 1348~1408) 128

이황(李滉, 1501~1570) 159-162

인원왕후(仁元王后, 1687~1757) 216

임규(林圭, 1863~1948) 275

임방(任埅, 1640~1724) 161

임승국 329

임종국 273

(ㅈ)

장제스(蔣介石, 1887~1975) 276

장지연(張志淵, 1864~1921) 62-65
전두환(全斗煥, 1931~2021) 329
전병훈(全秉薰, 1857~1927) 26-27, 31
전우(田愚, 1841~1922) 279
전종한 66
전해종(全海宗, 1919~2018) 303-305
정동유(鄭東愈, 1744~1808) 129, 248
정몽주(鄭夢周, 1337~1392) 123-131
정봉준(鄭鳳俊, ?~?) 259
정성왕후(貞聖王后, 1692~1757) 216
정순왕후(定順王后, 1440~1521) 155
정순왕후(貞純王后, 1745~1805) 217,
    231-232
정약용(丁若鏞, 1762~1836) 62, 296
정인지(鄭麟趾, 1396~1478) 141
정정옹주(貞靜翁主, 1410~1456) 136
정조(正祖, 조선 제22대 왕 재위 1776~1800)
    25, 131, 147, 213, 215-218,
    222-223, 227-233, 238, 248,
    299-300
정준영 323
정철(鄭澈, 1536~1593) 175-179
정춘수(鄭春洙, 1873~1953) 272-273
정훈모(鄭薰謨, 1868~1943) 25, 27, 29
제만춘(諸萬春, ?~?) 185
조경철 12
조광조(趙光祖, 1482~1519) 167-169,
    171
조구명(趙龜命, 1693~1737) 161
조동걸(趙東杰, 1932~2017) 49, 312
조만식(曺晚植, 1883~1950) 271
조말생(趙末生, 1370~1447) 135-136,
    138

조상섭(趙尙燮, 1885~1940) 283
조심태(趙心泰, 1740~1799) 227
조여적(趙汝籍, ?~?) 13
조연(趙憐) 137
조영주 30, 32-33
조종생(趙從生, 1375~1436) 136
조준(趙浚, 1346~1405) 169
주아이 천황(仲哀天皇) 86
준왕(準王) 106
중종(中宗, 조선 제11대 왕 재위 1506~1544)
    13, 17, 128, 159, 166, 168
지수신(遲受信, ?~?) 70
진경대사(眞鏡大師) 90
진구 황후(神功皇后) 86-87, 89, 91, 94,
    103
진사왕(辰斯王 백제 제16대 왕 재위
    385~392) 95

(ㅊ)

차하순(車河淳, 1929~) 309-310
채제공(蔡濟恭, 1720~1799) 227, 229
천관우(千寬宇, 1925~1991) 98
초의선사(草衣禪師) 의순(意恂, 1786~1866)
    119
최국술(崔國述, 1870~1953) 27
최기동(崔起潼) 13
최남선(崔南善, 1890~1957) 15, 18,
    235-236, 273-274
최독견(崔獨鵑, 1901~1970) 20-21
최린(崔麟, 1878~1958) 272-273, 275
최성환(崔瑆煥, 1813~1891) 239
최우순(崔宇淳, ?~1911) 264

최입(崔岦, 1539~1612) 127

최치원(崔致遠, 857~?) 26-27, 30-32, 34

최한기(崔漢綺, 1803~1877) 238-239

추붕(秋鵬, 1651~1706) 13

측천무후(則天武后, 624~705) 114

치우(蚩尤) 210

칭기즈칸(Chingiz Khan, 재위 1206~1227) 207

(ㅋ)

카, E. H.(1892~1982) 340

카심 칸(Kasym Khan, 재위 1511~1521) 53

콜링우드, 로빈 G.(Robin George Collingwood, 1889~1943) 332

(ㅌ)

탄치샹(潭其驤, 1911~1992) 65

탈해 이사금(脫解尼師今, 신라 제4대 왕 재위 57~80) 109

테미스토클레스(Themistocles) 189

토르(Thor) 210

(ㅍ)

파사 이사금(婆娑尼師今, 신라 제5대 왕 재위 80~112) 86-87

푸스녠(傅斯年, 1896~1950) 315-316

프리아모스(Priamos) 210

프리츠, 로널드(Ronald H. Fritze, 1951~)

333, 335

(ㅎ)

하야시 다이스케(林泰輔, 1854~1922) 316-317

하위지(河緯地, 1412~1456) 150

하타다 다카시(旗田巍, 1908~1994) 97

한영우(韓永愚, 1938~2023) 48

한용운(韓龍雲, 1879~1944) 270-271, 274

한치윤(韓致奫, 1765~1814) 64

함보(函普) 209-210

함석헌(咸錫憲, 1901~1989) 50

함세덕(咸世德, 1915~1950) 113-114, 120

허영숙(許英肅, 1897~1975) 21

허위(許蔿, 1855~1908) 259

허후(許詡, ?~1453) 141

헌종(憲宗, 조선 제24대 왕 재위 1834~1849) 229

헐버트, 호머(Homer B. Hulbert, 1863~1949) 112-113

현상윤(玄相允, 1893~?) 273

현진건(玄鎭健, 1900~1943) 118-120

혜경궁 홍씨(惠慶宮洪氏, 1735~1815) 216, 218, 227, 232-233

호공(瓠公) 109

홍국영(洪國榮, 1748~1781) 228

홍기문(洪起文, 1903~1992) 42-43

홍명희(洪命憙, 1888~1968) 42

홍병기(洪秉箕, 1869~1949) 271

홍봉한(洪鳳漢, 1713~1778) 227

홍세태(洪世泰, 1653~1725) 129

홍승현 62

홍윤성(洪允成, 1425~1475) 152

홍취영(洪就榮, 1759~?) 227

홍타이지(皇太極, 재위 1626~1643) 207

환웅(桓雄) 11, 14, 18, 57

환인(桓因) 11, 13-18

황엄(黃儼, ?~1423) 298

황의돈(黃義敦, 1890~1964) 49

황인덕 113

황진이(黃眞伊) 160

황찬(黃瓚) 151

황현(黃玹, 1855~1910) 264

황희(黃喜, 1363~1452) 133-141

효종(孝宗, 조선 제17대 왕 재위 1649~1659)
    227

후쿠다 도쿠조(福田德三, 1874~1930)
    317

후쿠자와 유키치(福澤諭吉, 1835~1901)
    255

흑치상지(黑齒常之, ?~?) 69-72

흥선대원군(興宣大院君, 1820~1898)
    229

문헌

「격고내외백관檄告內外百官」 262

「단군고기전석檀君古記箋釋」 18

「단종실록」 13, 16, 141

「반도적 성격론 비판」 310

「북경시대의 단재」 45

「삼국지동이열전교정-조선사 연구초」
    39

「삼한·삼국의 일본 렬도 내 분국들에 대
    하여」 97

「선조실록」 168-169

「선죽교 변善竹橋辯」 129

「성서적 입장에서 본 조선역사」 50

「세종실록」 13, 135, 141

「에밀레종 전설의 근원과 전래」 113

「영조실록」 153

「이나바 이와키치의 '진장성 동단 및 왕
    험성 고' 번역 및 비판」 62

「정몽주 숭배의 변화와 위인상」 129

「중종실록」 168-170

「천부경제가주해소고天符經諸家註解小
    考」 32

「천부경직해로 본 이단해 사상」 32-33

「태강지리지太康地理志」 62, 64

「태조실록」 126

「태종실록」 298

『'헤라클레스의 방패'를 포함하여 아
    스크라인 헤시오도스가 남
    긴 것: 헤시오도스의 삶과 지
    역, 시와 신화에 대한 논문으
    로 보다The Remains Of Hesiod
    The Ascraean, Including The
    Shield Of Hercules: With A
    Dissertation On The Life And
    Aera, The Poems And Mythology
    Of Hesiod』 332

『가야연맹사』 98

『간이집簡易集』 127

『경국대전經國大典』 152

『계명啓明』 27

『고려사高麗史』 15, 63, 128, 211

『고사기古事記』 88-89, 93

『광서장어지명선집廣西壯語地名選集』 72

『교수신문』 61

『국사신론國史新論』 312

『군국일본 조선강점 36년사軍國日本朝鮮強占三十六年史』 20

『규원사화揆園史話』 334

『근화악부槿花樂府』 178

『금사본기金史本紀』 208-210

『금사지리지金史地理志』 209-210

『난중일기亂中日記』 184, 191-193, 200, 204

『남제서南齊書』 77, 79-80

『네이처Nature』 211

『단군교부흥경략檀君敎復興經略』 31

『단군교종령檀君敎宗令』 25

『단군세기檀君世記』 31

『단군조선사기 연구檀君朝鮮史記硏究』 19

『단기고사檀奇古史』 334

『단재 신채호 전집』 47

『단종애사端宗哀史』 154

『단탁檀鐸』 27

『대동역사大同歷史』 271

『대동지지大東地志』 63-64, 238

『대동청사大東靑史』 49

『대운경大雲經』 114

『대천록待闡錄』 216

『대한매일신보』 46, 49

『도산 안창호』 283-284

『독립혈사獨立血史』 271

『독사신론讀史新論』 46-47, 49, 94

『동국여지승람東國輿地勝覽』 64, 298

『동국통감東國通鑑』 46

『동아시아의 역사적 대국에서 본 조선반도東アジアの歷史的大局より觀たる朝鮮半島』 315

『동아일보』 20-21, 39-40, 42-44, 46, 113, 119, 235

『동여도지東輿圖志』 237

『만주원류고滿洲源流考』 209-211

『매일신보』 112, 114, 289

『목매이는 여자』 154

『묘향산지妙香山誌』 13

『무영탑無影塔』 118-120

『문원보불文苑黼黻』 25

『미암일기眉巖日記』 171

『민족개조론民族改造論』 319

『북정록北征錄』 244

『사기史記』 63

『사이비역사의 탄생Invented Knowledge: False History, Fake Science and Pseudo-religions』 333

『삼강행실도三綱行實圖』 128, 130-131

『삼국사기三國史記』 11, 70, 85-87, 89, 309-310, 321, 327

『삼국유사三國遺事』 11-18, 92

『삼국지三國志』 182

『삼일신고三一神誥』 41

『서양사학사The Idea of History』 332

『성서조선聖書朝鮮』 50

『송강집松江集』 175

『송서宋書』 75-76, 78, 95

『송와잡설松窩雜說』 153, 155

『수보록受寶籙』 169

『수산집修山集』 14

『실록 친일파』 273

『아틀라스 중국사』 65

『아틀라스 한국사』 65

『야마토 정권의 대외관계 연구大和政權
の對外關係研究』 98

『약천집藥泉集』 13

『양서梁書』 71

『어밀레 종』 113

『어우야담於于野譚』 247

『여도비지輿圖備誌』 237

『연려실기술燃藜室記述』 126, 154-155

『영원한 제국』 228

『옹녕현지邕寧縣志』 72

『용재총화慵齋叢話』 127

『유하집柳下集』 129

『육신전六臣傳』 153

『응제시주應製詩註』 13

『이이화의 역사풍속기행』 294

『이충무공전서李忠武公全書』 185

『일본서기日本書紀』 85, 87-91, 93-97,
99, 106, 316, 321, 340

『임나강역고任那疆域考』 94

『임나고任那考』 94

『임나흥망사任那興亡史』 94, 96

『임하필기林下筆記』 64

『자유自由』 33-35, 329, 337-338

『정신철학통편精神哲學通編』 26, 29

『제왕운기帝王韻紀』 13

『조선4천년사朝鮮四千年史』 230

『조선반도사』 313-314

『조선사朝鮮史』(조선사편수회 저) 317,
324

『조선사朝鮮史』(하야시 다이스케 저)
316

『조선사개설朝鮮史概説』 315

『조선사연구초朝鮮史研究草』 43, 47,
50

『조선상고사朝鮮上古史』 41-43, 45-47,
124

『조선어독본朝鮮語讀本』 236-237

『조선에 있어서의 근대자본주의 성립과
정朝鮮に於ける近代資本主義の
成立過程』 318

『조선왕조실록朝鮮王朝實錄』 13, 126-
128, 135, 138-139, 144, 147,
168, 185, 191, 213, 217, 233,
298

『조선의 힘』 318

『조선일보』 20-21, 41

『주영편晝永編』 129, 248

『중국역사지도집中國歷史地圖集』 65

『진서晉書』 62, 64, 66

『징비록懲毖錄』 192

『천부경天符經』 25-36, 39-42, 46-47

『천부경부전天符經附箋』 29, 33

『천부경요해天符經要解』 29, 33

『천부경직해天符經直解』 29, 32-33

『청구도제青丘圖題』 238

『청학집青鶴集』 13

『추강집秋江集』 128

『친일인명사전』 20

『커발한』 30-35

『케임브리지 중국사The Cambridge History of China』 99

『태백유사太白遺史』 31

『태백일사太白逸史』 31-33

『택리지擇里志』 204

『포은집圃隱集』 124

『한국고대사연구韓國古代史研究』 63, 338

『한국구비문학대계』 177

『한국독립운동사략韓國獨立運動史略』 271

『한국사』 81

『한국사 시민강좌』 50, 310

『한국의 경제 조직과 경제 단위韓国の経済組織と経済単位』 317

『한국의 배와 함정들Korean Boats and Ships』 190

『한국의 역사가와 역사학』 49

『한국정쟁지韓國政爭志』 230, 318

『한서漢書』 63

『한중록閑中錄』 216, 218-219, 233

『해동악부海東樂府』 124-125

『해동역사海東繹史』 64

『해동인물지海東人物志』 31

『해동제국기海東諸國記』 151

『해상잡록海上雜錄』 125

『'헤라클레스의 방패'를 포함하여 아스크라인 헤시오도스가 남긴 것: 헤시오도스의 삶과 지역, 시와 신화에 대한 논문으로 보다The Remains Of Hesiod The Ascraean, Including The Shield Of Hercules: With A Dissertation On The Life And Aera, The Poems And Mythology Of Hesiod』 332

『화엄불국사 고금역대 제현 계창기華嚴佛國寺古今歷代諸賢繼創記』 120

『환단고기桓檀古記』 11, 19, 27, 29, 32-36, 207, 309-310, 321, 327-329, 333-335, 337, 339